Rolf Claessen

MARKEN. RECHT. EINFACH.

Rolf Claessen

MARKEN. RECHT. EINFACH.

Frankfurter
Allgemeine
Buch

Bibliografische Information der Deutschen Nationalbibliothek
Die Deutsche Nationalbibliothek verzeichnet diese Publikation in der Deutschen Nationalbibliografie; detaillierte bibliografische Daten sind im Internet über http://dnb.d-nb.de abrufbar.

Hinweis
Wir sind uns bewusst, dass die Haltung zum Thema Gendern durchaus vielfältig ist. In dieser Publikation haben wir zugunsten einer besseren Lesbarkeit hauptsächlich das generische Maskulinum verwendet, womit wir immer zugleich weibliche, männliche und diverse Personen meinen.

Frankfurter
Allgemeine
Buch

Frankfurter Allgemeine Buch
Pariser Straße 1
60486 Frankfurt am Main
Kontakt: buch@fazbuch.de

Umschlag: Nina Hegemann
Satz: Jan Walter Hofmann
Druck: CPI Books GmbH, Leck
Printed in Germany

1. Auflage
Frankfurt am Main 2025
ISBN 978-3-96251-218-7

Frankfurter Allgemeine Buch hat sich zu einer nachhaltigen Buchproduktion verpflichtet und erwirbt gemeinsam mit den Lieferanten Emissionsminderungszertifikate zur Kompensation des CO_2-Ausstoßes.

Klimaschutz-Beitrag
mit
First Climate.com
2025
CO_2-Zertifikate

INHALTSVERZEICHNIS

VORWORT

Viele Unternehmer und Entscheider fühlen sich im Markenrecht überfordert und machen unnötig teure Fehler – oft aus Unwissenheit. Mit meinem Buch ändere ich das. Ich erkläre Ihnen das Markenrecht verständlich, ohne Juristendeutsch, und zeige, wie Sie Risiken frühzeitig erkennen und Ihre Marken sicher schützen und durchsetzen können. Mein Wissen aus über 20 Jahren Erfahrung als Patentanwalt unterstützt Sie dabei, selbstbewusst die richtigen Entscheidungen zu treffen.

Die Prozesse der Markenführung werden in den Unternehmen von unterschiedlichen Personen geleitet. Daher richtet sich das Buch an Geschäftsführer in Unternehmen, Start-ups, E-Commerce-Profis, Mitarbeiter in Marketing- und Kommunikationsabteilungen sowie Markenreferenten/Referenten Intellectual Property oder auch externe Agenturen, die sich schnell und einfach das nötige Grundwissen zu Markenrecht aneignen wollen.

„Marken. Recht. Einfach." ist als praktischer Leitfaden für den gesamten Lebenszyklus einer Marke angelegt. Das Buch beantwortet die häufigsten Fragen und zeigt konkrete und bewährte Strategien zur Markenfindung, Markenanmeldung, Markenstrategie und Markendurchsetzung auf. Beispiele, Interviews und Checklisten erleichtern Ihre tägliche Arbeit. Sie erhalten damit in kurzer Zeit einen ausführlichen Einblick in das Gebiet der Marken und Erläuterungen der wichtigsten Begriffe, sodass Sie informierte und erfolgreiche Entscheidungen treffen können. Dabei verzichte ich bewusst auf Paragrafen und die Wiedergabe von Gesetzen und Entscheidungen. Die Themen werden leicht verständlich anhand vieler Beispiele dargestellt.

Auf der Webseite rolfclaessen.com stelle ich Ihnen zahlreiches Zusatzmaterial zur Verfügung. Dort können Sie Beispielschriftsätze, Beispielbescheide der Ämter, Vorlagen für Vereinbarungen und vieles mehr kostenfrei herunterladen.

www.rolfclaessen.com

Außerdem habe ich dort zahlreiche Videos, Interviews und die genannten Webseiten verlinkt, sodass Sie die Beispiele bequem beim Lesen nachvollziehen und in Ihrem eigenen Kontext umsetzen können. Im Buch weist Sie das Ikon B darauf hin, dass auf meiner Webseite entsprechende weiterführende Informationen oder Beispieldateien hinterlegt sind.

Im letzten Abschnitt jedes Kapitels stelle ich Fragen vor, die mir Mandanten häufig zu dem Thema stellen.

Ich danke den Experten, die im Anhang erläutern, wie man Marken nach allen rechtlichen Fragestellungen tatsächlich zum Leben erweckt.

Ich danke zahlreichen Geschäftsfreunden, Kolleginnen und Kollegen, die ich im Vorfeld dieses Buches zum Thema Marken in Interviews für meine Podcasts, den YouTube-Kanal oder auch direkt für das Buch befragen durfte.

Vor allem danke ich Dr. Britta Kollmann und Dr. Stefan Burauer dafür, dass Sie das gesamte Manuskript kritisch durchgelesen, mir wertvolle Rückmeldungen gegeben und viel Geduld bewiesen haben.

Hinweise auf konkrete Firmen oder Namen sind entweder erlaubt, mit den Genannten so abgesprochen oder die Namen wurden geändert. Das Buch kann eine markenrechtliche Beratung in konkreten Fällen nicht ersetzen und kann vor allem nicht als solche dienen.

Viel Spaß beim Lesen!

PROLOG

Marken gewinnen in Europa zunehmend an Bedeutung. Allein im Jahr 2022 wurde mit 174.152 Markenanmeldungen ein neuer Rekord beim Amt der Europäischen Union für geistiges Eigentum (EUIPO) gesetzt, zehn Jahre zuvor waren es noch 108.079 Anmeldungen.[1] Die meisten Marken werden von Unternehmen aus China angemeldet, dicht gefolgt von Markenanmeldungen aus Deutschland und den USA. Die kontinuierlich steigende Anzahl an Markenanmeldungen, insbesondere aus Nicht-EU-Ländern, verdeutlicht, dass Marken in einem zunehmend internationalen Geschäftsverkehr von zentraler Bedeutung für den Unternehmenserfolg sind. Marken schaffen einen Schutzraum für den guten Ruf des Unternehmens und sorgen für Vertrauen in die Produkte und Dienstleistungen, aber auch rechtswirksamen Schutz gegen Wettbewerber und Markenpiraterie.

Während Großunternehmen oftmals eigene Rechtsabteilungen unterhalten, um neue Marken anzumelden, diese durchzusetzen, national und international zu schützen sowie mittels Lizenzen, Franchising, Merchandising und Sponsoring den wirtschaftlichen Nutzen der Marke zu maximieren, fällt es kleinen und mittleren Unternehmen (KMU) und erst recht Start-ups wesentlich schwerer, die finanziellen Ressourcen für diese Aufgaben aufzuwenden.

Doch sind nicht nur die beschränkten finanziellen Möglichkeiten der KMU der ausschlaggebende Faktor, weshalb das Potenzial der Marke oftmals unzureichend ausgeschöpft wird. Aus meiner langjährigen Tätigkeit als Investor und Berater mittelständischer und junger Unternehmen habe ich feststellen können, dass viele erst gar nicht die Notwendigkeit erkennen, ihre Produkte und Dienstleistungen zu schützen, oder nicht über das Wissen verfügen, was und in welchem Umfang überhaupt geschützt werden kann.

Das vorliegende Buch bietet eine hervorragende Grundlage, sich die wichtigsten Aspekte des Markenrechts kompakt, einfach und leicht verständlich anzueignen. Dabei schöpft der Autor aus seiner langjährigen Expertise als Marken- und Patentanwalt und der Erfahrung aus mehreren tausend Beratungsgesprächen, die sich in situationsbezogenen und gleichermaßen praxisorientierten Handlungsempfehlungen niederschlagen und dieses Buch somit zum idealen Nachschlagewerk für Unternehmer und Entscheidungsträger machen.

Als Investor sehe ich den Wert einer Marke nicht nur als Abwehrinstrument für den gewerblichen Rechtsschutz, sondern auch als strategisches Instrument, frühzeitig die sogenannte Verkehrsübung zu erlangen und idealerweise relevante Kategorien gegenüber dem Wettbewerb zu besetzen. Mein Rat an alle Entscheidungsträger ist daher, sich mit dem Markenrecht dezidiert auseinanderzusetzen, um in einem zunehmend internationalen Wirtschaftsverkehr gegenüber den Wettbewerbern nicht ins Hintertreffen zu geraten.

Mit dem vorliegenden Buch ist eine einfach zu lesende und pragmatische Grundlage geschaffen, die Potenziale der Marke voll auszuschöpfen.

Jussof Breshna
VC Investor in Consumer Verticals,
Geschäftsführer der Graphit Holding GmbH

1 VOR DER ANMELDUNG DER MARKE

Felix Feuerbusch ist seit drei Jahren Head of Trademarks bei der Firma AjoCrush, dem Marktführer für Knoblauchpressen. Er wollte heute eigentlich in Ruhe darüber nachdenken, wie er geschickt das Markenportfolio im Ausland schützt. Aber es sollte ganz anders kommen.

Heiko Heißsporn, der neue Marketingleiter des Unternehmens, stürmt in sein Büro: „Felix, unsere neue Produktgeneration übertrifft in den internen Tests alle Erwartungen. Der Vertrieb möchte nächsten Freitag damit in den Markt. Wir dachten an den Namen CARAMBA! Was meinst du? Die Kommunikation muss für den Druck der Verpackungen morgen früh Bescheid wissen."

In diesem Kapitel beschreibe ich, was man vor der Anmeldung einer Marke berücksichtigen sollte. Was ist überhaupt eine Marke? Wie finde ich eine Marke? Wie kann ich sicherstellen, dass ich die Marke auch im Markt verwenden kann? Muss ich die Marke überhaupt schützen?

1.1 Was ist eine Marke?

Wir verbinden mit dem Begriff Marke oft gut klingende Namen wie Coca-Cola, die jeder kennt. Denken Sie sich diesen ganzen Glamour erst einmal weg. Denn an dieser Stelle ist zunächst nur der juristische Markenbegriff relevant. Im Marketing wird der Begriff „Marke" weiter gefasst und geht über das geschützte Zeichen hinaus. Dort steht er für die Gesamtheit der Eigenschaften, die mit dem Markennamen verbunden werden sollen. Zur besseren Unterscheidung verwende ich in diesem Buch dafür den englischen Begriff „Brand". Für das „Branding" sind früher oder später die Abteilungen Marketing und Kommunikation zuständig. Die sind es, die Ihre Marke mit Leben füllen. Die Anwälte sind diejenigen, die Ihnen das Marketinginstrument „Marke" an die Hand geben. Und die es notfalls für Sie verteidigen.

Eine Marke ist zunächst lediglich ein besonderes, rechtlich geschütztes Zeichen, das dazu dient, eine Organisation, ein Unternehmen und die Produkte oder Dienstleistungen des Unternehmens von konkurrierenden Organisationen, Unternehmen, Produkten oder Dienstleistungen zu unterscheiden. Der Fachbegriff hierfür ist die „Herkunftsfunktion" oder der „Herkunftshinweis". Die Marke hat die Funktion, die Herkunft des so bezeichneten Produktes oder der Dienstleistung aufzuzeigen: Goldbären von Haribo. Diese Unterscheidungsmöglichkeit ist sehr wichtig für Sie. Ihre Marke bietet nämlich nicht nur dem Kunden von Anfang an eine Orientierungsmöglichkeit, sondern sie ist die Projektionsfläche für alle Eigenschaften, die der Kunde mit Ihrem Angebot verbinden soll. Sie ist der Grundstein des Brandings, der Grundstein des Images des Angebots. Ähnlich wie Patente, Geschmacksmuster und Urheberrechte sind Marken geistiges Eigentum und genießen herausragenden gesetzlichen Schutz. Weil Marken so gut geschützt sind, kann einerseits eine ältere, bereits eingetragene Marke, die Ihrer eigenen Marke zu ähnlich ist, zu Ihrem geschäftlichen Scheitern führen. Andererseits kann eine „sauber" eingetragene und gut gewählte Marke zu Ihrem geschäftlichen Erfolg beitragen. Genau deshalb sollten Sie bei der Beantragung einer Marke von Anfang an besonders sorgfältig und rechtssicher vorgehen.

Grundsätzlich können Sie sich so ziemlich alles als Marke eintragen lassen. Ein Sinngehalt muss nicht gegeben sein. Wir sehen gleich, dass oft sogar das Gegenteil der Fall ist. Voraussetzung für eine Eintragung ist allerdings, dass keine Schutzhindernisse (s. Kapitel 3 und 4) vorliegen.

Die Marke selbst ist eine Darstellung oder eine Kombination von Buchstaben, Zeichen, Wörtern, Namen, Slogans, Logos, Symbolen, Bildern, dreidimensionalen Formen oder sogar Klängen und Klangfolgen. Der Europäische Gerichtshof hat klargestellt, dass grundsätzlich sogar Farben und Farbzusammenstellungen Marken sein können.

Normalerweise ist eine Marke in der Regel also der Name eines Produkts, einer Dienstleistung oder ein Bildbestandteil wie der Mercedes-Stern. Dadurch unterscheidet sich die Marke auch von anderen Arten von Schutzrechten, nämlich von „Patenten bzw. Gebrauchsmustern" und „Designs bzw. Geschmacksmustern". Mit Designs wird das Aussehen und mit Patenten wird eine Technologie geschützt.

1.2 Marken finden

Die entscheidenden Weichen, die später den Erfolg oder Misserfolg der Marke maßgeblich bestimmen, stellen Sie bereits vor der Anmeldung der Marke. Natürlich ist ein gutes Marketingkonzept wichtig. Aber das beste Marketingkonzept nützt nichts, wenn beispielsweise ein geplantes Automodell unter MR2 (ein Sportwagen von Toyota) oder gar unter „PMW" vermarktet werden soll. Warum das so ist, erfahren Sie auf den folgenden Seiten. B

Wenn Sie einen neuen Namen für eine Firma oder ein Produkt suchen, ist es wichtig, dass Sie in dieser ersten Phase der Namensfindung möglichst viele Namen generieren, mit denen Sie gut leben könnten.

Wir werden im nächsten Schritt – wenn Sie Ihre Marke prüfen – sehen, dass bis zu 90 Prozent der Namenskandidaten aufgrund verschiedenster Ausschlussmerkmale eliminiert werden müssen. Deshalb sollten Sie für sich auch in diesem ersten Schritt noch keine Favoriten küren. Es besteht die Gefahr, dass Sie emotional an Ihrem Favoriten hängen und die nachfolgende Überprüfung dieser Favoriten vielleicht zu wohlwollend durchführen.

Wie findet man die Namenskandidaten für den neuen Firmen- oder Produktnamen? Wenn Sie nicht bereits diesen Schritt einer professionellen Agentur überlassen möchten, finden Sie nachstehend verschiedene Techniken (die übrigens oft auch eine Agentur anwenden würde):

- Geläufige Namen/Begriffe für fremden Sinngehalt: Apple für Computer, Trumpf für Schokolade
- Verfremdung von geläufigen Begriffen: Telekom als Verfremdung von Telekommunikation oder Google als Verfremdung von Goggle oder Gogool (10^{100})
- Worte aus „ungewöhnlichen“ oder fremden Sprachen wie Latein oder Kisuaheli bzw. davon abgeleitet: Magnum (von lat. magnus = groß)
- Akronyme: HARIBO für Hans Riegel Bonn
- Namen der Firmengründer: Henkel oder Bayer
- Kunstworte: Nutella – aus dem englischen Wort „Nut“ sowie der italienischen Endung „ella“ (weibliche Verkleinerungsform) wurde Nutella, also das „Nüsschen“.

Die Entwicklung von Kunstworten ist die hohe Kunst der Kreativen. Einige Agenturen – wie beispielsweise der Marktführer Endmark GmbH – haben sich auf das Finden von neuen Wörtern spezialisiert. Während Nutella aus bestehenden Wörtern bzw. Silben zusammengesetzt wurde und immerhin noch in sinnhafter Verbindung mit dem Produkt steht, entwickeln Namingagenturen auch sehr erfolgreich komplette Wort-Neuschöpfungen wie beispielsweise SERWAYS, TIGUAN, AXA oder ZALANDO.

Wenn Sie auf der Suche nach Kunstwörtern sind, sollten Sie sich entweder in den Trends Ihrer Branche sehr gut auskennen oder auf die Hilfe von Profis zurückgreifen. Denn auch Kunstwörter unterliegen Moden, und schnell läuft man Gefahr, viel zu spät noch auf den „ANDO"- und „ODO"-Zug (ZALANDO, AMIANDO, OPODO, MIRAPODO …) aufspringen zu wollen. Mit einer Neuschöpfung laufen Sie aber in jedem Fall nicht Gefahr, in eine häufige Falle zu tappen: Bei der Namensfindung müssen Sie nämlich darauf achten, dass die Namenskandidaten für die Waren und Dienstleistungen, die man schützen möchte, nicht unmittelbar beschreibend sind. Denn dann werden diese nicht als Marken eingetragen. „Tisch" als Marke für einen Tisch werden Sie nicht durchbekommen. „Apple" funktioniert für Computer, aber nicht für Obst. Mehr dazu in Kapitel 3.2.

Am besten gibt man dem Team die bisherigen Markenideen und die geplanten Produkte in einem Briefing an die Hand. Danach trägt man die Namensvorschläge zusammen und eliminiert direkt diejenigen, die schwer auszusprechen sind oder unerwünschte Assoziationen hervorrufen.

Dr. Bernd Samland, Geschäftsführer der Endmark GmbH, empfiehlt Existenzgründern, sich mit dem Namen zu identifizieren, ohne sich zu stark einzuengen. Ein Name sollte nicht nur eine spezielle Eigenschaft wie ein Rhythmusinstrument hervorheben, wenn das Unternehmen breiter aufgestellt ist. Der wichtigste Tipp: „Als Existenzgründer ist man eine Marke. Und Marke zu sein bedeutet, anders zu sein." Samland rät, die Wettbewerber zu beobachten und einen eigenen, kreativen Ansatz zu wählen. Ein Beispiel: Anstatt eine Tanzschule zu benennen, könnte man auf die Idee kommen, einen Cocktail zu benennen, was neue Impulse gibt. Weitere Tipps von Dr. Samland finden Sie in meinem Podcast „Markenpod“ und auf meinem YouTube-Kanal.

Die Erfahrung zeigt, dass es sinnvoll ist, wenn man wenigstens 15 bis 20 Namenskandidaten in die folgende Überprüfung schicken kann, damit man sich am Schluss zwischen zwei bis drei Namen entscheiden kann.

1.3 Marken prüfen

Felix Feuerbusch denkt über den Vorschlag seines Kollegen Heiko Heißsporn nach. Ist CARAMBA überhaupt als Markenname möglich? Er sieht erst einmal in der kostenfreien Datenbank TMview des Amtes der Europäischen Union für Geistiges Eigentum (EUIPO) nach, ob es zu ähnliche ältere und bereits geschützte Marken gibt:

Während die deutsche Marke DE 64687 „CARAMBA" seit 1903 lediglich für Desinfektionsapparate und ähnliche Waren eingetragen ist, scheint die EU-weite Unionsmarke EUTM 015028624 „CARIMBA" wesentlich gefährlicher zu sein. Diese ist nämlich für Kaffeeaufbrüher, Kaffeekannen und Kaffeemühlen eingetragen.

Schließlich sind die Zeichen CARIMBA und CARAMBA sehr ähnlich, und eine Knoblauchpresse und Kaffeemühlen braucht man beides in der Küche, und beide Waren sind auch in der Regel über dieselben Fachgeschäfte erhältlich. Das ist ihm zu heiß. Im Worst Case kommt in fünf Jahren eine Abmahnung von CARIMBA hereingeflattert, und dann ist guter Rat teuer. Das wäre für ein Markenverletzungsgericht sicher kein klarer Fall. Also lieber jetzt das Risiko minimieren und nach einem neuen Namen suchen.

Felix recherchiert noch einmal die oben genannte Marke CARAMBA und stellt fest, dass es sich auch um eine recht bekannte Marke für Werkzeug- und Autosprays handelt. Möchte er, dass seine Knoblauchpresse mit diesen Sprays assoziiert wird?

Felix ruft Heiko Heißsporn an und erklärt ihm die Problematik. Dieser fällt erst mal in ein tiefes Loch. Er hatte jetzt schon vielen anderen Abteilungen Bescheid gegeben, dass sie sich auf den neuen Namen CARAMBA vorbereiten sollen. Und jetzt ganz von vorne anfangen?

Es hilft nichts. Beide setzen sich mit ihren fähigsten Mitarbeitern zusammen und denken sich neue Namen aus. Immer wieder checkt Felix die Namen mit Google und TMview. Schließlich finden sie einen Namen, der passen sollte: GARLION

Mit TMview findet Felix folgende Treffer:

Die meisten Treffer sind Marken aus Tunesien, Russland, Marokko und der Türkei. Dort liefert AjoCrush auf absehbare Zeit keine Knoblauchpressen aus. Nur eine französische Marke FR 3843617 „LES TRESORS DU GALION" fällt auf. Diese ist aber vor allem für Porzellan und Glas eingetragen. Auch die Zeichen haben einen gewissen Abstand. Dieses Risiko scheint Felix vertretbar zu sein. Im Notfall könnte man sicher eine Abgrenzungsvereinbarung treffen (all diese Überlegungen werden ausführlich in Kapitel 4 behandelt).

Felix ist sich im Klaren darüber, dass er zwar bisher mit der kostenfreien Datenbank TMview gute Erfahrungen gemacht hat, er aber lieber mehr Zeit gehabt hätte, um den Namen auch von seiner Markenrechercheurin ausführlich überprüfen zu lassen. Diesmal scheint das zeitlich nicht mehr möglich zu sein. Auch für eine linguistische Prüfung ist wohl gerade keine Zeit.

Heiko und Felix einigen sich also auf GARLION. Heiko muss Felix auch versprechen, beim nächsten Mal bereits einige Wochen vor dem Start eines neuen Produkts bei Felix vorbeizuschauen, damit sie den Namen in Ruhe suchen können.

Bevor Sie einen neuen Firmen- oder Produktnamen eintragen lassen und einführen, sollten Sie die zukünftige Marke gründlich auf den Prüfstand stellen. Die folgenden Überprüfungen habe ich bewusst in diese Reihenfolge gesetzt, damit die aufwendigsten und teuersten Überprüfungen am Schluss stehen:

- Domaincheck
- Schnellprüfung in Google und TMview
- Anwaltliche Ähnlichkeitsrecherche
- Linguistische Prüfung

Domaincheck: Wenn Domainnamen wichtig sind, sollten Sie die Verfügbarkeit der passenden .com- oder .de-Domains überprüfen. Ohne eine passende Domain ist ein neues Unternehmen kaum arbeitsfähig. Es kann sinnvoll sein, mehrere Domains zu sichern, um Nutzer, die eine falsche Domain eingeben, zur richtigen Website weiterzuleiten. Wenn eine anwaltliche Ähnlichkeitsrecherche durchgeführt wird, ist der Domaincheck oft bereits enthalten. Achten Sie bei Angeboten darauf, ob dieser Check eingeschlossen ist.

Schnellprüfung in Google und TMview: Um einen schnellen und kostengünstigen Überblick zu bekommen, ob bestimmte Marken bereits geschützt oder jedenfalls benutzt sind, bietet sich eine Überprüfung in Google oder in der kostenfreien Markendatenbank TMview des Amtes der Europäischen Union für Geistiges Eigentum (EUIPO) an. Testen Sie im Idealfall nicht nur auf einer Suchmaschine. Bing, Google oder auch kleinere Suchmaschinen wie Duckduckgo liefern oft ein sehr unterschiedliches Bild.

Nehmen wir an, Sie wollen ein Auto unter der Marke PMW vermarkten. Dann könnte es Ihnen passieren, dass Sie fünf Jahre lang unter PMW Autos vermarken, dann von BMW abgemahnt werden und nicht nur die Nutzung der Marke unterlassen und die Anwaltsgebühren tragen, sondern auch einen großen Teil des Gewinns bzw. eine angemessene Lizenz an BMW für das gesamte vergangene Geschäft abführen müssen. Mit einer Recherche in Google können Sie schnell herausfinden, ob unter dem geplanten Namen bereits ein Wettbewerber in Ihrer Branche für ähnliche Waren oder Dienstleistungen tätig ist. Leider findet Google praktisch nur identische Begriffe. Daher muss man auch immer nach ähnlichen älteren Marken recherchieren:

Das EUIPO betreibt unter www.tmdn.org die Datenbank TMview, mit der Sie nicht nur identische, sondern auch ähnliche ältere Marken finden können. Ein ausführliches Video-Tutorial mit einer Schritt-für-Schritt-Anleitung finden Sie dazu auf meinem YouTube-Kanal.

Wie man beurteilt, ob eine ältere Marke dem eigenen Namenskandidaten zu ähnlich ist oder nicht, erfahren Sie ausführlich in Kapitel 4 B.

Anwaltliche Ähnlichkeitsrecherche: Warum sollten Sie eine anwaltliche Ähnlichkeitsrecherche durchführen lassen, wenn Sie eigentlich alles auch selbst machen können? Abgesehen von der Bequemlichkeit und der Zeitersparnis sprechen aus meiner Sicht noch zwei andere wesentliche Gründe für die anwaltliche Recherche:

Der Anwalt haftet für seine Aussagen zu der Gefährlichkeit der einzelnen Treffer. Stuft der Anwalt eine gefundene Marke als ungefährlich ein und man wird anschließend daraus erfolgreich verklagt, dann ist das ein Haftungsproblem für den Anwalt und nicht für Sie.

Außerdem hat der Anwalt (hoffentlich) mehr Erfahrung, was die Beurteilung der Ähnlichkeit von Marken angeht. Ist die eigene Marke

MLDY einer älteren Marke NLD für identische Waren zu ähnlich? Nur der erfahrene Anwalt kennt hier die Rechtsprechung für sogenannte Kurzmarken und weiß, dass bei dreibuchstabigen Marken oft schon kleinere Abweichungen in der Regel aus dem Schutzbereich einer Marke herausführen.

Wie die Rechercheergebnisse dann aufbereitet sein können, sehen Sie in einer Beispielrecherche B.

Linguistische Prüfung: Eine linguistische Prüfung kann entscheidend für den Erfolg eines Produkts in einem Zielmarkt sein. Toyota nannte einen Sportwagen MR2, was in Frankreich wie „merde" klingt. Chevrolet scheiterte in Lateinamerika mit „Nova", da „no va" „geht nicht" bedeutet. Audi stellte den „eTron" vor, was im Französischen „Kothaufen" heißt. Der Fiat Uno war überall erfolgreich - außer in Finnland, wo „Uno" für Trottel steht. Idealerweise sollten Sie Namenskandidaten linguistisch prüfen lassen. Ist das zu teuer, können Sie sie zumindest Muttersprachlern aus den Zielmärkten zur Überprüfung vorlegen.

1.4 Warum die Anmeldung so wichtig ist?

Sie sind in den Markt eingetreten, ohne die Marke zu schützen? Was passiert, wenn jemand anderes die Marke, mit der Sie auf den Markt gegangen sind, anmeldet, und was können Sie dagegen tun? Die gute Nachricht: Auch wenn das Kind in den Brunnen gefallen ist, weil man die Eintragung versäumt hat, gibt es Wege, sich zu wehren. Die schlechte Nachricht: Trotzdem ist in jedem Fall eine Abwägung nötig, die auch die ökonomischen Konsequenzen für das eigene Unternehmen im Auge behält.

Ein Mandant hatte einen Namen für einen Türstopper entwickelt, der auf Amazon sehr erfolgreich war. Ein Wettbewerber meldete die Marke zuerst beim Deutschen Patent- und Markenamt (DPMA) an und untersagte unserem Mandanten die Nutzung. Die Amazon-Angebote wurden gesperrt und die ASINs auf den neuen Markeninhaber übertragen.

Wir hätten die Marke des Gegners mit einem Löschungsantrag wegen böser Absicht (der Fachbegriff ist Bösgläubigkeit) beim DPMA angreifen können, da die Behinderungsabsicht ein Grund für die Löschung ist. Da der Markeninhaber die Waren jedoch selbst anbot, hätte ihm vermutlich auch eine Gewinnerzielungsabsicht zugesprochen werden können. Unser Mandant entschied sich für einen neuen Namen, da das Löschungsverfahren bis zu zwei Jahre gedauert und hohe Kosten verursacht hätte.

Man kann die „feindliche“ Marke durch ein Widerspruchsverfahren oder eine Löschungsklage auf Basis eines älteren Firmenkennzeichens auch beseitigen lassen, wenn man nachweisen kann, dass die eigene Firma den gleichen oder einen ähnlichen Namen bereits vor dem Anmeldedatum der gegnerischen Marke hatte, und wenn man die erforderlichen Voraussetzungen erfüllt. Daher kann es bereits recht kompliziert werden. Diesen Umstand habe ich in einem meiner Videos näher erläutert. Die möglichen Verfahren werden jedoch auch in späteren Kapiteln behandelt B.

Alle Maßnahmen, die in diesem Fall ergriffen werden können, sind sehr umständlich und teuer. Ich rate daher dringend dazu, die eigene Marke anzumelden, bevor Sie damit auf den Markt gehen – gerade in aggressiven Branchen wie der Mode- oder Spirituosenindustrie oder auf Marktplätzen wie Amazon oder Ebay.

1.5 Zusammenfassung

Sie stellen schon vor der Markenanmeldung die Weichen für den Erfolg Ihrer Marke. Im Idealfall geht man anhand der folgenden Checkliste vor:

Checkliste vor Markenanmeldungen

- Im Kreationsprozess oder Brainstorming wenigstens 15 bis 20 Namenskandidaten generieren
- Namenskandidaten einem Domaincheck unterziehen
- Verbliebene Namenskandidaten: Schnellprüfung in Google und TMview
- Verbliebene Namenskandidaten: Anwaltliche Ähnlichkeitsrecherche
- Verbliebene Namenskandidaten: Linguistische Prüfung

Auf den Punkt gebracht

Wer in dieser Phase zu viel Risiko eingeht oder Schritte weglässt, ärgert sich in einigen Jahren, wenn z. B. ein Inhaber einer zu ähnlichen älteren Marke anklopft und nicht nur die Umbenennung und Erstattung der Anwaltskosten, sondern auch die Herausgabe des Gewinns verlangt. Treten Sie in einen Markt nie ein, ohne sich die Marke gesichert zu haben.

1.6 FAQ

Ich möchte das Zeichen „Beste Knoblauchpresse" oder „FirstKnoblauchpresse" als Marke nutzen und schützen. Geht das?

Nein, davon ist abzuraten. Beschreibende Begriffe scheitern oft schon bei der Eintragung. Selbst wenn sie eingetragen werden, sind sie schwach und leicht anfechtbar. Der geringe Schutzbereich führt dazu, dass schon kleine Abweichungen den Schutz aufheben können. Außerdem nehmen Kunden „Beste Knoblauchpresse" als Werbeaussage wahr und nicht als Marke. So werben Sie auch für Ihre Mitbewerber. Eine fantasievolle Marke lässt sich leichter als Produktname einführen und mit Emotionen und Werten aufladen.

Ich habe die Markenrecherche selbst durchgeführt und denke, dass CAREMBA ausreichend unterschiedlich zu CARAMBA ist. Kann ich die neue Knoblauchpresse unter CARAMBA in den Markt bringen?
Nein, die Zeichen sind zu ähnlich. In Kapitel 4 erläutere ich die Kriterien zur Einschätzung von Ähnlichkeiten. Das EUIPO bietet zudem „Trademark Guidelines" mit vielen Beispielen B. Es erfordert viel Einarbeitung, um sicher zu beurteilen, ob Zeichen zu ähnlich sind. Im Zweifel sollten Sie davon ausgehen, dass die Marken zu ähnlich sind oder einen erfahrenen Markenanwalt einschalten.

Ich finde keine Marke für das Produkt! Ich habe jetzt schon so lange gesucht! Alle Domains sind weg. Es gibt immer wieder zu ähnliche ältere Marken! Was kann ich tun?
Wenn man das Gefühl hat, dass alle Marken für bestimmte Produkte vergeben sind, kann Frustration aufkommen. Einige Bereiche, wie Medikamentennamen, sind besonders herausfordernd. Dennoch lässt sich immer eine rechtlich machbare Marke finden, oft mit etwas mehr Aufwand. Im Zweifel kann eine auf Naming spezialisierte Agentur helfen.

2 ANMELDUNG DER MARKE

Felix Feuerbusch meldet nun die Marke GARLION für Knoblauchpressen an. Da die Marke später auch außerhalb Europas zumindest in den USA, in China, Japan und Korea angemeldet werden soll, entscheidet er sich dafür, erst einmal eine deutsche Marke anzumelden, um später auf Basis dieser deutschen Marke eine sogenannte Internationale Registrierung für die weiteren Länder anmelden zu können (s. Kapitel 6).

Da er beim DPMA über einen elektronischen Direktzugang via DPMAdirekt (deren Online-Anmeldesoftware) verfügt, bereitet er die Markenanmeldung dort vor. Im Wesentlichen muss er drei Angaben machen: das Zeichen, die Waren und Dienstleistungen sowie den Inhaber. Der Inhaber steht bereits fest: sein Arbeitgeber AjoCrush.

Die Entscheidung für eine Markenanmeldung zieht eine Reihe grundlegender Entscheidungen nach sich, die zum Erfolg oder Scheitern der Marke führen können. Die oberste Prämisse bei der Anmeldung einer Marke muss dabei der sichere und möglichst weitreichende Schutz für Ihre Marke sein.

Um fünf große Entscheidungen kommen Sie nicht herum:

- Wie heißt Ihre Marke? Wie soll Ihr Zeichen aussehen? Oder geht es um ein Logo?
- Für welche Waren und Dienstleistungen soll Ihre Marke geschützt werden?

- Wo soll Ihre Marke zuerst angemeldet werden – in Deutschland oder der EU?
- Wer soll Inhaber der Marke sein?
- Machen Sie alles selbst oder nehmen Sie sich einen Anwalt?

Welche Fallstricke sich in den einzelnen Entscheidungen verbergen, aber auch welche Möglichkeiten Ihnen das Markenrecht dazu eröffnet, werde ich in diesem Kapitel beleuchten. Vor allem die Zahl der Länder, in denen eine Marke angemeldet werden soll, und die Waren und Dienstleistungen bestimmen die Kosten für Ihre Marke. Wir werden nun sehen, wie eine Marke optimal angemeldet wird.

Um Ihnen eine klare Vorstellung davon zu geben, wie das Anmeldeformular einer Markenanmeldung ausgefüllt werden kann, stelle ich Ihnen als Bonusmaterial zu diesem Buch das fertig ausgefüllte Anmeldeformular der Marke „Marken. Recht. Einfach." zur Verfügung B.

2.1 Das Zeichen

Felix Feuerbusch meldet eine Wortmarke an, da diese einen breiteren Schutzbereich hat und GARLION als Zeichen fantasievoll genug für eine Wortmarke ist. Das Zeichen wählt er in Großbuchstaben, weil die Marke zum einen später so benutzt werden soll und zum anderen durch die Großbuchstaben auch später beispielsweise in den USA die beiden anderen Normalschreibweisen garlion und Garlion ebenfalls mitumfasst sind. Er ist sich im Klaren darüber, dass er die Marke neu anmelden müsste, wenn er auf garLion umschwenken würde.

Vielleicht haben Sie bereits einen Namen und eine entsprechende Darstellung Ihrer zukünftigen Marke vor Augen. Vielleicht nutzen Sie auch bereits seit Jahren Ihren Firmennamen in einer farblichen Gestaltung oder grafischen Darstellung. Diese Elemente werden auch Zeichen genannt und können von Ihnen natürlich auch ohne Eintragung als Marke genutzt werden, sofern es keine zu ähnlichen älteren Marken gibt. Allerdings können ungeschützte Zeichen eben oft auch von Ihren Wettbewerbern genutzt werden. Und genau das wollen Sie nicht. Schließlich soll Ihr Zeichen Sie gerade von Ihren Mitbewerbern unterscheiden. Stellen Sie sich vor, Sie tischlern und vermarkten bereits seit mehreren Jahren unter dem Namen „Heinrichs" hochwertige Designertische aus Holz. Das Geschäft wächst, entwickelt sich und lockt deshalb vielleicht Nachahmer an, die im Internet ebenfalls unter „Heinrichs" Produkte minderwertiger Qualität anbieten. Ihr Ruf leidet. Um zu verhindern, dass ein Mitbewerber mit Ihrem guten Namen Geschäfte macht, sollten Sie die Eintragung als Marke mit Wirkung für Deutschland bei einer Markenbehörde wie dem Deutschen Patent- und Markenamt anstreben. Mit dem Zeichen „Heinrichs" sollte eine Eintragung kein Problem sein, da dieses Zeichen die gewünschten Waren nicht unmittelbar beschreibt. Anders sähe die Sache sicher aus, wenn Sie die Marke „Tolle Tische" schützen wollten. Dann würde die Eintragung als Marke als beschreibende Angabe (s. nächstes Kapitel) verweigert werden. Dennoch böte - und deshalb erwähne ich diesen Fall auch - sogar die totale oder teilweise Zurückweisung noch Vorteile für Sie. Wenn das Amt Ihnen den Schutz für eine solche beschreibende Marke versagt, so tut es das vermutlich auch bei den Wettbewerbern, sodass sich auch Dritte die Marke „Tolle Tische" für die Ware Tische nicht sichern können. Ihnen kann schließlich niemand verbieten, rein beschreibende Begriffe zu verwenden, die dann auch noch vom Amt als solche bestätigt wurden.

Ohne Eintragung zur Marke?

Sie können Ihr Zeichen selbstverständlich auch ohne Eintragung als Marke weiter nutzen. Das deutsche Markenrecht sieht sogar einen Weg vor, wie Sie Ihr Zeichen *ohne* Eintragung zur Marke entwickeln. Ihr Zeichen wäre dann eine Marke kraft Verkehrsgeltung, eine sogenannte Benutzungsmarke. Dazu muss Ihre Marke in den entsprechenden Wirtschaftskreisen, also bei den potenziellen Kunden und Abnehmern, Geltung haben. Das heißt, die Menschen müssen Ihre Marke kennen und identifizieren können. Markenrechtler sprechen von „Verkehrsbekanntheit", die Marketingfachleute von „Brand Awareness". Ein gutes Beispiel ist die Benutzungsmarke „KINDER" für Schokoladenprodukte, die von der FERRERO Deutschland GmbH geltend gemacht worden ist.

Einfach loszulegen und auf Bekanntheit zu setzen, mag reizvoll erscheinen, ist aber langwierig und unsicher. Im Streitfall müssten Sie vor Gericht nachweisen, wie bekannt Ihre Marke ist und wie groß der relevante Markt bzw. die interessierten Verkehrskreise sind. Etwa 30 Prozent Bekanntheit in der Zielgruppe sollten Sie erreichen, doch Gerichte bewerten das unterschiedlich. Eine Umfrage durch Institute wie Allensbach oder GfK wäre nötig, was aufwendig, teuer und ungewiss ist – ein Risiko, das Sie vermeiden sollten. Da ist es mit Sicherheit günstiger, die Marke für 290 Euro Amtsgebühr anzumelden.

Sie melden lieber Ihre Marke beim Amt an, damit diese eingetragen wird, und Sie diesen ganzen Stress nicht haben. Ihr Zeichen wird idealerweise als Marke registriert. Es sprechen also keine „absoluten Schutzhindernisse" – wie die oben erwähnte beschreibende Angabe – gegen eine Eintragung. Wir kommen dazu ausführlich in Kapitel 3.

Egal, ob Sie sich ein bereits genutztes Zeichen schützen lassen wollen, oder eine ganz neue Marke: Sie stehen vor der Entscheidung, die passende Markenform zu wählen. Wir wissen bereits aus dem ersten Kapitel, dass Ihre Marke eine Darstellung oder eine Kombination von Buchstaben, Zeichen, Wörtern, Namen, Slogans, Logos, Symbolen, Bildern, Farbzusammenstellungen oder sogar Klängen und Klangfolgen bzw. von Erscheinungsformen und Mustern von und für Produkte verschiedener Art sein kann. Entsprechend vielfältig sind auch die Markenformen. Neben der bekannten Wortmarke gibt es beispielsweise auch Wort-/Bildmarken, Bildmarken, Tastmarken, Farbmarken, Hörmarken, 3D-Marken, Positionsmarken und Kennfadenmarken. Der folgende Abschnitt behandelt die wichtigsten Formen und die damit verbundenen Schutzrechte.

2.2 Wortmarke oder Wort-/Bildmarke?

Diese beiden Markenformen stellen aus meiner Sicht die wichtigsten „Registermarken“, also eingetragene und rechtlich geschützte Zeichen, dar. Eine Wortmarke ist eine Marke, die sich ausschließlich als Druckschrift darstellen lässt. Die Wort-/Bildmarke besteht aus einer Kombination von Zeichen und Grafik, also Buchstaben, Zahlen, Sonderzeichen und Bildelementen oder aus Zeichen, die eine besondere Anordnung oder schriftliche Darstellung verlangen. Hier mal ein Beispiel:

Stellen Sie sich vor, Sie möchten ein Tanzstudio unter dem Namen „Marimba“ betreiben und lassen ein schickes Logo von einem Designer erstellen. Es scheint naheliegend, das Ergebnis als Wort-/Bildmarke eintragen zu lassen. Aber im Markenrecht ist das nicht immer der beste Weg B.

Meine Empfehlung ist, in den meisten Fällen eine Wortmarke zu wählen. Diese schützt den Namen „Marimba“ unabhängig von der grafischen Gestaltung. So begehen Wettbewerber bei der Nutzung des Namens eine Markenrechtsverletzung, während ein verändertes Logo oft nicht darunterfällt.

Ein weiterer Nachteil der Wort-/Bildmarke ist die „Benutzungsschonfrist“. Nach fünf Jahren muss die Marke „rechtserhaltend benutzt“ werden oder kann von Wettbewerbern gelöscht werden. Da sich Moden ändern, möchten Sie Ihr Logo vielleicht später anpassen. In diesem Fall müssten Sie die Wort-/Bildmarke neu anmelden, um den Schutz nicht zu verlieren. Bei einer Wortmarke schützt der Name „Marimba“ unabhängig von der grafischen Gestaltung, sodass eine Logo-Änderung keinen Einfluss auf den Markenschutz hat.

Übrigens: Wortmarken können aus einzelnen, aus mehreren Wörtern oder sogar Sätzen bestehen. Selbst Werbesprüche und Slogans können deshalb als Wortmarken markenfähig sein. Je länger die Marke allerdings ist, je geringer ist die Wahrscheinlichkeit, dass sie eingetragen wird, da sie dann nicht mehr als sogenannter Herkunftshinweis wahrgenommen wird.

Es gibt auch Fälle, bei der die Anmeldung einer Wort-/Bildmarke Vorteile gegenüber der Wortmarke hat. Nämlich beispielsweise dann, wenn das Wort, das Sie anmelden wollen, beschreibend für Ihre Waren oder Dienstleistungen ist und deshalb nicht als Wortmarke eingetragen werden könnte. Wenn Sie den beschreibenden Namen allerdings in eine mehr oder weniger fantasievolle grafische Gestaltung einbetten (lassen), kann der Prüfer die Marke nicht mehr als rein beschreibend beanstanden und muss sie als Wort-/Bildmarke eintragen.

Am sichersten liegen Sie mit einem möglichst fantasievollen Namen, den Sie sich als Wortmarke eintragen lassen. Den Schutzbereich

Ihrer Wortmarke können Sie noch dadurch steigern, dass Sie den Namen komplett in Versalien, also in GROSSBUCHSTABEN, eintragen lassen. In Deutschland schließt diese Form der Anmeldung alle anderen normalen Schreibweisen mit ein, und auch in anderen Ländern wie den USA oder China kommen Sie so in den Genuss des maximalen Schutzbereichs. Diese Art der Eintragung empfiehlt sich also umso mehr, je größer der Geltungsbereich Ihrer Marke sein soll. Für weltweit angebotene Konsumentenmarken ist sie der Standard.

Auch den Schutzbereich einer Wort-/Bildmarke können Sie durch einen ähnlich einfachen Trick vergrößern. Melden Sie dazu Ihr Logo in einer Schwarz-Weiß-Version an. Denn diese Version schließt in den meisten Ländern farbige Versionen in der Regel mit ein. Sogar eine Kontrastumkehr kann mit abgedeckt sein, wie der BGH mal zum Malteserkreuz entschieden hatte.

Wie immer im Leben gilt allerdings auch im Bereich Markenrecht: keine Regel ohne Ausnahme. Besonders wichtig sind folgende zwei Ausnahmen: Beim DPMA gilt die vorgenannte Regel mit der Großschreibung nicht für ungewöhnliche Schreibweisen. Wenn Sie für Ihre Marke eine Schreibweise mit Binnengroßschreibung bevorzugen, also beispielsweise Augentropfen namens „DorzoComp“ o. Ä., dann sollte die Marke auch genauso in dieser Schreibweise als Wortmarke angemeldet werden, da sie sonst möglicherweise später als „nicht wie eingetragen benutzt“ gilt und dann gelöscht werden kann (dazu später mehr im Kapitel 5.5.3 unter „Löschung wegen Verfalls“). Die andere Ausnahme betrifft Amazon-Seller: Amazon prüft im Rahmen der sogenannten Amazon Brand Registry, der hauseigenen Markenregistrierung des Online-Versandhändlers, automatisiert die Markenregister vieler Länder und Organisationen (beispielsweise der USA, Japan, Frankreich, Deutschland, Italien, Spanien, des Vereinigten Königreichs und der

Europäischen Union), und beanstandet gelegentlich Anmeldungen der Marken bei Amazon, die nicht in der exakten Schreibweise im entsprechenden Markenregister wiedergefunden werden. Dann muss man eine Extrarunde mit Amazon drehen und erst erläutern, dass die Marke Marimba auch die Schreibweise MARIMBA erfasst. Um für die Amazon-Markenregistrierung berechtigt zu sein, muss Ihre Marke im Übrigen in jedem Land, für das Sie sie bei Amazon anmelden möchten, bereits registriert und möglichst aktiv vermarktet sein.

2.3 Andere Markenformen

Das Markengesetz definiert noch eine ganze Reihe weiterer Markenformen, die neben der Wortmarke und der Wort-/Bildmarke allerdings einen wesentlich geringeren Raum einnehmen.

- **Bildmarken:** Sie bestehen aus Bildern, grafischen Elementen oder Abbildungen und verzichten auf Buchstaben oder sonstige Zeichen, die Teil einer Wort- bzw. Wort-/Bildmarke sein könnten. Beispiele sind der Nike-Swoosh oder der Mercedes-Stern. Eine Abbildung des tatsächlichen Produkts kann in der Regel nicht als Bildmarke eingetragen werden.
- **Farbmarken, Farbkombinationen:** Farben sind nur in Ausnahmefällen schutzfähig. Die zu schützende Farbe darf nur für eine beschränkte Zahl von Waren und Dienstleistungen genutzt werden und muss in der Regel bereits überdurchschnittlich bekannt sein. Die Deutsche Telekom hat sich beispielsweise die Farbe Magenta (RAL-4010) als Farbmarke für Waren und Dienstleistungen aus dem Bereich der Telekommunikation schützen lassen. Die Farbe Lila gehört Milka bzw. Kraft Foods für Schokoladenprodukte. Insgesamt

sind Farben und Farbkombinationen sehr schwer und nahezu nur auf dem Wege der Verkehrsdurchsetzung zu schützen. Die Gerichte legen hier hohe Maßstäbe an. So wollte sich die Tankstellenkette Aral die Farbkombination blau/weiß sichern. Der aufgezeigte „Durchsetzungsgrad" von 69 Prozent schien den Richtern in diesem Fall noch zu gering. Ohne Rechtsbeistand und ohne entsprechendes Budget ist vom Versuch einer Anmeldung abzuraten.

- **Dreidimensionale Marken:** Bei dreidimensionalen Marken (auch Formmarken) unterscheidet man zwischen produktabhängigen und produktunabhängigen/produktabstrakten Formmarken. Produktabhängige Formmarken werden auch Waren(verpackungs)formmarken genannt. Das Nutella-Glas, der Porsche Boxter, die Tobleroneform, der Bountyriegel oder die Odol-Flasche sind beispielsweise geschützte Warenformmarken. Beispiele für produktunabhängige Formmarken sind die lila Kuh von Milka oder Emily, die Kühlerfigur von Rolls-Royce.
- **Kennfadenmarken:** Hierbei handelt es sich um eine sehr alte, inzwischen immer seltener werdende Markenform. Meist sind das Fäden oder Streifen, die in Textilien oder auch anderen Produkten eingewebt bzw. anderweitig fest mit dem Produkt verbunden sind. Zumeist kommt diese Form bei Meterware wie Textilien sowie in Schläuchen und Kabeln zum Tragen und hilft dort bei der Identifikation des Herstellers, selbst wenn Etikett oder sonstige Herstellerhinweise fehlen.
- **Positionsmarken:** Bei dieser Markenform ist die besondere bzw. unveränderliche Positionierung eines bestimmten Zeichens auf dem Produkt die Marke. Beispiele sind der Knopf im Ohr von Steiff-Teddys, die berühmte rote Sohle unter den Schuhen von Designer Christian Louboutin sowie – für die meisten von uns erschwinglicher – die

Positionierung der drei Streifen auf den Schuhen von Adidas oder die Positionierung des roten Fähnchens auf der Hosentasche der Levi‘s-Hose.

- **Hörmarken/akustische Marken:** Dazu zählt alles, was man hören und wiedererkennen kann. Als Corporate Sound und als Abbinder von Videos und Werbespots ist diese Markenform beliebt. Ein sehr altes Beispiel ist das Löwengebrüll von Metro-Goldwyn-Mayer (MGM), ein aktuelles die Tonfolge der Deutschen Telekom.
- **Sonstige Markenformen:** Hierzu gehören Hologrammmarken, olfaktorische oder Geruchs-Marken, haptische oder Tastmarken, Bewegungsmarken, virtuelle Marken und Lichtmarken. Sämtliche dieser Formen spielen aktuell keine große Rolle. Interessanterweise ist der brüllende Löwe von MGM nicht nur ein Beispiel für eine akustische, sondern der entsprechende Clip auch eine Bewegungs- bzw. multimediale Marke.

2.4 Markenformen versus Markenkategorien

Falls Sie in der Darstellung im vorherigen Kapitel die Begriffe Individualmarke, Kollektivmarke oder sogar die Gewährleistungsmarke vermisst haben, heißt das, dass Sie sich bereits eingehender mit Markenrecht beschäftigt haben. Allerdings handelt es sich bei diesen Begriffen nicht um Markenformen, sondern um die drei wichtigsten Markenkategorien. Zwar müssen Sie Ihre gewählte Kategorie im Laufe des Anmeldeprozesses angeben, diese ergibt sich aber in den meisten Fällen von selbst aus den Zusammenhängen. Wichtig ist, dass Markenkategorien wiederum als jede Markenform vorkommen können.

- **Individualmarke:** Dies ist die Standardkategorie einer Marke. Sie ist eine geschützte Marke eines Unternehmens oder einer natürlichen Person, mit der diese ihre Produkte oder Dienstleistungen von denen der Konkurrenz unterscheiden.
- **Kollektivmarken:** Ihr wichtigstes Merkmal ist, dass der Inhaber nur ein rechtsfähiger Verband bzw. eine juristische Person des öffentlichen Rechts wie ein Verein sein kann. Der Verband kann die Marke den einzelnen Mitgliedern zur Nutzung überlassen. Kollektivmarken unterscheiden nicht zwischen Produkten und Dienstleistungen einzelner Anbieter, sondern dienen der Unterscheidung von Produkten oder Dienstleistungen insbesondere nach bestimmten Eigenschaften. Ein Beispiel ist die Marke „Bioland" oder das RAL-Gütezeichen.
- **Unionsgewährleistungsmarke:** Diese Markenkategorie garantiert EU-weit Qualitätsstandards. Der Markeninhaber stellt sicher, dass bestimmte Vorgaben eingehalten werden, die in einer Markensatzung festgelegt sind. Der Inhaber selbst darf die Marke nicht nutzen, nur Dritte. Ein Beispiel ist der „Blaue Engel", ein Gütesiegel für umweltfreundliche Produkte. Da Gewährleistungsmarken eine Satzung erfordern, sollte ein Anwalt hinzugezogen werden. Geografische Herkunftsbezeichnungen sind von dieser Markenkategorie ausgeschlossen.
- **Die nationale Gewährleistungsmarke** gibt es in Deutschland seit dem 14. Januar 2019. Sie dient der Garantiefunktion, nicht der Herkunftsfunktion. Der Markeninhaber gewährleistet bestimmte Eigenschaften der Waren oder Dienstleistungen. Im Juli 2019 wurde die Marke „Grüner Knopf" als erste Gewährleistungsmarke für Textilien vergeben, die Sozial- und Umweltkriterien erfüllen.

2.5 Waren und Dienstleistungen

Felix Feuerbusch überlegt nun, für welche Waren und Dienstleistungen er die Marke anmelden möchte. Knoblauchpressen fallen in Klasse 21 der Nizza-Klassifikation unter den Oberbegriff bzw. Class-Scope „Geschirr, Kochgeschirr und Behälter". Da er bei seiner Recherche in Klasse 21 keinerlei konfliktäre Marken finden konnte, beschränkt er die Marke in Klasse 21 nicht nur konkret auf Knoblauchpressen oder den Oberbegriff dazu, sondern meldet die Marke in Klasse 21 auch für weitere Oberbegriffe an. Wer weiß, was unter dem Zeichen GARLION in ein paar Jahren alles vermarktet werden soll.

Zu entscheiden, für welche Waren und Dienstleistungen Ihre Marke Schutz genießen soll, ist ein sehr wesentlicher Punkt im Anmeldeverfahren B.

Angenommen, Sie möchten eine Werbe- und Marketingagentur gründen und den Namen als Marke schützen. Sie müssten zunächst alle Waren und Dienstleistungen auflisten, die Sie anbieten könnten. Da das Tätigkeitsfeld einer Agentur breit ist, könnte diese Liste umfangreich werden. Früher musste jede Dienstleistung detailliert beschrieben und übersetzt werden, was viel Zeit in Anspruch nahm. Seit dem 15. Juni 1957 erleichtert die internationale Nizza-Klassifikation diesen Prozess, indem sie Waren und Dienstleistungen in 45 Klassen einteilt. Die TMclass-Datenbank, die vom DPMA und dem EUIPO entwickelt wurde, bietet heute über 73.000 Begriffe und hilft, den richtigen Markenschutz zu definieren B.

So sind Bücher in Klasse 16 unter dem Oberbegriff „Druckerei-erzeugnisse" klassifiziert. T-Shirts gehören unter „Bekleidungsstücke" in Klasse 25. Restaurants schützen sich in Klasse 43 die „Verpflegung von Gästen".

Für Markenanmelder werden die unter den Ämtern harmonisierten Begriffe mittels einer Datenbank mit dem internationalen Namen „Harmonised Database" (HDB) zur Verfügung gestellt, die über die gemeinsame Plattform der harmonisierten Ämter „TMclass"[2] bereitgestellt wird. Im deutschen Sprachraum wird diese Datenbank als „einheitliche Klassifikationsdatenbank" (eKDB) bezeichnet. Die HDB oder eKDB ist somit umfassender angelegt als die Klassifikation von Nizza. Ihre Begriffe sind in 41 Sprachen übersetzt. Diese Datenbank ist eines der wichtigsten Rechercheinstrumente, welches Ihnen als potenziellem Markenanmelder zur Verfügung steht.

Die Klassen sind jetzt – zumindest in der Theorie – so konzipiert, dass sich jede denkbare Ware oder Dienstleistung in einer der Klassen einordnen lässt. Die ursprünglichen Oberbegriffe der Nizza-Klassifikation wurden für die HDB bzw. eKDB zu sogenannten Class Scopes erweitert. Die Class Scopes sollen jedenfalls sämtliche Waren und Dienstleistungen abdecken, die Sie sich ausdenken und anbieten können. Dr. Senta Bingener, Teamleiterin im Markenbereich des Deutschen Patent- und Markenamtes, nennt Class Scopes „die Summe der weitesten Begriffe, die noch bestimmt genug sind, um in einem Verzeichnis beansprucht werden zu können."[3] Die oberbegrifflichen Formulierungen der Class Scopes sollen einen großen Schutzumfang ermöglichen und überlange Verzeichnisse vermeiden. Vom DPMA werden die Class Scopes seit einiger Zeit Gruppentitel genannt B.

Beispiel: Ausschnitt aus den Gruppentiteln der Klasse 21

- Überwiegend aus Keramik sowie Glas oder deren Ersatzstoffen hergestellte Kunstwerke und Verzierungen, einschließlich Skulpturen
- Unbearbeitetes und teilweise bearbeitetes Glas, nicht für Bauzwecke
- Gegenstände für die Gartenarbeit (unzulässig, zu unbestimmt, muss konkretisiert werden)

- Haushaltsreinigungsgegenstände, Bürsten und Bürstenmachermaterialien
- Geschirr, Kochgeschirr und Behälter
- Kosmetik-, Hygiene- und Schönheitspflegeutensilien
- Gegenstände für die Tierhaltung (unzulässig, zu unbestimmt, muss konkretisiert werden)
- Haushaltsgegenstände für die Pflege von Bekleidung und Schuhwaren
- Badezimmerzubehör (unzulässig, zu unbestimmt, muss konkretisiert werden)

Marken mit demselben Zeichen jedoch unterschiedlichen Klassen können friedlich koexistieren. So gibt es sehr ähnliche oder auch identische Marken „Triumph" und „Trumpf" für Unterwäsche, Motorräder, Autos und Schokolade oder „Mercedes" für Autos, Schuhe und Zigaretten von unterschiedlichen Herstellern, die sich alle nicht weiter untereinander stören. Nur bei sehr bekannten Marken sollte man aufpassen, keine zu ähnliche Marke in anderen Klassen zu etablieren. Diese genießen nämlich einen breiteren Schutz.

Auf der Website der oben genannten Datenbank TMclass können Sie über eine Suchmaske recherchieren, in welchen Klassen Sie Ihre Marke schützen lassen wollen, also in welchen Klassen die von Ihnen angebotenen Waren oder Dienstleistungen klassifiziert sind B.

Warum Sie Ihre Marke nicht einfach in allen 45 Klassen anmelden sollten, liegt einerseits an den Kosten und andererseits an der späteren Benutzung. In der Grundgebühr von 290 Euro bei einer Online-Einreichung für deutsche Marken können drei Klassen benannt bzw. beansprucht werden. Jede weitere Klasse schlägt mit zusätzlichen 100 Euro Amtsgebühren zu Buche. Es ist wichtig, von Anfang an die richtigen

Klassen und Oberbegriffe zu finden, denn der Markenschutz kann nachträglich nicht erweitert werden.

Nehmen wir an, Sie möchten einen Kaffee vermarkten und markenrechtlich schützen lassen. Dann können Sie Ihre Kaffee-Marke in der entsprechenden Klasse 30 für die Oberbegriffe in dieser Klasse anmelden und genießen damit Schutz in allen durch diese Klasse definierten Bereiche. Die entsprechenden Bereiche werden durch bestimmte Begriffe definiert. Klingt einfach. Ist es aber nicht. Denn wenn Sie Ihre Marke nur in dieser Klasse schützen lassen, würde jemand, der unter Ihrer Marke einen Softdrink mit Kaffeegeschmack auf den Markt bringt, nicht identisch unter Ihre Marke fallen. Denn dieser Oberbegriff taucht wiederum in Klasse 32 für die alkoholfreien Getränke auf. Wenn Ihre Kaffee-Marke so erfolgreich wird, dass Sie selbst unter diesem Namen zusätzlich einen Softdrink mit Kaffeegeschmack auf den Markt bringen wollen, oder eine entsprechende Lizenz vergeben wollen, ist es zu spät, wenn Sie nicht von Anfang an gründlich recherchiert haben und die Marke eben auch in Klasse 32 angemeldet haben. Schließlich könnte es sein, dass ein Gericht Softdrinks mit Kaffeegeschmack und Kaffee als zu ähnlich ansehen könnte.

Wenn Sie Ihre Marke auch in Ländern wie China, den USA, Japan oder Korea schützen möchten, sollten Sie die Formulierungen Ihrer Waren und Dienstleistungen mit der TM5-Datenbank abstimmen. Diese Datenbank umfasst die Klassifikationen dieser Märkte und weiterer Staaten wie Kanada und Russland. So vermeiden Sie teure Beanstandungen, die oft einen lokalen Anwalt erfordern. In den USA müssen beispielsweise sehr konkrete Begriffe wie „Software for text editing“ verwendet werden, während in der EU allgemeinere Begriffe wie „Software“ oder „Aufgezeichnete Daten“ zulässig sind.

Wenn Sie die passenden Begriffe für Ihre Marke – also die dahinterstehenden Waren oder Dienstleistungen – in der Datenbank gefunden haben und bei der Anmeldung der Marke ausschließlich diese Begriffe verwenden, verläuft die Bearbeitung übrigens wesentlich schneller. Bei einer Unionsmarke haben Sie dadurch sogar die Chance, in das „Fast Track"-Verfahren zu kommen, wobei die Markenanmeldung dann in der Regel innerhalb von wenigen Tagen veröffentlicht wird. Nicht ausreichend ist bei der Anmeldung die Angabe von reinen Klassennummern (wie „12, 22, 36"). Außerdem gilt der sogenannte Gruppierungszwang. Die Waren und Dienstleistungen sind demnach nach Klassen geordnet in aufsteigender Reihenfolge der Klasseneinteilung anzugeben.

Eine korrekte Auflistung ist beispielsweise:

- Klasse 6: Baumaterialien aus Metall
- Klasse 19: Baumaterialien, nicht aus Metall
- Klasse 36: Immobiliendienstleistungen
- Klasse 37: Bauwesen; Bau-, Montage- und Abbrucharbeiten
- Klasse 42: Wissenschaftliche und technologische Dienstleistungen; Dienstleistungen von Ingenieuren.

In diesem Beispiel habe ich bewusst nur jeweils wenige Begriffe pro Klasse gewählt, um das Verzeichnis zu Demonstrationszwecken nicht unnötig aufzublähen. In der Realität könnten Sie aber im Prinzip beliebig viele Begriffe in jeder Klasse beanspruchen, solange diese Begriffe in diese Klasse gehören. Wie oben beschrieben, macht es aber Sinn, sich auf die Class Scopes bzw. Gruppentitel zu konzentrieren, solange diese zugelassen sind. So können Sie mit möglichst wenig Begriffen den maximalen Schutz erzielen.

2.6 Deutschland oder EU oder weltweit?

Die Unterschiede zwischen einer deutschlandweiten und einer unionsweiten Markenanmeldung erscheinen auf den ersten Blick ebenso banal wie die Unterschiede zwischen einem kleinen und einem großen Bier: Die zweite Alternative ist teurer, dafür ist aber auch mehr drin. Analog deckt die Anmeldung als Unionsmarke alle EU-Länder (wichtig: nicht die Schweiz und Großbritannien) ab, die deutschlandweite Anmeldung nur die Bundesrepublik. Dafür ist erste günstiger. Die Amtsgebühren liegen bei 290 Euro für bis zu drei Klassen in Deutschland. Die Unionsmarke beginnt bei 850 Euro Amtsgebühren für eine Klasse. Neben Kosten und territorialer Abdeckung gibt es allerdings noch weitere Argumente, die für die eine oder die andere Anmeldung sprechen. Eine Marke im Heimatland (dazu zählt für deutsche Anmelder die deutsche Marke oder eine Unionsmarke) kann nämlich die Grundlage für eine sogenannte Internationale Registrierung (IR-Marke, einer Art weltweiter Marke – dazu später mehr in Kapitel 6) sein. Bevor Sie sich Ihre IR-Marke für ausgewählte Länder dieser Erde schützen lassen können, benötigen Sie auf jeden Fall eine nationale Heimatmarke oder auch Basismarke. Die IR-Marke ist immer abhängig von der Basismarke. Sollte die Basismarke innerhalb von fünf Jahren nach der nationalen Registrierung erlöschen, stirbt auch die Internationale Registrierung. Der häufigste Grund für die Löschung einer Marke ist dabei der Widerspruch von Dritten. Die Basismarke muss also besonders sicher sein. Und unter diesem Aspekt ist die deutsche Anmeldung der Basismarke im Vergleich zur EU-weiten Anmeldung eine relativ sichere und überschaubare Angelegenheit. Gegen eine deutsche Anmeldung können nämlich nur deutsche Marken, Unionsmarken und internationale Registrierungen, die in Deutschland Schutz genießen, im Widerspruch ins Feld geführt werden. Bei einer

Unionsmarke kann Widerspruch gegen Ihre Marke aus allen EU-Ländern erhoben werden. Das Risiko, Ihre Unionsmarke durch Widerspruch zu verlieren, ist im Vergleich zur deutschen Basismarke deshalb naturgemäß wesentlich höher.

Für die Praxis bedeutet das, dass ich bei weltweiten Projekten oder wichtigen internationalen Marken wie dem Firmennamen immer empfehle, zunächst eine deutsche Marke als Basismarke anzumelden, dann die internationale Registrierung zu beantragen und innerhalb der internationalen Registrierung auch die EU abzudecken. Diese Vorgehensweise führt zwar manchmal zu etwas höheren Kosten, ist aber insgesamt der sicherste Weg zum internationalen Markenschutz.

Ein Beispiel aus der Praxis: Ein Mandant, der weltweit Küchen- und Gartenartikel verkauft, plante, Blumengefäße unter seinem Firmennamen anzubieten und peilte einen Umsatz im zweistelligen Millionenbereich an. Um das Risiko des Markenverlusts zu minimieren, empfahl ich, zunächst eine deutsche Basismarke zu registrieren und anschließend die internationale Registrierung in weiteren Zielmärkten durchzuführen. Dadurch wurde das Risiko verringert, dass die internationale Registrierung bei einem Widerspruch gegen die Basismarke scheitert. Zuvor wurde eine weltweite Ähnlichkeitsrecherche durchgeführt. Innerhalb der sechsmonatigen Prioritätsfrist nach der Anmeldung der deutschen Marke wurde dann die internationale Registrierung angemeldet, um den Zeitrang der ersten Anmeldung zu nutzen.

Ein weiterer Vorteil einer deutschen Marke ist, dass sie zehn Jahre nach Eintragung nicht mehr als „beschreibende Angabe“ gelöscht werden kann. Wenn Sie sich beispielsweise den Namen Ihrer Webdesignagentur „WebsitesGünstiger“ eintragen lassen, könnten Ihre Wettbewerber innerhalb der ersten zehn Jahre – wahrscheinlich sogar mit Erfolg – versuchen, mit einem Löschungsantrag Ihre Marke löschen zu lassen, da sie rein beschreibend ist.

So seltsam es auf den ersten Blick aussieht: Eine deutsche Basismarke empfiehlt sich immer dann, wenn Sie sicher weltweit in viele Länder expandieren wollen.

Wenn Sie nur in der EU aktiv werden wollen, ist die Unionsmarke für Sie passend. Der Aufwand für die in jedem Fall vorausgehende Ähnlichkeitsrecherche ist naturgemäß zwar viel höher als eine Ähnlichkeitsrecherche für Marken, die nur in Deutschland Schutzrecht genießen. Trotzdem überwiegt diesen Aufwand der territoriale Vorteil der Unionsmarke, d. h. der Markenschutz, den Sie auf einen Schlag in sämtlichen Ländern der EU genießen. Wenn Sie von Beginn an wissen, dass Sie weltweit tätig werden wollen, sollten Sie die Ähnlichkeitsrecherche ohnehin direkt weltweit durchführen, auch wenn Sie erst einmal nur eine deutsche Marke anmelden.

Ein Amazon Seller, der schon einige Jahre sehr erfolgreich tätig war, und in Europa auf fünf Amazon-Marketplaces (die europäischen Amazon Marketplaces sind: Deutschland, Italien, Spanien, Frankreich, Großbritannien, Schweden, Polen und die Niederlande) verkauft hat, wollte eine neue Produktreihe für Grillzubehör unter dem Namen GrillyBoy (redaktionell geändert) auf die Märkte bringen.

In diesem Fall, der ja auf den ersten Blick durchaus auch ein internationales Projekt war, riet ich zur Unionsmarke. Der Anmelder brauchte so nur eine einzige Markenanmeldung durchführen. Da weitere Länder außerhalb der EU aufgrund des Geschäftsmodells uninteressant waren, fiel auch das mögliche Risiko des Verlustes einer internationalen Registrierung nicht ins Gewicht.

2.7 Anmelderdaten

Im nächsten Schritt müssen Sie entscheiden, wer bzw. „auf wen" die Marke angemeldet werden soll. Wer also am Ende Markeninhaber sein soll. Ganz einfach, werden Sie denken: auf Sie selbst natürlich. Aber ganz so einfach ist es eben nicht immer. Die grundsätzliche Frage ist nämlich, ob die Marke auf eine natürliche Person, zum Beispiel Sie selbst oder auf eine juristische Person, beispielsweise Ihre GmbH oder eine andere Geschäftsorganisation eingetragen werden soll. Es gibt bei dieser Frage kein richtig oder falsch, aber es gibt Argumente, die jeweils für die eine oder die andere Variante sprechen. Welche für Sie am besten ist, hängt immer von Ihren speziellen Umständen ab.

Wenn Sie Ihre Marke (oder auch Patente) auf sich selbst anmelden, haben Sie die folgenden drei Vorteile:

- Sie können der Firma eine Lizenz erteilen und auf diesem Weg Gewinne von der Firma abführen.
- Selbst wenn sich in der Firma die Gesellschafteranteile verschieben, behalten Sie immer noch eine Einfluss- und Kontrollmöglichkeit in der Hinterhand.
- Im Falle einer Insolvenz verbleiben die Schutzrechte bei Ihnen.

Es gibt aber durchaus auch erhebliche Nachteile:

- Im Falle Ihres Todes ist die Firma womöglich nicht mehr handlungsfähig, wenn eine zerstrittene Erbengemeinschaft der Firma untersagt, die Schutzrechte zu benutzen. Dies kann möglicherweise durch einen geschickten Lizenzvertrag vermieden werden.
- Ihre Privatadresse ist recherchierbar und somit für jeden öffentlich sichtbar. Was dieser Umstand bedeutet, schauen wir uns im nächsten Abschnitt genauer an.

- Die Trennung von Unternehmen und wichtigen Schutzrechten ist hinderlich bei der Suche nach Investoren oder beim Verkauf der Firma, weil potenzielle Investoren/Käufer natürlich Kontrolle über die Schutzrechte wünschen. Ich zähle diesen Punkt zu den Nachteilen. Er kann allerdings unter gewissen Konstellationen auch ein Vorteil sein, wenn er einer feindlichen Übernahme entgegensteht.

Im Sinne eines langfristigen Unternehmenserfolgs lautet mein Ratschlag insbesondere für größere Unternehmen immer, die Marke oder sonstige Schutzrechte auf die Firma anzumelden oder auf diese dann gegebenenfalls entgeltlich zu übertragen. Denkbar sind hier auch Übertragungsmodelle, bei denen die Firma als Gegenleistung eine jährliche Summe für eine gewisse Zahl von Jahren bezahlen muss.

Wenn Sie die Marke auf eine Firma anmelden, muss vor allem darauf geachtet werden, dass der Firmenname genauso angegeben wird, wie er im Handelsregister eingetragen ist. Sie haben es schließlich mit Ämtern zu tun. Und für das Amt oder auch für Gerichte ist ein nicht im Handelsregister eingetragenes Unternehmen erst einmal nicht existent. Dann ist es egal, ob Sie „eigentlich" Ihre Firma gemeint haben. Ein nichtexistierendes Unternehmen kann jedenfalls kein Schutzrecht für eine Marke beanspruchen. Deshalb müssen Sie als Markeninhaber auch bei Unternehmensumzügen eine neue Adresse oder Umfirmierung so schnell wie möglich dem Handelsregister und dem Schutzrechtsregister melden, wenn die Marke auf Ihr Unternehmen eingetragen ist. Bei der Durchsetzung der Marke kann es sonst passieren, dass der Gegner eine fehlende sogenannte Aktivlegitimation geltend macht, da die im Register stehende Firma gar nicht die Firma ist, die die Marke geltend macht.

Ein sehr populärer Fehler bei der Eintragung ist auch die Vermischung von natürlicher Person und Unternehmen. Wenn Sie Ihre Marke als natürliche Person anmelden, müssen Sie auch Ihre private Meldeadresse angeben. Wenn Sie beispielsweise als Unternehmensinhaber die Marke auf Sie persönlich anmelden, als Adresse jedoch den Firmensitz angeben, stehen Sie wieder vor dem obigen Problem. Die natürliche Person existiert unter der angegebenen Adresse juristisch nicht. Insbesondere bei einer GbR passiert dieser Fehler häufig. Hier müssen Sie unbedingt darauf achten, mindestens einen der Gesellschafter mit seiner Meldeadresse eintragen zu lassen. Andernfalls liefern Sie durch diesen Fehler einem Wettbewerber oder Angreifer eine offene Flanke der oben erwähnten „fehlenden Aktivlegitimation". Aktivlegitimation ist ein Begriff aus dem Prozessrecht und beschreibt in diesem Fall vereinfachend, ob Sie überhaupt befugt sind, in einer Sache rechtlich tätig zu werden, also Ihre Marke notfalls vor Gericht zu verteidigen.

2.7.1 Was die Anmelderdaten verraten

Vielleicht sagen Sie sich, „ist doch egal. Meine Adresse steht im Telefonbuch bzw. ist sowieso leicht über Facebook, LinkedIn etc. herauszubekommen." Viele Prominente haben aber gar kein Interesse daran, dass man beispielsweise Ihren bürgerlichen Namen kennt. Der Comedian Atze Schröder versteht da zum Beispiel keinen Spaß und hat sogar Wikipedia und die Bild-Zeitung deswegen verklagt. Er galt als der Promi mit dem geheimsten Privatleben. Im Markenregister hatte er seinen bürgerlichen Namen dennoch selbst veröffentlicht. Probieren Sie es aus. Suchen Sie im Markenregister im Internet nach „Atze Schröder". Ganz unten im Seitenbereich finden Sie einen Button „PDF-Download". Hier können Sie die gesamte Historie der Marke „Atze Schröder" komfortabel als Dokument herunterladen. Und tatsächlich finden Sie dort auf Seite drei des Dokuments den bürgerlichen Namen des etwaigen Markeninhabers B.

2.8 Weitere Optionen

Neben den bisher in diesem Kapitel erläuterten fünf wichtigsten Punkten haben Sie noch einige Optionen mehr, die Sie bei der Markenanmeldung berücksichtigen müssen. Hier können Sie kaum gravierende Fehler machen. Ihre Marke bringen Sie durch diese Optionen jedenfalls nur in Gefahr, wenn Sie die Gebühr nicht zahlen B.

Zustellanschrift: Sie können im Registrierungsverfahren eine vom Anmelder abweichende Anschrift angeben, mit der das Amt korrespondieren soll. Tragen Sie nicht Ihre eigene oder die Firmenadresse ein, wenn Sie sich von einem Anwalt vertreten lassen! Wenn ein Anwalt Ihre Markenanmeldung durchführt, wird er hier seine Adresse angeben.

Serienanmeldung: In der Regel wird diese Option keine Relevanz für Sie haben. Hier können Sie nach gleichem Schema gebildete Marken – also z. B. mit identischen Waren und Dienstleistungen – als Serienmarken anmelden. An den Kosten ändert sich dadurch nichts. Der Vorteil ist, dass diese Marken dann von demselben Prüfer geprüft und einheitlich beurteilt werden. Eine Serienanmeldung kann beispielsweise Sinn machen, wenn Sie verschiedene Logos gleichzeitig anmelden wollen.

Angaben zur Priorität: Wenn Ihre Marke innerhalb der vergangenen sechs Monate in einem anderen Land angemeldet wurde, dann können sie die Priorität dieser ersten Anmeldung auch für Ihre deutsche Markenanmeldung in Anspruch nehmen. Alle Fristen etc. gelten dann ab dem Zeitpunkt der früheren, ausländischen Anmeldung.

Angaben zur Leitklasse: Standardmäßig können Sie für Ihre Anmeldegebühr drei Klassen beanspruchen. Eine der beanspruchten Klassen können Sie als Leitklasse vorschlagen. Diese für das DPMA unverbindliche Leitklasse sollte idealerweise den wirtschaftlichen Schwerpunkt der Waren und/oder Dienstleistungen widerspiegeln, für den die Marke verwendet werden soll. Da durch die Leitklasse aber auch festgelegt wird, welche Markenstelle für die Bearbeitung Ihrer Anmeldung zuständig ist, können Sie hier ein bisschen tricksen. Denn manche Klassen sind völlig überlaufen. Entsprechend länger würde in so einer Klasse die Bearbeitung dauern. Das muss nicht sein. Vor allem, wenn man sich auch für einen „Exoten" entscheiden kann, in dem die Bearbeitung schneller geht. Wir haben das mal systematisch untersucht: Ende 2022 schienen Marken mit der Leitklasse 33 im Schnitt mit 66 Tagen am schnellsten und die Marken mit der Leitklasse 45 im Schnitt mit 244 Tagen am langsamsten eingetragen zu werden. Andere „schnelle" Leitklassen waren (nach Schnelligkeit sortiert) z. B. 14, 8 und 15 oder auch erstaunlicherweise 5 (z. B. Pharma). Hierzu hatte ich einfach zu einem bestimmten Stichtag die 1000 zuletzt eingetragenen deutschen Marken ausgewertet. Die vollständige Liste finden Sie beim Bonusmaterial B.

Antrag auf beschleunigte Prüfung: Die Beantragung der beschleunigten Prüfung erscheint erst einmal überflüssig. Das DPMA verpflichtet sich mit dem natürlich kostenpflichtigen Antrag zur beschleunigten Prüfung dazu, dass die Marke innerhalb von sechs Monaten geprüft wird. Aus Erfahrung ist das Amt sowieso meist so schnell. Die Marken, die wir als Kanzlei anmelden, werden in der Regel zwischen zwei und vier Monaten geprüft. Mit einem Antrag auf beschleunigte Prüfung kann man diese Zeit aber erfahrungsgemäß oft auf unter einen Monat reduzieren. Beschleunigte Prüfung kann auch dann Sinn ergeben, wenn man bei einer internationalen Registrierung eine eingetragene Marke als Basismarke haben will, bei der die Widerspruchsfrist schon abgelaufen ist. Dann empfiehlt es sich aber, standardisierte Waren und Dienstleistungen zu verwenden und die Marke elektronisch anzumelden, da sie dann nochmal schneller eingetragen wird.

Angaben zur Zahlungsart: Sie können entweder ein SEPA-Mandat erteilen oder die Gebühr innerhalb von drei Monaten ab dem Anmeldetag überweisen. Wenn Sie diese Überweisung vergessen oder sie fehlerhaft ist, sie also nicht fristgerecht und in voller Höhe eingeht, gilt Ihre Anmeldung als zurückgenommen. Auch für nicht gezahlte zusätzliche Klassen gilt die Anmeldung als zurückgenommen. Bei einem fehlerhaften SEPA-Mandat wird sich das Amt bei Ihnen melden. Entscheiden Sie sich daher bitte für das Lastschriftverfahren. Es ist in jedem Fall sicherer und schneller.

2.9 Vorteile der Markenanmeldung durch einen Anwalt

Sie sollen auf Basis dieses Buches fundierte Entscheidungen rund um das Thema Marke treffen. Dieses Buch soll Sie auch dazu befähigen, Markenanmeldungen und Vieles mehr selbst umzusetzen. Allerdings haben Sie vielleicht schon gemerkt, dass eine erfolgreiche Markenanmeldung nicht nur Wissen, sondern auch Zeit erfordert. Was ist der Vorteil der Anmeldung über einen Anwalt?

Ein erfahrener Anwalt spart Ihnen viel Zeit, kann einschätzen, ob ältere Marken gefährlich sind, und liefert vielleicht relevantere Treffer bei Recherchen. Anwälte verfolgen die aktuelle Rechtsprechung und wissen genau, welche Klassen für Ihre Waren und Dienstleistungen relevant sind. Bei internationalen Anmeldungen ist eine genaue Formulierung wichtig, um Beanstandungen in Ländern wie den USA und China zu vermeiden.

Ein weiterer wichtiger Punkt ist die Haftung: Ihre Firmenrechtsschutzversicherung schließt oft Markenrecht aus, während Anwälte über eine Berufshaftpflichtversicherung abgesichert sind. Die

Kosten für eine Markenanmeldung in Deutschland durch einen Anwalt liegen je nach Erfahrung zwischen 400 und 1200 Euro, zuzüglich 500 bis 1000 Euro für eine Ähnlichkeitsrecherche.

2.10 Zusammenfassung

Bei der Markenanmeldung definieren Sie genau, welchen Schutz Ihre Marke später gegenüber Wettbewerbern bietet. Folgende Checkliste macht es Ihnen einfacher, dass Sie keine wichtigen Schritte und Überlegungen überspringen:

Checkliste für die Markenanmeldung

- Das Zeichen: besser eine Wortmarke als eine Wort-/Bildmarke. Oder soll ein reiner Bildbestandteil als Bildmarke geschützt werden?
- Die Waren und Dienstleistungen: so breit wie möglich im Hinblick auf eventuelle ältere Marken anhand der Gruppentitel bzw. Class Scopes in jeder relevanten Klasse beanspruchen. Achtung: nicht alle Oberbegriffe sind zulässig. Ich füge oft auch noch die konkreten durch die Mandanten benutzten Waren und Dienstleistungen hinzu. Hierzu kann man die Datenbank TMclass verwenden.
- Inhaber: in der Regel die Firma, so wie sie im Handelsregister steht.
- Deutsche Marke oder Unionsmarke: nicht sehr intuitiv, aber wichtig: Wenn internationaler Markenschutz in vielen Ländern angestrebt wird, kann die deutsche Marke als erste Anmeldung geschickter sein.

Auf den Punkt gebracht
Überlegen Sie ganz genau, wie die Marke in Zukunft benutzt werden soll und welche Waren und Dienstleistungen langfristig angeboten werden sollen. Eine Marke kann man später nicht mehr ändern und man müsste dann bei Änderungen eine neue Marke anmelden.

2.11 FAQ

Mein Designer hat ein superschönes Logo für meine Marke MARIMBA entworfen. Das will ich schützen!
Vorsicht! Die Wortmarke bietet Ihnen in der Regel einen wesentlich breiteren Schutz als eine Wort-/Bildmarke. Lieber abstrakt das Wort anmelden.

Kann ich mehr als eine Ware oder Dienstleistung in jeder Klasse beanspruchen? Kostet das mehr? Oder muss ich jede einzelne Ware konkret nennen?
Man kann in einer Klasse so viele Waren bzw. Dienstleistungen beanspruchen, wie man möchte, sofern diese in die Klasse fallen. Manche „Spezialisten", die ihre Marke selbst angemeldet haben, melden die Marke dann jeweils in jeder Klasse nur für einen einzigen Begriff oder für eine seitenlange Liste unzähliger Begriffe an (z. B. in Klasse 25 alle einzelnen Kleidungsstücke, die es so gibt, wie Hemden, Blusen, T-Shirts, ...). Letzteres ist vollkommen sinnlos. Der Oberbegriff „Bekleidungsstücke" umfasst alle diese Kleidungsstücke und reicht vollkommen aus.

Ich habe eine GbR und meine Marke wurde wegen unklarer Anmelderangaben beanstandet. Was muss ich tun?

Bei einer GbR muss immer wenigstens ein Gesellschafter mit seiner privaten Meldeanschrift als vertretungsberechtigter Gesellschafter genannt werden. Die gegebenenfalls abweichende Büroadresse kann nicht genommen werden, da die natürliche Person des Gesellschafters vom Gesetz her an seiner Wohnanschrift gemeldet ist.

Wie teuer ist die Markenanmeldung?

Die Amtsgebühren liegen beim DPMA bei 290 Euro inkl. drei Klassen. Falls man die Anmeldung über einen Anwalt durchführen lassen will, kommen in der Regel je nach Kanzlei und Erfahrung 400 bis 1200 Euro Honorar hinzu. Auch die Kosten für eine professionelle Recherche nach ähnlichen älteren Marken sollte eingeplant werden (etwa 500 bis 1000 Euro). Dabei muss man berücksichtigen, dass auch günstige Anbieter einen hohen Stundensatz haben können, sich aber dann eben nicht die Zeit nehmen, den Anmelder der Marke in Ruhe und gut zu beraten.

3 EINTRAGUNGSVERFAHREN

3.1 Wenn alles gut geht

Felix Feuerbusch bekommt Post vom Deutschen Patent- und Markenamt zu seiner Marke GARLION – die Marke ist endlich eingetragen. Er hatte zwei Monate darauf gewartet. Die Marke war offenbar nicht als beschreibende Angabe beanstandet worden. Das freut ihn natürlich.

Nun kann er die Urkunde über die Eintragung der Marke sorgfältig aufbewahren. Bei der Durchsetzung, der Lizenzvergabe oder der Veräußerung der Marke kann die Urkunde hilfreich sein.

Wenn das Deutsche Patent- und Markenamt die Marke nicht beanstandet, dann wird die Marke rechtskräftig eingetragen und Sie sind stolzer offizieller Inhaber Ihrer eingetragenen Marke. Ab sofort können Sie anderen die Benutzung Ihrer Marke untersagen, Sie können Lizenzen zur Nutzung vergeben und Sie können Ihre Marke, da sie ein „eigenständiges Wirtschaftsgut“ ist, wenn Sie wollen, auch an Dritte verkaufen. Beim European Union Intellectual Property Office ist das Widerspruchsverfahren der Eintragung vorgelagert, sodass die Marke erst eingetragen wird, wenn kein Widerspruch eingelegt wurde oder das Widerspruchsverfahren abgeschlossen ist, ohne dass die Marke gelöscht wurde.

In diesem Kapitel erläutere ich das Eintragungsverfahren. Im darauffolgenden Kapitel gehe ich auf das Widerspruchsverfahren ein.

Ich gehe davon aus, dass Sie Ihre Marke selbst nutzen und deshalb eventuell jetzt besonders darauf hinweisen wollen, dass Ihr geschäftliches Zeichen ab sofort unter besonderem rechtlichem Schutz steht. Sie könnten Ihren neuen Status der eingetragenen Marke mit den Symbolen TM oder ® herausheben. Aber welches ist besser?

Benutze ich besser TM oder ®?

Sie kennen sicherlich diese kleinen Symbole, die oftmals hinter Markennamen oder innerhalb von Wort-/Bildmarken zu finden sind: Gemeint sind TM (Trademark) oder ® (Registered Trademark) – also z. B. GARLION™ oder GARLION®. Was bedeuten diese eigentlich und vor allem: Dürfen Sie sie auch benutzen und wenn ja, wozu und weshalb?

Beide Zusätze stammen ursprünglich aus dem anglo-amerikanischen Markenrecht. Ihre Verwendung ist im deutschen Markenrecht weder vorgeschrieben noch verboten. Da man das US-amerikanische Markenrecht trotz aller internationaler Harmonisierung nicht eins zu eins auf den europäischen Markt bzw. ins deutsche Markenrecht übertragen kann, gibt es bei der Verwendung dieser Symbole allerdings einige Klippen, die Sie unbedingt umschiffen sollten. Denn richtig angewendet machen diese Symbole schon etwas her. Für deutsche Marken erfüllen sie sowohl Werbezwecke gegenüber den Kunden als auch eine Abschreckungsfunktion gegenüber Mitbewerbern, die sich an Ihren Rechten vergreifen könnten. Falsch angewendet laden die Symbole allerdings zu einer Abmahnung ein.

Beginnen wir mit dem R im Kreis (®). Es zeigt an, dass die Marke eingetragen ist (Registered Trademark) und weist damit gleichzeitig auf einen Unterschied zwischen dem deutschen und dem US-amerikanischen Markenrecht hin. Denn in den USA kann ein Markeninhaber von einem Markenverletzer erst dann Schadensersatz verlangen, wenn dieser auch von der Markeneintragung weiß. Dazu ist das ® aber nicht zwingend notwendig. Verletzer können mit dem ® oder auch individuell auf die eingetragene Marke aufmerksam gemacht werden. Dennoch ist das ® vor allem auf diesem Markt ein deutliches Warnzeichen an alle potenziellen Markenverletzer. Wenn der Gegner trotz Kenntnis bewusst die Marke verletzt, kann der Inhaber in den USA sogar den dreifachen Schadensersatz verlangen. In Deutschland ist das anders. Bei uns können Sie als Markeninhaber den Markenverletzer auch dann auf Schadensersatz verklagen, wenn dieser nicht wusste, dass er eine eingetragene Marke verletzt. Umgekehrt riskieren Sie aber eine Abmahnung, wenn Sie das ® verwenden, Ihre Marke aber tatsächlich noch nicht eingetragen, sondern nur angemeldet ist. Ich rate also bei der Verwendung dieses Symbols zur Geduld. Andere Fallen, die eine Abmahnung oder zumindest eine gerichtliche Auseinandersetzung nach sich ziehen könnten, sind in der Erweiterung des Produktportfolios versteckt. Sie dürfen bei der Bewerbung von solchen Waren und Dienstleistungen, die Sie womöglich im Laufe Ihrer Geschäftstätigkeit ins Portfolio aufnehmen und für die die Marke gar nicht geschützt ist, genau genommen nämlich nicht auf eine mit dem ® eingetragene Marke hinweisen. Die Gefahr der Irreführung besteht übrigens auch dann, wenn Sie Ihre Marke nicht in Deutschland geschützt haben, aber in Deutschland mit dem R im Kreis werben.

Wenn Sie das ® trotz aller aufgezählten Fallstricke verwenden wollen, stellen Sie in jedem Fall sicher, dass es immer hinter bzw. neben der Wortmarke oder der kompletten Wort-/Bildmarke steht. Sofern man eine eingetragene Marke hat und die obigen Ratschläge befolgt, ist die Verwendung von ® eine sichere Sache.

Während also ® immer eine eingetragene Marke kennzeichnet, steht TM (Trademark) im US-amerikanischen Markenrecht für Zeichen, die a) erst zur Registrierung als Marke angemeldet sind oder b) bereits wie eine Marke verwendet werden, ohne dass eine Eintragung oder Anmeldung einer Marke existiert. Dieser Umstand kann in Deutschland zu Komplikationen führen. Denn es gibt deutsche Gerichtsentscheidungen, die ® und TM gleichsetzen und TM im Sinne der deutschen Verbraucher als Zeichen einer eingetragenen Marke interpretieren. Der Gedanke dahinter ist, dass sich deutsche Verbraucher nicht mit den Sitten und Gebräuchen des US-amerikanischen Markenrechts auskennen und auch bei mit TM gekennzeichneten Produkten oder Dienstleistungen davon ausgehen, dass es sich um eine eingetragene Marke handeln könnte. Das Landgericht München beispielsweise sieht darin deshalb eine Täuschung des Verbrauchers. Grundsätzlich rate ich aufgrund der mangelnden Rechtssicherheit davon ab, TM in Deutschland für eine nichteingetragene Marke zu verwenden.

Abschließend und nur ganz kurz der Vollständigkeit halber klären wir noch die Sache mit einem dritten Symbol, das häufig in diesem Zusammenhang auftaucht, das ©. Das © (Copyright) kennzeichnet das Urheberrecht an einem Werk, das zumindest in Deutschland automatisch entsteht, wenn man ein Werk (beispielsweise einen Text, ein Foto, ein Bild, ein Musikstück oder ein Websitedesign) erschaffen hat. Mit Markenrecht hat das C im Kreis nichts zu tun. Für uns ist es deshalb hier uninteressant.

3.2 Wenn es nicht gut geht – Beanstandungen der Ämter

Mehrere Monate sind verstrichen und sie haben noch nichts vom DPMA gehört oder gelesen. Nicht gut! Wenn das amtliche Schweigen länger als ein Vierteljahr dauert, kann das daran liegen, dass Ihr Prüfer etwas an der Eintragung Ihrer Marke zu beanstanden hat. Denn wenn er Ihre Marke komplett oder teilweise für schutzunfähig hält, muss er erst einmal einen sogenannten Bescheid mit der Beanstandung der Markenanmeldung und - sofern er sich von einer darauffolgenden Stellungnahme des Markenanmelders nicht beeindrucken lässt - einen sogenannten Zurückweisungsbeschluss formulieren. Und dies ist wesentlich aufwendiger als die Eintragung, dauert entsprechend länger. Zu langes Schweigen ist also kein gutes Zeichen. Um nicht zu lange im Unklaren zu bleiben, können und sollten Sie spätestens nach sechs Monaten unter Angabe Ihres Aktenzeichens eine sogenannte Sachstandsanfrage stellen. Dies können Sie formlos schriftlich oder telefonisch tun. Fragen Sie einfach, wann mit der Eintragung der Marke zu rechnen ist.

Leider stimmt auch der Umkehrschluss, je schneller die Rückmeldung, desto besser, nicht ganz. Wenn Ihre Anmeldung beispielsweise formelle Probleme beinhaltet, kommt manchmal auch schnell eine Beanstandung, die die entsprechenden Mängel benennt. Dieses Dokument bietet Ihnen immerhin die Chance, Ihren Antrag zu überarbeiten und beispielsweise die Waren und Dienstleistungen oder die Bezeichnung des Anmelders zu präzisieren. Überhaupt möchte ich Ihnen in diesem Zusammenhang Mut machen. Die Mitarbeiter des DPMA sind nicht daran interessiert, Ihren Antrag in seine Einzelteile zu zerlegen, um Ihnen Ihre Markeneintragung so schwer wie möglich zu machen, sondern Sie verstehen sich als Dienstleister auf dem Weg zu einer starken Marke. Bei Unklarheiten können Sie daher direkt beim zuständigen

Mitarbeiter anrufen. Viele Dinge lassen sich im Gespräch pragmatisch und auf dem kurzen Dienstweg lösen. Aber Achtung: Die Entscheidung über Eintragung oder Zurückweisung einer Marke ist trotzdem eine gebundene Entscheidung, d. h., dass dem DPMA gerade bei formellen Fehlern kaum Ermessensspielraum zur Verfügung steht, innerhalb dessen der Prüfer seine eigenen Entscheidungen fällen kann.

Neben den formellen Mängeln gibt es noch die absoluten Schutzhindernisse. Im Wesentlichen geht es dabei beispielsweise darum, dass eine Marke (angeblich) ihrer Hauptfunktion gegenüber dem Verbraucher nicht gerecht wird, nämlich zu zeigen, dass die geschützten Waren oder Dienstleistungen, die mit diesem bestimmten Zeichen versehen sind, von genau diesem einen Unternehmen stammen. Im Amtsdeutsch geht es um den fehlenden Herkunftshinweis und die fehlende sogenannte Unterscheidungskraft, den häufigsten Grund einer Ablehnung.

3.2.1 Absolute Schutzhindernisse

Ein sehr häufiges Hindernis auf dem Weg zur Eintragung einer Marke ist die fehlende Unterscheidungskraft. Dahinter steckt, dass Marken geeignet sein müssen „Waren oder Dienstleistungen eines Unternehmens von denjenigen anderer Unternehmen zu unterscheiden." Unternehmenszeichen, die diese Kernfunktion nicht erfüllen können, können deshalb keine Marken sein B.

Stellen Sie sich vor, bei Ihnen um die Ecke macht ein neuer Italiener auf. Das Lokal nennt sich schlicht „Pizzeria". Wenn Sie sich nun mit Freunden in der „Pizzeria" verabreden würden, dann würden die Freunde sich fragen müssen, in welcher Pizzeria sie sich denn treffen wollen. Als Name für ein italienisches Restaurant fehlt dem Begriff jegliche Unterscheidungskraft. Ein Inhaber, der diesen Namen für sein Restaurant als Marke eintragen möchte, wird deshalb an fehlender Unterscheidungskraft scheitern. „Pizzeria" wird nicht als Bezeichnung einer bestimmten Pizzeria erkannt. Das liegt daran, dass die Marke lediglich rein beschreibend nach Art, Beschaffenheit oder sonstigen Eigenschaften und Merkmalen für die angebotenen Waren oder Dienstleistungen ist. Sie weist darüber hinaus keine Kennzeichenfunktion auf. Wenn der Wirt sein Lokal „Big Toms Pizzeria" genannt hätte, stünde einer Eintragung zumindest kein absolutes Schutzhindernis entgegen. Der Zusatz „Big Tom" würde das Produkt bzw. die Dienstleistungen der Pizzeria nach der „betrieblichen Herkunft" unterscheidbar machen. Die Marke wäre damit „kennzeichnungskräftig".

In anderen Branchen kann ein Unternehmer den gleichen simplen Namen dagegen sicherlich als Marke eintragen lassen. Bei einer hippen Cocktail-Bar in der Location einer ehemaligen Pizzeria kann es vielleicht noch Schwierigkeiten geben. Eine italienische Kleider-Boutique namens Pizzeria geht ziemlich sicher durch – fraglich ist dann natürlich, ob die Kleider-Boutique mit diesem Namen erfolgreich sein kann. Dies ist aber eher eine unternehmerische Frage.

Ein anderes sehr bekanntes Beispiel für dieses Prinzip ist die Marke Apple. Wenn man diesen Begriff als Marke für Obst anmelden wollte, so würde die Marke sicherlich ebenfalls als nicht unterscheidungskräftig beanstandet. Schließlich würden Ihre Bekannten, denen Sie die „Apple Äpfel" empfehlen wollen, Sie mit großen Augen anschauen und sicher fragen, welche Äpfel Sie genau meinen. Als unterscheidungskräftige IT-Marke hat es der Begriff dagegen zur Weltmarke gebracht.

Wichtiger für Sie als Unternehmer oder potenzieller Markenanmelder – wichtiger als der genaue Inhalt der diversen Paragrafen – ist der

Grundsatz, dass immer der Gesamteindruck entscheidend ist. So kann zum Beispiel ein grundsätzlich beschreibendes Wort in Ausnahmefällen durch seine originelle Schreibweise oder Darstellung eben doch schutzfähig sein (z. B. „FRISH“ für die Verpflegung von Gästen mit frischen Speisen wegen der pseudo-englischen Schreibweise und der Großbuchstaben). Ich gebe in den folgenden Abschnitten noch ein paar Tipps dazu, wie das funktionieren kann. Alle erwähnten Grundsätze gelten gleichermaßen für alle Markenformen. Fehlende Unterscheidungskraft ist bei Bildmarken beispielsweise bei einfachen geometrischen Formen, der naturgetreuen Wiedergabe von Erzeugnissen oder Produktverpackungen sehr wahrscheinlich ein Hindernis.

Grundsätzlich und in jedem Fall müssen jedoch Entscheidungen zur fehlenden Unterscheidungskraft Einzelfallentscheidungen sein, und diese müssen entsprechend begründet werden.

Einige von Ihnen werden jetzt vielleicht sagen: Moment, ich möchte „Apple“ zwar für Obst, aber eben nicht für Äpfel, sondern für Weintrauben anmelden. Das muss ja dann nach den oben aufgezählten Grundsätzen problemlos funktionieren. Im Gesetz und in der Praxis gibt es allerdings neben der fehlenden Unterscheidungskraft noch weitere Kriterien für die Ablehnung einer Marke. Ausnahmslos ausgeschlossen von der Eintragung sind nämlich ebenfalls:

Täuschende Zeichen: beispielsweise ein Kuhkopf oder ein Butterfass für Margarine, oder ein Stierbild für Kunstleder, oder das Wort „Wein“ für Bier. Damit soll verhindert werden, dass Verbraucher sich für ein Produkt entscheiden und sich anschließend in die Irre geführt fühlen. Genau das würde sicher passieren, wenn jemand „Apple“ gekauft hätte und zu Hause Weintrauben in seinem Körbchen fände. Dass schon einmal jemand zu Hause einen Karton mit dem Apple-Telefon geöffnet und sich geärgert hat, weil er aus dem darin befindlichen Telefon keinen Apfelkuchen backen kann, glaube ich dagegen nicht.

Ordnungs- oder sittenwidrige Zeichen: Eine Marke ist sittenwidrig, wenn sie das sittliche, moralische oder ethische Empfinden vieler Menschen erheblich verletzt. Das ist natürlich wandel- und verhandelbar. Beispielsweise gab es für „Ready to fuck", einen Slogan, den sich ein Hersteller für Sticker, Kleidung und Sportevents registrieren lassen wollte, wegen Sittenverstoßes keine Markeneintragung. Und das, obwohl sich die Antragsteller reichlich Mühe gaben: In dem großen schwarzen Schriftzug waren die Buchstaben „u" und „c" beim Wort „fuck" mit einem dünnen Strich durchgestrichen. Darüber waren zwei „aa" geschrieben, sodass man bei näherem Hinsehen „Ready to faak" lesen konnte, wenn man denn wollte. Und genau das sei eben eine Anspielung auf ein Motorradtreffen am „Faaker See" in Kärnten. Das Gericht folgte dieser „Begründung" nicht. Dass der Begriff „sittenwidrig" Auslegungssache ist, zeigt aber das Beispiel Ficken Liquors, das als Wort-/Bildmarke eingetragen wurde. Das Bundespatentgericht, das über die Sache zu entscheiden hatte, begründete seine Entscheidung mit der fortschreitenden Liberalisierung von Sitte und Moral.

Hoheitszeichen: Eine Deutschlandfahne, den Bundesadler oder die Europasterne darf man beispielsweise nicht in Marken verwenden, damit sie dann in dem bestimmten Kontext nicht für einen bestimmten Markeninhaber monopolisiert sind.

Bösgläubige Anmeldungen: sind Anmeldungen, die nur getätigt werden, um einem Mitbewerber zu schaden. Das DPMA will damit vor allem sogenannte Sperrmarken verhindern. Gemeint sind damit Marken, die jemand anderes entweder in einem anderen Land schon erfolgreich für ein ähnliches oder gleiches Produkt benutzt, und vor allem Markeneintragungen, die nur verhindern sollen, dass andere diese Marke nutzen können. Bösgläubig wird das Ganze dann, wenn der Anmelder weiß oder wissen muss, dass der Mitbewerber die gleiche oder eine ähnliche Marke im Inland oder einem anderen Mitgliedstaat nutzt oder benutzen möchte, und die Marke beispielsweise rein zur Behinderung des Mitbewerbers angemeldet wurde.

Zudem gibt es noch Eintragungshindernisse bei amtlichen Prüfzeichen und bei Kennzeichen internationaler Organisationen, die aber in der Regel in der Praxis kaum eine Rolle spielen.

Letztendlich klopft das DPMA Ihre Markenanmeldung nur auf diese absoluten Schutzhindernisse ab. Das Amt prüft dabei ausdrücklich nicht, ob Ihre Marke eine eventuell zu hohe Ähnlichkeit zu einer älteren Marke aufweist. Diese älteren, zu ähnlichen Marken sind die sogenannten relativen Schutzhindernisse und dafür bzw. für die Folgen sind – zumindest beim DPMA – Sie selbst verantwortlich. Deshalb haben Sie ja vor der Anmeldung die Recherche durchgeführt (s. Kapitel 1). Ebenso sind Sie selbst dafür verantwortlich, jüngere Marken als Ihre eigene Marke zu entdecken und bei zu hoher Ähnlichkeit beispielsweise in einem Widerspruchsverfahren aus dem Register zu befördern. Wie genau das geht, wird später noch Thema sein. Sie beugen Problemen mit relativen Schutzhindernissen jedenfalls durch eine gründliche Markenrecherche vor, die ich an dieser Stelle deshalb nochmals dringend empfehle.

Die Beanstandung des Amtes zeigt auch, wie wichtig es ist, dass Sie Ihrer Marke bis zur Registrierung möglichst neutral gegenüberstehen und sich vielleicht vorher die Meinung eines Profis über die Eintragbarkeit eingeholt haben. Gerade Gründer und Einzelunternehmer zeigen häufig eine hohe emotionale Bindung an ihr Zeichen. Das ist verständlich, ist das Zeichen doch Ausdruck der eigenen Geschäftsidee, des eigenen „Babys". Damit geht allerdings auch häufig eine hohe Bereitschaft einher, eine Eintragung quasi erzwingen zu wollen. Aus meiner Erfahrung ist es im Sinne einer starken, gut zu führenden und zu verteidigenden Marke besser, die Beanstandungen des Amtes ernst zu nehmen und notfalls das Konzept nochmals gründlich zu überarbeiten, anstatt nur punktuelle Verbesserungen vorzunehmen, die das Zeichen gerade so eben noch zur Eintragung bringen.

3.2.2 Stellungnahme zur Beanstandung durch das Amt

Wenn der Prüfer Ihre Marke beanstandet und Sie einen ablehnenden Bescheid bekommen haben, müssen Sie - wie beschrieben - trotzdem nicht verzweifeln. Meiner Erfahrung nach bekommt man wenigstens zwei Drittel aller beanstandeten Marken im zweiten Durchgang zumindest teilweise eingetragen, insbesondere dann, wenn die Marke relativ pauschal beanstandet wurde. Dies ist zum Beispiel der Fall, wenn die Markenstelle bzw. der einzelne Prüfer der Meinung ist, dass die Marke für alle durch die Auswahl der Klassen geschützten Waren und Dienstleistungen einen zu stark beschreibenden Charakter hat, ohne dies konkret für die einzelnen Waren und Dienstleistungen zu begründen.

Der erste Schritt, um Ihre Marke zu retten, ist, auf den Bescheid auf jeden Fall zu antworten. Sie reichen eine Stellungnahme oder sogenannte Bescheidserwiderung ein.

Schon in diesem Schritt kommt es auf fundierte Kenntnisse der Rechtsprechung zu den verschiedenen Aspekten an. Auf die wichtigsten Aspekte gehe ich im Folgenden ein. Denn für diese Stellungnahme gibt es einige Dinge zu beachten, die aus meiner Erfahrung die Erfolgsaussichten in der Praxis sehr stark vergrößern und bei denen es nicht schaden kann, sie vor dem Gespräch mit einem Anwalt schon einmal gehört zu haben.

Wie beschrieben wird ein zum Markenschutz angemeldetes Zeichen oft mit sehr pauschalen Argumenten zurückgewiesen, ohne dass dabei auf die einzelnen Waren oder Dienstleistungen eingegangen wird. Diesen pauschalen Beanstandungen hat der Europäische Gerichtshof (EuGH) bereits vor einiger Zeit einen Riegel vorgeschoben, und zwar in dem Fall der Marke „Kitchen Company"[4]. Der Europäische Gerichtshof meinte darin, dass das Amt nicht pauschal zurückweisen darf, sondern für jede einzelne Ware oder Dienstleistung begründen muss, warum das angemeldete Zeichen für die jeweilige Ware oder Dienstleistung beschreibend ist. Als Ausnahme gilt nur, wenn der Prüfer seine Argumente sinnvoll gruppieren kann, weil für mehrere Waren und Dienstleistungen die gleichen Argumente zutreffen. Aber auch diese Einschätzung muss die Markenstelle ausführlich begründen. Und deshalb hat sich in der Praxis eine zwar aufwendige, jedoch wirksame Strategie zur Begegnung dieser Argumente herausgebildet. Man kann für jede der angemeldeten Waren oder Dienstleistungen möglichst viele unterschiedliche Argumente vorbringen, warum das angemeldete Zeichen für diese konkreten Waren und Dienstleistungen nicht beschreibend ist. Auf diese Weise kann der Prüfer die Waren und Dienstleistungen wesentlich schlechter gruppieren und gemeinsame Argumente finden. Er muss stattdessen jeweils eigene Begründungen liefern, die seine Sicht stützen.

Zwar bedeutet dieser Weg im Klartext einen sehr hohen Aufwand für Sie und für die Markenstelle. In der Praxis resultierte dieser Aufwand allerdings eben oft darin, dass das beanstandete Zeichen manchmal vollständig, in vielen Fällen zumindest teilweise eingetragen wurde!

Dieser Weg ist allerdings nicht Ihre einzige Möglichkeit. Wenn Sie bei Ihren Recherchen auf ähnlich strukturierte Marken getroffen sein sollten, die in der Vergangenheit bereits eingetragen wurden, sollten Sie den Prüfer durchaus auf diesen Umstand und auch auf die damit verbundene „Schwabenpost-Entscheidung“ des EuGH hinweisen. Der private Briefzusteller aus Stuttgart klagte gegen das DPMA wegen der Ablehnung seiner Marke Schwabenpost und berief sich unter anderem darauf, dass es nicht nachvollziehbar sei, aus welchen Gründen ihm die Eintragung verwehrt werde, wenn vergleichbar gebildete Zeichen mit „Post“ und einer geografischen Bezeichnung für dieselben Dienstleistungen der „Transport- und Kurierdienste“ für Wettbewerber eingetragen worden seien (und zwar insbesondere für die Deutsche Post AG). Die Vertreter von Schwabenpost sahen vor allem den Gleichbehandlungsgrundsatz verletzt. Dieser Grundsatz müsse zwar tatsächlich mit dem Gebot rechtmäßigen Handelns in Einklang gebracht werden. Daraus folge allerdings nicht, dass sich ein Anmelder zwingend auf eine fehlerhafte Rechtsanwendung zugunsten eines anderen berufen kann, um eine positive Entscheidung für seinen eigenen Antrag zu bekommen. Das Gericht stellte aber auch fest, dass es sich bei einer Ablehnung einer Marke immer um eine Einzelfallentscheidung handelt. Sie müssen bei dieser Strategie also eventuell langen Atem beweisen und Ihr Anliegen notfalls bis zum Bundespatentgericht oder sogar noch weiter tragen. Das steht der verwendeten Argumentationskette zwar ebenfalls skeptisch gegenüber, lässt allerdings hin und wieder auf diesem Wege Eintragungen zu, sodass man mit einer solchen Strategie zumindest erfolgreich sein *kann.* Vor allem dann, wenn im Beanstandungsbescheid auf frühere Fälle hingewiesen wird, wo Marken der Schutz verweigert wurde. Wenn Sie die Schwabenpost-Entscheidung ins Spiel bringen, muss der Prüfer entweder seine Argumente auf Basis der früheren Fälle fallen lassen oder die Argumente des Anmelders auf Basis der Schwabenpost-Entscheidung zulassen. Denn er kann ja schlecht selbst auf frühere Eintragungsverfahren verweisen und dem Anmelder den Hinweis auf frühere Eintragungsverfahren verwehren.

Ein weiterer Ansatz in Ihrer Argumentation können die Gedankenschritte sein, die notwendig sind, um von der unmittelbaren Bedeutung des angemeldeten Zeichens zu den Waren und Dienstleistungen zu gelangen. Die Gerichte (zumindest in Deutschland) halten das Vorhandensein der notwendigen Unterscheidungskraft für gegeben an, wenn zu viele Gedankenschritte hierzu notwendig sind. Beispielsweise hatte das Bundespatentgericht einen Fall zu entscheiden, bei dem das Zeichen „EX-PRESS“ für ein Okularimplantat für die Behandlung des Grünen Stars in Klasse 10 eingetragen werden sollte. Zwar ist das Wort „EXPRESS“ als Synonym für „schnell“ bekannt. Allerdings sorgt die Trennung durch den Bindestrich dafür, dass mehrere Gedankenschritte notwendig werden. Der Bindestrich löst einen Gedankenprozess zu dem Grund der Trennung aus. Der Verbraucher bzw. die Verkehrskreise zerlegen also erst einmal das Zeichen in die Bestandteile EX und PRESS. Das Gericht war der Meinung, dass es nur mit einer analysierenden Betrachtungsweise möglich sei, zu der Bedeutung „Druck heraus“ oder „Druck weg“ zu gelangen, die für die Behandlung dieses Krankheitsbilds beschreibend wäre.

Sie können Ihre Bescheidserwiderung selbst formulieren, wenn Sie das einem Anwalt nicht überlassen möchten. Entweder können Sie eine eher paragrafenlastige, markenrechtliche Ausführung verfassen. Sie können sich aber genauso gut für eine eher lebenswirkliche „tatsächlich orientierte“ Argumentation ohne viele Verweise auf markenrechtliche Paragrafen entscheiden. In jedem Fall sollten Ihre Argumente zielführend sein. Ich selbst verwende in meinen Bescheidserwiderungen in den meisten Fällen kaum Hinweise auf Paragrafen. Die Mitarbeiter des Amtes kennen das Gesetz, brauchen diese Hilfestellung nicht und fühlen sich oft belehrt, wenn man zu sehr auf das Gesetz verweist.

Der Umstand, dass Sie „Erfinder" des Markenzeichens sind oder dass es sich bei Ihrer Marke um eine Wortneuschöpfung oder eine neue Wortkombination oder sonstige Neuheit handelt, gehört nicht zu den zielführenden Argumenten: Entscheidend ist, das Amt davon zu überzeugen, dass der Verkehr Ihr Markenzeichen als unterscheidungskräftig auffasst. Sie erinnern sich, wozu eine Marke dient: „Waren oder Dienstleistungen eines Unternehmens von denjenigen anderer Unternehmen zu unterscheiden." Es genügt übrigens laut mehrerer Gerichtsentscheide eine minimale Unterscheidungskraft zur Überwindung dieses Schutzhindernisses.[5]

Damit Sie sich ein Bild davon machen können, wie so eine Stellungnahme aussieht, können Sie sich meine Stellungnahme zu der Beanstandung meiner Markenanmeldung „Marken. Recht. Einfach." ansehen. Die Marke war zunächst pauschal beanstandet worden. Nach dieser Stellungnahme wurde die Marke dann doch noch zumindest teilweise eingetragen B.

Exkurs: Eintragung beschreibender Marken „erzwingen"

In der Praxis haben sich verschiedene weitere Strategien als erfolgreich erwiesen, um auch stark beschreibende Angaben als Marke eingetragen zu bekommen. Diese Strategien führen allerdings gewöhnlich nur zu sehr schwachen Marken, also zu Marken, die im Bedarfsfall nicht durchgesetzt werden können, da sie entweder nur einen sehr geringen Schutzbereich haben, oder in einem Löschungsverfahren als beschreibende Angaben wieder gelöscht werden könnten. Diese Marken können Ihnen lediglich als Marketingmaßnahme dienen, damit Sie das oben besprochene ® verwenden dürfen. Ich möchte Ihnen diese Strategien nicht vorenthalten, kann Sie aber ausdrücklich nicht empfehlen, um eine starke und langfristig erfolgreiche Marke aufzubauen B.

Zum einen kann man natürlich beschreibende Angaben für Dinge eingetragen bekommen, für die diese Begriffe eben nicht beschreibend sind. Das bekannteste und bereits genannte Beispiel ist „Apple". Dieses Zeichen würden Sie, wie schon oft erwähnt, *eigentlich nicht* für Äpfel eingetragen bekommen. Für Computer und Mobiltelefone wurde es natürlich eingetragen. Die Kunst, um die es aber geht, ist ja gerade die, Apple für Äpfel eingetragen zu bekommen. Auch das kann unter Vorbehalt funktionieren, wenn Sie das Zeichen grafisch ausgestaltet als Wort-/Bildmarke eintragen lassen. Dabei gilt für Ihren Designer folgender Grundsatz: Je beschreibender die textliche Angabe/der Wortanteil ist, umso ausgefallener muss die grafische Ausgestaltung sein. Beide Elemente – Wort- und Bildanteil – können dann in ihrer Kombination schutzfähig sein. Wenn Sie über Ihr Zeichen lesen: „Schutzbegründender Überschuss aufgrund grafischer Gesamtgestaltung" haben Sie es geschafft. Aber natürlich gilt auch, dass Sie Ihre Marke jetzt in der Regel nur gegen Mitbewerber verteidigen können, die ein grafisch ähnlich ausgestaltetes Zeichen haben; also nur dann, wenn sich die Designs ähneln.

Eine weitere Möglichkeit ist, die Marke mit einer Leitklasse anzumelden, für die das Zeichen nicht beschreibend ist, und die Waren und Dienstleistungen, für die das Zeichen eventuell als beschreibende Angabe angesehen werden könnte, ein bisschen – nennen wir es – kreativ zu formulieren.

Wenn Sie beispielsweise eine Marke WERBUNGEASY für die Dienstleistungen einer Werbeagentur eingetragen haben möchten, so könnten Sie versuchen, die Marke für „Nähgarn" eintragen zu lassen, also zunächst in einer vollkommen anderen Klasse. Sie melden die Marke aber auch für „Werbung, insbesondere im Bereich der Nähgarntechnologie" in der für Sie eigentlich relevanten Klasse 35 an. Auf diesem Weg ist die Leitklasse Ihrer Marke die Klasse 23 (für Nähgarn), sodass die Marke eben ein Prüfer beim DPMA bekommt, der Marken für Nähgarn prüft. Dieser findet die Marke vielleicht nicht direkt beschreibend und registriert sie. Im nächsten Schritt macht man eine kurze Eingabe an das DPMA: Danke für die Eintragung, aber wir verzichten auf die Klasse für Nähgarn und außerdem auf den fakultativen Zusatz „insbesondere im Bereich Nähgarntechnologie“. Mit freundlichen Grüßen usw. usf. Übrig bleibt am Ende das Zeichen für genau die damit beschriebenen Dienstleistungen einer Werbeagentur.

Aber Vorsicht! Ich empfehle diese Strategie ausdrücklich nicht, da sie zu einer Marke führt, die bei Beanstandung nicht durchsetzbar ist, und von Wettbewerbern direkt wieder gelöscht werden könnte. Wenn Sie es trotzdem probieren möchten: Viel Glück und vor allem dabei, Ihre Marke später gegen Löschung zu verteidigen.

3.2.3 Erinnerung und Beschwerde im Markenanmeldeverfahren

Erinnerung und Beschwerde sind die beiden Rechtsmittel, die Sie als Markenanmelder im Markenanmeldeverfahren haben, wenn Sie mit der Entscheidung des DPMA über eine Markenanmeldung nicht zufrieden sind B.

Wenn Ihre Bescheidserwiderung nicht zum gewünschten Erfolg geführt hat, können Sie gegen die Beschlüsse der Markenstelle innerhalb eines Monats ab Zustellung des Beschlusses Rechtsmittel einlegen. Sie gehen dann bereits „in die nächste Instanz“. Wenn der Beschluss zunächst von einem Mitarbeiter des DPMA aus dem gehobenen Dienst beschlossen wurde, dann können Sie als Rechtsmittel die sogenannte Erinnerung einlegen. Den „Dienstgrad“ erkennt man daran, dass unter dem Namen Ihres Bearbeiters eine Amtsbezeichnung aus dem gehobenen Dienst steht (beispielsweise Inspektor, Oberinspektor, Amtmann/Amtfrau,

Amtsrat, Oberamtsrat). Bei einer Erinnerung wird der Fall dann noch einmal einem sogenannten Erinnerungsprüfer vorgelegt. Dieser muss im Unterschied zum Erstprüfer Jurist sein und dem höheren Dienst angehören.

Eine Erinnerung müssen Sie innerhalb eines Monats ab Zustellung des Beschlusses beim DPMA unter Angabe des Aktenzeichens der Marke einlegen und die Erinnerungsgebühr in Höhe von 150 Euro entrichten. Die Erinnerung muss natürlich begründet werden. Dies kann man entweder gleich bei Einlegung der Erinnerung tun oder man bittet mit Einlegung der Erinnerung um eine Fristverlängerung von beispielsweise zwei Monaten. Das ist häufig sinnvoll, um zusätzliche Zeit für eine erfolgversprechende Ausformulierung zu gewinnen. Wenn man mit der Erinnerung einen Patentanwalt beauftragt, liegen die Kosten erfahrungsgemäß in einem Bereich von 500 bis 1000 Euro. Das Verfahren dauert etwa sechs bis zehn Monate.

In der Praxis schließt sich der Erinnerungsprüfer allerdings häufig dem Erstprüfer an. Daher kann ich das Rechtsmittel der Erinnerung grundsätzlich nicht empfehlen. Nach meiner Erfahrung hat man mit einer Erinnerung zumeist dann gute Aussichten auf Erfolg, wenn in der ersten Instanz ganz offensichtliche Fehler gemacht wurden, und diese nun richtiggestellt werden können. Diese Beurteilung sollte man einem Profi überlassen.

Wenn der Erstprüfer bereits dem höheren Dienst angehörte, kann man gegen die Beschlüsse der Markenstellen nur noch die Beschwerde einlegen. Diese kann man aber auch direkt schon nach dem Beschluss des Erstprüfers aus dem gehobenen Dienst einlegen. Man kann die Beschwerde in jedem Fall immer nach einem Beschluss der Markenstelle oder nach dem Erinnerungsverfahren einlegen.

Die Beschwerde muss ebenfalls einen Monat nach Zustellung des Beschlusses des Erstprüfers oder des Erinnerungsprüfers eingelegt werden. Wird der Beschwerde vom DPMA nicht „abgeholfen", d. h. das DPMA korrigiert den von Ihnen beanstandeten Fehler nicht, so wird das Verfahren beim Bundespatentgericht weitergeführt. Hier entscheidet in der Regel ein für Marken zuständiger Senat des Bundespatentgerichts über die Beschwerde.

Normalerweise beträgt die Beschwerdegebühr 500 Euro. Wenn man sich in der Beschwerde von einem Patentanwalt vertreten lässt, dann wird das Verfahren insgesamt etwa 4000 bis 6000 Euro kosten, da das Verfahren in der Regel nicht nur schriftlich durchgeführt wird, sondern am Ende des Verfahrens auch eine Verhandlung vor dem Bundespatentgericht in München steht.

Meiner Erfahrung nach hat man im Beschwerdeverfahren deutlich mehr Aussichten auf Erfolg. Statistisch gesehen stehen Ihre Chancen nach meiner Wahrnehmung vielleicht fifty-fifty, dass die Entscheidung der vorigen Instanz aufgehoben wird. Daher kann es durchaus und vor allem bei begrenztem Budget Sinn machen, dass man auch ohne Erinnerung direkt in das Beschwerdeverfahren einsteigt. Das Beschwerdeverfahren kann allerdings auch zwei bis drei Jahre dauern, sodass man eventuell mit dem Erinnerungsverfahren schneller zum Ziel kommt.

Wie der gesamte Prozess in der Praxis abläuft, möchte ich Ihnen an einem konkreten Beispiel zeigen, das nahezu modellhaft die einzelnen Schritte wiedergibt. Für dieses und alle weiteren Beispiele habe ich mir natürlich die Erlaubnis der jeweiligen Mandanten eingeholt. Nicht dass Sie denken, dass ich hier Mandatsgeheimnisse ausplaudere.

Wenn Sie sich einen Eindruck machen möchten, wie in unserer Branche nicht nur argumentiert, sondern vor allem auch formuliert wird, finden Sie vollständige Schriftsätze dazu herunterladbar B.

Hier gebe ich die einzelnen „Stationen" wieder, durch die wir mit der Marke „GRÜNDERGEIST" gegangen sind. Gründergeist sollte als Marke für ein Kölner Unternehmen registriert werden, das unter dieser Marke Dienstleistungen, insbesondere Beratung und Networking, für Unternehmensgründer anbietet. Vor allem wurde unter dem Namen ein besonders in der digitalen Start-up-Szene prominenter Ball in Berlin veranstaltet, der „GRÜNDERGEIST-Ball". Die Veranstalter wollten dieses Konzept nun noch intensiver vermarkten und haben außerdem ein Bonusprogramm inklusive einer Karte ins Leben gerufen. Auch diese Elemente sollten als Marke registriert werden.

Wir haben also zunächst im März 2018 die erste Marke für die Leitklasse 41 sowie die weiteren Klassen 35 und 36 angemeldet (Sie wissen ja inzwischen, wo Sie die Klassen nachschauen können) und im Mai 2018 prompt eine recht pauschale Beanstandung erhalten. Bemängelt wurde das Fehlen jeglicher Unterscheidungskraft für den Begriff „Gründergeist" als Zeichen eines Unternehmens. Die Marke stelle in Bezug auf alle beanspruchten Dienstleistungen unabhängig ihrer Art nur eine unmittelbar beschreibende und werbliche Angabe dar. Auch ein betrieblicher Herkunftshinweis auf ein bestimmtes Unternehmen wäre nicht zu erkennen. Zudem sollte einer Monopolisierung des Begriffs entgegengewirkt werden.

Im nächsten Schritt – inzwischen bereits im Juli 2018 – haben wir auf diese Beanstandung geantwortet und vor allem deren Pauschalität bemängelt. Unsere Kernaussage lautete: „Die pauschale Argumentation der Markenstelle überrascht, da die angemeldete Marke für Dienstleistungen wie Sport, Durchführen von Glücksspielen, Veranstaltung von Bällen oder auch Vermietung von Verkaufsautomaten sicherlich nicht beschreibend ist." Es folgten unter anderem die Hinweise, dass jedes Eintragungshindernis unabhängig von den anderen zu sehen ist, und dass das Amt im Ablehnungsfall verpflichtet ist, für jede in dem Antrag bezeichnete Dienstleistung anzugeben, zu welchem Schluss es gekommen ist.

Als nächstes erfolgte der erste Beschluss des DPMA. Wir befinden uns jetzt bereits im Januar 2019. Ein knappes Jahr nach der ersten Anmeldung wurde die Marke dann zu großen Teilen eingetragen. Vor allem wurde die Marke umfänglich für das Feld Vermarktungsdienstleistungen eingetragen, also z. B. für Marketing und Verkaufsförderung, Dienstleistungen in Bezug auf Kundenbindungs-, Anreiz- und Bonusprogramme. Allerdings eben nicht für die Veranstaltung von Bällen, weshalb wir in diesem Fall im April 2019 Erinnerung eingelegt und begründet haben. Was mich besonders zuversichtlich gestimmt hat, die Marke auch für das Veranstalten von Bällen eingetragen zu bekommen, war der Anhang zum ablehnenden Beschluss. Um die eigene Argumentation zu untermauern, hat das Amt nämlich Google bemüht und die Suchmaschine das Netz nach den Begriffen „Ball“ und „Gründergeist“ durchsuchen lassen. Sämtliche aufgeführten Treffer zu Gründergeist & Ball (darunter Berichte in den renommierten Zeitschriften Capital und Wirtschaftswoche) gingen aber eben genau auf die Anmelderin der Marke und den bekannten Ball in Berlin zurück. Daraus folgt, und so haben wir es auch in der Begründung dargelegt, dass die Veranstaltungsreihe GRÜNDERGEIST-Ball von der Presse und von den Verkehrskreisen (damit sind die an dieser Art von Veranstaltung interessierten Menschen gemeint) bereits als Herkunftsangabe aufgefasst wird, und in diesen Kreisen von *dem* Gründergeist-Ball gesprochen wird. Andere Gründergeist-Bälle gibt es nicht. Aus meiner Sicht war damit auch gegeben, dass die Marke für die Dienstleistung „Veranstaltung von Bällen“ unterscheidungskräftig ist, und sogar bereits zum Anmeldetag eine erhöhte Unterscheidungskraft in den relevanten Personenkreisen aufwies. Mittlerweile haben wir den

Beschluss erhalten, mit dem die Marke dann für weitere Dienstleistungen und vor allem auch „Veranstaltung von Bällen" eingetragen wurde.

Die Mandantin hatte dann den Wunsch, dass sie auch Schutz für die von ihr vermarktete Bonuskarte erzielen möchte – und nicht nur für das Bonusprogramm. Daher haben wir eine zweite Marke GRÜNDERGEIST – diesmal auch mit den physischen Bonuskarten in Klasse 9 – angemeldet. Diese wurde erwartungsgemäß ebenfalls beanstandet. Wir haben daraufhin im Juli 2019 unsere Stellungnahme eingereicht. Auch hier haben wir die Marke im Rahmen der Erinnerung wieder recht umfangreich eingetragen bekommen.

Das Beispiel zeigt, wie die Mühlen auch beim DPMA mahlen und vor allem, dass es sich eigentlich immer lohnt, eine Stellungnahme abzugeben. Manchmal führt sie sogar zur vollständigen Eintragung.

3.3 Zusammenfassung

Wenn Ihre Marke nicht vom Amt beanstandet wird: herzlichen Glückwunsch! Wenn Ihre Marke beanstandet wird, dann geschieht dies meistens, da das Amt das angemeldete Zeichen als rein beschreibende Angabe für die angemeldeten Waren und Dienstleistungen ansieht. Oft sind diese Beanstandungen sehr pauschal gehalten. Sie sollten in jedem Fall eine Stellungnahme einreichen. Nach meiner Erfahrung wird eine beanstandete Marke nach einer Stellungnahme in bestimmt 80 Prozent der Fälle dann doch noch zumindest teilweise und manchmal sogar vollständig eingetragen. Sie sollten für möglichst viele der beanstandeten Waren und Dienstleistungen möglichst viele verschiedene Argumente finden, warum das Zeichen nicht beschreibend ist. Weiterhin können Sie ähnlich gebildete Voreintragungen als Argument nutzen. Ein weiterer

Ansatz ist, beispielsweise darzulegen, dass zu viele Gedankenschritte notwendig sind, um von dem angemeldeten Zeichen zu den konkreten Waren und Dienstleistungen zu gelangen. Sind Sie mit dem Beschluss der ersten Instanz nicht zufrieden, so können Sie beim DPMA zunächst eine sogenannte Erinnerung einlegen. Die Entscheidung in der Erinnerung orientiert sich allerdings häufig an der erstinstanzlichen Entscheidung. Nach der Erinnerung oder auch direkt nach dem erstinstanzlichen Beschluss können Sie aber in jedem Fall Beschwerde einlegen, die dann in der Regel vor dem Bundespatentgericht oder – im Fall der EU – vor den Beschwerdekammern des EUIPO verhandelt wird.

Checkliste für Beanstandungen

- Ist die Beanstandung sehr pauschal gehalten? Dann finden Sie zu möglichst vielen beanstandeten Waren und Dienstleistungen möglichst viele verschiedene Argumente, warum das Zeichen für diese Waren und Dienstleistungen nicht beschreibend ist (Stichwort „Kitchen Company").
- Argumentiert die Markenstelle mit abgelehnten ähnlichen Marken? Dann argumentieren Sie doch mit ähnlich gebildeten eingetragenen Marken (Stichwort „Schwabenpost")!
- Müssen die Verkehrskreise erst analysierend tätig werden oder sind mehrere Gedankenschritte notwendig, um von der unmittelbaren Bedeutung des Zeichens zu den angemeldeten Waren und Dienstleistungen zu gelangen? Dann stellen Sie dies ausführlich dar!
- Sind Sie mit der Entscheidung in der ersten Instanz nicht zufrieden, gehen Sie ruhig in die nächste Instanz wie beispielsweise die Beschwerde. Ihre Chancen sind statistisch gesehen bei

fünfzig-fünfzig, dass Sie die Entscheidung der ersten Instanz zumindest teilweise zu Ihren Gunsten abändern können.

- Ist die beanstandete Marke eine Abkürzung Ihrer Haustiere oder Verwandten? Die Entstehungsgeschichte der Marke interessiert das Amt in der Regel nicht. Die Hintergrundgeschichte sollten Sie daher weglassen.
- Überlegen Sie es sich gut, ob Sie eine sehr schwache Marke möglicherweise mit Tricks oder guten Argumenten ganz knapp doch noch eingetragen bekommen. Sie werden an einer solchen schwachen Marke später wenig Freude haben. Die Marke hat vermutlich einen sehr geringen Schutzbereich oder kann von Wettbewerbern sogar gelöscht werden. Vielleicht suchen Sie sich einen anderen fantasievolleren Namen.

Auf den Punkt gebracht

Wenn Sie überzeugt sind, dass Sie mit dem angemeldeten Zeichen eine starke Marke aufbauen können, dann lohnt sich immer eine Stellungnahme, falls Ihre Marke beanstandet wurde. Die Chancen sind sehr hoch, dass Ihre Marke dann zumindest noch teilweise eingetragen wird.

3.4 FAQ

Meine Marke ist beanstandet worden und hat aber doch eine so komplexe Entstehungsgeschichte! Immerhin haben wir monatelang an der Marke gearbeitet. Sie hat doch so viele verschiedene Bedeutungen. Soll ich dem Amt das nicht ausführlich erklären?

Das Amt interessiert die Entstehungsgeschichte der Marke in der Regel nicht. Im Gegenteil: Wenn Sie den eigentlichen Bedeutungsgehalt der Marke offenlegen, könnte das Amt auf die Idee kommen, Ihr Argument gegen Sie einzusetzen, dass die Marke für die angemeldeten Waren und Dienstleistungen rein beschreibend ist.

Die Argumente des Amts im Bescheid mit der Beanstandung klingen plausibel. Ergibt es überhaupt Sinn, eine Stellungnahme einzureichen?
Nach meiner Erfahrung hat man in über 80 Prozent der Fälle Erfolg, wenn man eine Stellungnahme einreicht. Die Marke wird dann zumindest noch teilweise eingetragen. Allerdings sollte man sich fragen, ob die Marke in Zukunft fantasievoll genug ist, um auch erfolgreich gegen Wettbewerber durchgesetzt zu werden, die die Marke leicht abwandeln. Sie wollen ja im Ergebnis eine starke und durchsetzbare Marke besitzen.

Das Instrument der Erinnerung als zweite Instanz nach einem ablehnenden Bescheid ist doch viel günstiger? Warum direkt die Beschwerde?
Der Erinnerungsprüfer schließt sich sehr oft der ersten Instanz an, sodass die Beschwerde statistisch gesehen wesentlich erfolgreicher ist. Eine Erinnerung ist aus meiner Sicht immer dann sinnvoll, wenn die Markenstelle in der ersten Instanz einen ganz offensichtlichen Denkfehler gemacht hat.

4 WIDERSPRUCHSVERFAHREN

Felix Feuerbusch bekommt wieder Post vom Deutschen Patent- und Markenamt – diesmal leider nervige. Sein Dauerkonkurrent, die Garlisan GmbH, hat Widerspruch aus deren Marke GARLISAN für Knoblauchpressen eingelegt. Die Begründung des Widerspruchs liest sich erst einmal schlüssig. Aus seiner langjährigen Erfahrung mit Widerspruchsverfahren weiß er aber, dass man solch einen Widerspruch erst einmal genau lesen und dann die eigenen Argumente sammeln sollte. Er kannte die Garlisan GmbH ja schon lange. Die Marke war bei der Ähnlichkeitsrecherche nicht als relevant aufgetaucht und er hält die Marke auch heute noch im Vergleich zu seiner neuen Marke GARLION als unterschiedlich genug. Er macht sich also an die Arbeit.

Sie haben gerade oder bereits vor längerer Zeit erfolgreich Ihre Marke MARIMBA für ein Tanzstudio zur Eintragung gebracht und sehen sich plötzlich mit der Situation konfrontiert, dass ein Wettbewerber eine Marke MAREMBA für Tanzstudios anmeldet. Sie wollen natürlich verhindern, dass diese Marke eingetragen bleibt bzw. überhaupt erst eingetragen wird. Um nicht direkt vor Gericht gehen zu müssen, gibt es das Widerspruchsverfahren. Innerhalb von drei Monaten – bei deutschen Marken nach der Eintragung und bei Unionsmarken vor der Eintragung – können Sie gegen die Marke MAREMBA Widerspruch erheben. In diesem Verfahren teilen Sie dem Amt mit, warum aus Ihrer Sicht Ihre ältere Marke oder Ihr älteres Firmenkennzeichen zu ähnlich oder sogar identisch zur von Ihnen beanstandeten Marke ist. Dabei ist es übrigens egal, ob Sie eine neu angemeldete Marke haben oder ob Ihre Marke schon länger auf dem Markt ist. Ihre Chancen im Widerspruchsverfahren werden von diesem Umstand nicht wesentlich berührt. Eine Ausnahme davon besteht dann, wenn Ihre ältere Marke sehr bekannt ist. Das Amt gewährt sehr bekannten Marken wie beispielsweise Coca-Cola einen größeren Schutz.

Es kann natürlich auch passieren, dass sich ein Wettbewerber durch Ihre neue Marke gestört fühlt und aus seiner Marke Widerspruch gegen Ihre Marke einlegt. Dieses Beispiel wiederum zeigt, dass sich eine gründliche Recherche nach ähnlichen älteren Marken und Firmenkennzeichen ausgezahlt hätte.

In diesem Kapitel erläutere ich ausführlich, wie das Widerspruchsverfahren abläuft und was man dabei zu beachten hat B.

Das DPMA prüft im Zuge des Eintragungsverfahrens ausdrücklich nicht, ob ein älteres Zeichen, also eine bereits eingetragene Marke oder ein Firmenkennzeichen, der Eintragung einer neuen Marke entgegensteht. Das EUIPO prüft lediglich, ob es ältere zu ähnliche Unionsmarken gibt und teilt dies den Inhabern der älteren Unionsmarken mit. Die Marke wird aber nicht von Amts wegen aufgrund dieser älteren Marken beanstandet. Andere Ämter wie das USPTO in den USA oder auch das CNIPA in China beanstanden Marken aufgrund von älteren zu ähnlichen Marken – dies sollte man bei der Anmeldung von Marken in anderen Ländern im Hinterkopf haben.

Die Kriterien, die einen Widerspruch rechtfertigen können, sind sogenannte relative Schutzhindernisse. Also Schutzhindernisse, die in Relation zu einem älteren Recht wie einer Marke entstehen. Ein relatives Schutzhindernis wäre beispielsweise, dass sich die beiden Marken so ähnlich sind, dass die potenziellen Abnehmer der beanspruchten

Waren oder Dienstleistungen sie verwechseln könnten. Die Ähnlichkeit bezieht sich dabei in erster Linie auf eine Kombination aus der Gestaltung des Zeichens und den sich dahinter verbergenden Waren und Dienstleistungen. Zeichenähnlichkeit und Ähnlichkeit der Waren und Dienstleistungen stehen dabei in gegenseitiger Abhängigkeit. Sind die Zeichen identisch, können die Waren und Dienstleistungen einen gewissen Abstand haben. Die Marken sind dann dennoch verwechselbar. Sind die Waren und Dienstleistungen identisch, so können die Zeichen einen gewissen Abstand haben – also unterschiedlich gestaltet sein – und dennoch kann eine Ähnlichkeit angenommen werden. Im offensichtlichsten Fall sind sowohl die Waren und Dienstleistungen auf der einen Seite und die Zeichen auf der anderen Seite hochgradig ähnlich oder identisch. Hier müssen also in jedem einzelnen Fall Abwägungen durch die Sachbearbeiter der Ämter vorgenommen werden, und diese Abwägungen machen die Sache kompliziert.

Es liegt in der Verantwortung des Markenanmelders zu prüfen oder prüfen zu lassen, ob der Eintragung seiner Marke relative Schutzhindernisse entgegenstehen. Wie schon mehrfach deutlich gemacht, sollte deshalb jeder Markenanmelder vor der Anmeldung der eigenen Marke unbedingt eine gründliche Markenrecherche betreiben. Und jeder, der eine Marke angemeldet hat, sollte wiederum ein regelmäßiges Monitoring betreiben, ob neu angemeldete Marken eventuell zu ähnlich im Vergleich zu den eigenen Marken sind. Dafür gibt es unter dem Stichwort Markenüberwachung sogar spezielle Dienste, die in Ihrem Auftrag regelmäßig die Markenregister überprüfen. Die Möglichkeiten solcher Dienstleister, worauf Sie bei der Auswahl achten sollten und welche Alternativen Ihnen zur Verfügung stehen, beleuchten wir in Kapitel 7 zum Portfoliomanagement im Detail.

Wer entscheidet, ob sich zwei Marken zum Verwechseln ähnlich sind? Welche Maßstäbe gelten dabei? Und vor allem: Wie komme ich im Falle eines Falles als Markeninhaber zu meinem Recht? Die erste Frage und die letzte Frage sind einfach zu beantworten: Entscheider sind die jeweiligen Markenämter, an die Sie den Widerspruch richten, bzw. die am Ende rechtsprechenden Gerichte. An diese Stellen können Sie sich wenden, um Ihr Recht zu bekommen. Ihr erster Ansprechpartner sollte dabei immer das jeweilige Markenamt sein, denn das Widerspruchsverfahren dient gerade dazu, kostenintensiven Gerichtsverfahren vorzubeugen. Das Widerspruchsverfahren selbst ist dabei noch kein gerichtliches Verfahren, sondern findet bei den jeweiligen Markenämtern statt. Der weitere Rechtsweg steht natürlich auch direkt, aber vor allem im Anschluss offen, wenn Ihre Bemühungen beim Amt scheitern. Den Antworten auf die zweite Frage, nämlich welche Maßstäbe über eine Ähnlichkeit entscheiden, widme ich aufgrund der Komplexität der Thematik die eigenen Abschnitte 4.2 bis 4.4, die sich ausführlich mit der Zeichenähnlichkeit und der Ähnlichkeit der Waren und Dienstleistungen auseinandersetzen.

Stoßen Sie als Markeninhaber auf eine Marke, die nach Ihrer Überzeugung im Vergleich zu Ihren eigenen Rechten zu ähnlich ist, steht Ihnen das Widerspruchsverfahren offen, wenn:

- Sie sich innerhalb der Dreimonatsfrist ab Veröffentlichung der Eintragung (DPMA) oder Anmeldung (EUIPO) der jüngeren Marke befinden,
- Ihre Marke die ältere ist (Anwälte sprechen auch von der prioritätsälteren Marke) und
- Sie außerdem der Inhaber der Marke, der exklusive Lizenznehmer oder der berechtigte Vertreter sind.

Im Rahmen des Widerspruchsverfahrens wird geprüft, ob die Zeichen und die Waren und Dienstleistungen identisch oder so ähnlich sind, dass eine Verwechslungsgefahr besteht. Ist dies der Fall, kommt es zur Löschung oder zur teilweisen Löschung der jüngeren Marke.

Sind alle drei Voraussetzungen für das Widerspruchsverfahren gegeben, muss man seinen Widerspruch schriftlich beim zuständigen Markenamt einlegen oder von einem Anwalt einlegen lassen. Das DPMA stellt dafür auf seinem Internetauftritt Musterformulare zur Verfügung.[6] Im ersten Schritt muss der Widersprechende im Übrigen nur seinen Widerspruch mitteilen und muss ihn noch nicht zwingend begründen. Das Amt informiert dann zunächst den Inhaber der neuen Marke, den Widerspruchsempfänger, über den Widerspruch. Der Widerspruchsempfänger hat nach Empfang der Begründung des Widerspruchs meistens zwei Monate Zeit, um darzulegen, warum in diesem Fall keine Verwechslungsgefahr gegeben ist. Im Anschluss muss der Widersprechende die Argumente des Inhabers der angegriffenen Marke entkräften. Dieser Austausch geht zumindest beim DPMA nun so lange, bis die zuständige Markenstelle der Meinung ist, genug Argumente auf beiden Seiten gesammelt zu haben, um eine Entscheidung treffen zu können. Und das kann dauern. Deshalb eröffnete diese Vorgehensweise die Möglichkeit, das Verfahren unbotmäßig in die Länge zu ziehen, und es bereits als Verteidigungsmöglichkeit gegen eine drohende Löschung zu nutzen. Denn beim Deutschen Patent- und Markenamt wird die Marke zuerst eingetragen und die Widerspruchsfrist schließt sich an. Wenn also ein Dritter Widerspruch gegen die eigene Marke einlegt, hat man trotzdem weiterhin erst einmal eine eingetragene Marke, die man nutzen und vor allem durchsetzen kann. Aus eigener beruflicher Erfahrung weiß ich, dass es möglich war, dieses Verfahren schon allein in der ersten Instanz über mehrere Jahre zu strecken.

Das europäische Äquivalent zum DPMA, das Amt der Europäischen Union für geistiges Eigentum, EUIPO, hatte diesem leicht zu missbrauchenden Verfahren bereits einen Riegel dadurch vorgeschoben, dass jede Partei in der Regel nur zweimal seine Argumente vortragen darf. Wenn der Widerspruch eine EU-Marke betrifft, werden die auf diese Weise beschleunigten Verfahren vor dem EUIPO geführt. Dort beginnt die Widerspruchsfrist vor der Eintragung der Marke, nämlich mit dem Tag der Veröffentlichung der Anmeldung. Achtung: Auch das DPMA veröffentlicht eine Anmeldung im Register. Dies hat aber im Unterschied zum europäischen Recht keine rechtliche Wirkung. Im deutschen Recht muss die Eintragung abgewartet werden.

Wenn also ein Dritter Widerspruch gegen Ihre Unionsmarkenanmeldung einlegt, wird die Marke nicht eingetragen, solange das Widerspruchsverfahren nicht rechtskräftig abgeschlossen ist. Um Entscheidungen zu beschleunigen, existiert insbesondere auf europäischer Ebene die sogenannte Cooling-Off-Frist. Diese bietet den Beteiligten die Möglichkeit, das Widerspruchsverfahren innerhalb von zwei Monaten ohne weitere Kosten zu beenden, wenn sich die Beteiligten im direkten Kontakt einigen. So könnte beispielsweise der Widersprechende den Widerspruch zurücknehmen oder der Widerspruchsgegner seine Marke zurücknehmen, oder es erfolgt in gegenseitiger Absprache eine Beschränkung der Marke auf bestimmte Waren und Dienstleistungen. Finden die Beteiligten in dieser Phase aber nicht zu einer Einigung, dann hat zunächst der Widersprechende zwei Monate Zeit, dem EUIPO seine Argumente darzulegen, danach der Widerspruchsgegner. Anschließend dürfen beide Parteien in der Regel nur noch einmal vortragen. Nach maximal zehn bis zwölf Monaten trifft das EUIPO im Normalfall seine Entscheidung, denn die jeweiligen Zweimonatsfristen können in der Regel nur einmal von jeder Partei verlängert werden. Weitere Verlängerungen müssen sorgfältig begründet werden. Das Verfahren kann dennoch geringfügig länger werden, wenn die Benutzung der Widerspruchsmarke bestritten wird. Dahinter verbirgt sich ein weiterer Kniff zur Verteidigung der eigenen Marke, den wir uns noch genauer ansehen werden. An dieser Stelle reicht es jedoch zunächst zu wissen, dass der Anmelder der angegriffenen Marke abstreitet, dass der Widersprechende seine Marke benutzt.

Verfahren beim EUIPO sollten sich also im Normalfall maximal ein Jahr hinziehen, auch wenn in der Praxis durchaus bis zu 18 Monate erreicht werden können.

Im Jahr 2019 wurde eine Reform des Markenrechts mit einer Straffung des Widerspruchsverfahrens umgesetzt. Auch wenn sich die Reform auf dem Papier wunderbar liest, so hat sich nach meiner Ansicht leider in der Praxis kaum etwas geändert. So wird die Cooling-off-Frist von zwei Monaten beim DPMA nur auf Antrag beider Parteien gewährt, was dadurch selten vorkommt.

Es gibt zwischen nationalem und europäischem Verfahren noch weitere Unterschiede, die Sie kennen sollten. Im Widerspruchsverfahren vor dem DPMA tragen die Parteien in der Regel die eigenen Anwaltskosten selbst, egal zu wessen Gunsten das Verfahren ausgeht. Das EUIPO trifft dagegen eine Kostenentscheidung, sodass der Unterliegende ggf. hier auch die Kosten des Gegners wenigstens zum Teil tragen muss – es werden in der Regel nach Abschluss des Verfahrens immerhin 300 Euro durch die unterlegene Partei an den Gewinner des Widerspruchsverfahrens erstattet. Üblicherweise liegen die Kosten je nach Kanzlei und Aufwand in der ersten Instanz allerdings zwischen 1500 und 3000 Euro für jede Seite, sodass diese Erstattung kaum ins Gewicht fällt.

4.1 Abgrenzungsvereinbarung – die Einigung außerhalb der Ämter und Gerichte

Felix Feuerbusch ruft seinen Kollegen Heinrich Hinterlist bei der Garlisan GmbH an, der dort die Marken betreut. Er schlägt ihm vor, dass sie sich außerhalb der Ämter und Gerichte einigen. So könnte er versprechen, dass er in Zukunft keine Marken einführt oder gar schützt, die im Vergleich zu GARLISAN ähnlicher als GARLION sind. Beide Parteien würden sich aus den Marken GARLION und GARLISAN nicht gegenseitig angreifen und dulden. Leider scheitern diese Einigungsbemühungen, da der Kollege Hinterlist die neue Marke GARLION in keinem Fall dulden möchte.

Eine günstige Möglichkeit, sich innerhalb des Widerspruchverfahrens außeramtlich zu einigen, ist die Abgrenzungsvereinbarung (auch Koexistenz-Vereinbarung). Die Abgrenzungsvereinbarung ist eine Vereinbarung zur gegenseitigen Duldung unter bestimmten Voraussetzungen, die Sie direkt mit Ihrem Gegner aushandeln. Die Ergebnisse Ihrer Verhandlungen werden im Anschluss unter Angabe üblicher Klauseln wie die des Gerichtsstands und einer salvatorischen Klausel schriftlich festgehalten. Man vereinbart üblicherweise auch, dass die Kosten die Parteien jeweils selbst tragen. Durch diese Maßnahme sparen sich die Beteiligten den Widerspruch und die vorgenannten Kosten B.

Eine Abgrenzungsvereinbarung anzustreben ist immer dann sinnvoll, wenn Sie selbst bereits der Auffassung sind, dass Ihr Widerspruch vielleicht nur teilweise Aussicht auf Erfolg hätte und Sie mit gewissen Einschränkungen im Bereich der Waren und Dienstleistungen der Gegenseite bereits zufrieden sind. Oder Sie sind der Angegriffene und sehen, dass der Widersprechende auf einem ganz anderen Gebiet tätig ist.

Beispiel

In der Praxis könnte das so aussehen: Sie sind Inhaber des Tanzstudios MARIMBA und einer entsprechenden Marke. Ihre Marke haben Sie in der passenden Klasse 41 für Bildung, Erziehung, Unterhaltung und Sport geschützt. Nun legt aber ein Inhaber der älteren Marke MAREMBA Widerspruch gegen Ihre Marke MARIMBA ein. Er bietet unter seiner Marke Fernunterricht im Bereich Naturwissenschaften an und hat deshalb seine Marke ebenfalls für die Dienstleistungen der Klasse 41 schützen lassen. Im Juristendeutsch legt er Widerspruch „aus seiner Marke" ein. In der Theorie könnten die Marken als verwechselbar angesehen werden. Zum einen scheinen die Zeichen Marimba und Maremba sehr ähnlich zu sein. Zum anderen sind die Dienstleistungsklassen identisch. Tatsächlich handelt es sich bei dieser Konstellation um einen der häufigsten Gründe für einen Widerspruch.

In diesem Fall können wir jedoch mit gutem Gewissen vermuten, dass sich in der unternehmerischen Praxis beide Geschäftsfelder nicht in die Quere kommen werden. Das sehen auch die beiden Parteien so. Sie sind zwar in verwandten, aber doch so unterschiedlichen Bereichen aktiv, dass sie sich gegenseitig mit ihren jeweiligen Zeichen dulden könnten. Um ein langwieriges und mit Kosten verbundenes Verfahren zu vermeiden, vereinbaren beide Parteien beispielsweise, dass sie gegenseitig die Marken nicht angreifen und auch Neuanmeldungen tolerieren. Sie als der jüngere Anmelder versprechen in der Abgrenzungsvereinbarung, dass Sie MARIMBA nicht für Fernunterricht einsetzen und auch keine Weiterbildung im Bereich Naturwissenschaften anbieten werden. Der Widerspruch wird daraufhin zurückgezogen.

4.2 Zeichenähnlichkeit – sind die Marken zu ähnlich?

Felix Feuerbusch muss sich angesichts der identischen Waren (nämlich Knoblauchpressen) schon deutlich ins Zeug legen, um das Amt zu überzeugen, dass GARLISAN und GARLION unterschiedlich genug sind, damit sie nicht verwechselt werden. Er argumentiert, dass sich die Zeichen klanglich unterscheiden, da die Vokalfolgen AIA und AIO unterschiedlich sind und GARLISAN durch den stimmhaften alveolaren Frikativ [z] (wie in „Sonne") die Widerspruchsmarke einen ganz anderen klanglichen Charakter erhalte. Auch das dunklere O (im Vergleich zum helleren A) in der letzten Silbe führe dazu, dass sich die Stimme des Sprechers senkt. Schriftbildlich – also visuell – unterscheiden sich die beiden Zeichen nach Ansicht von Herrn Feuerbusch dadurch, dass das SA und das O der gegenüberstehenden Marken optisch sehr unterschiedlich sind, und den potenziellen Abnehmern dieser Unterschied sicher auffallen würde. Zudem würden die potenziellen Abnehmer GARLI in beiden gegenüberstehenden Zeichen als Anspielung auf GARLIC (also Knoblauch) verstehen und daher dem Wortende ausnahmsweise mehr Bedeutung beimessen, da der Wortanfang auf den Zweck anspielen würde. Herr Hinterlist argumentiert in seiner Stellungnahme natürlich das Gegenteil. Das Amt entscheidet nach ein paar weiteren Stellungnahmen beider Seiten in diesem fiktiven Fall knapp für Herrn Feuerbusch, sodass dieser die Marke GARLION behalten kann.

Um festzustellen, ob sich Marken zu ähnlich sind, arbeiten Ämter und Gerichte einen Kriterienkatalog ab. Im Folgenden erläutere ich ein paar Fachbegriffe und grundlegende Konzepte B:

- Sind die Zeichen sehr ähnlich oder identisch?
- Sind die sich gegenüberstehenden Waren oder Dienstleistungen sehr ähnlich oder identisch?

- Ist die ältere Marke besonders bekannt oder hat sie eine sogenannte erhöhte Unterscheidungskraft?
- Hat die ältere Marke durch Bekanntheit eine hohe Kennzeichnungskraft oder durch ein sehr beschreibendes Zeichen eine besonders niedrige Kennzeichnungskraft?
- Wer sind die potenziellen Abnehmer der Waren oder Dienstleistungen, die sogenannten Verkehrskreise?

Um die Verwechslungsgefahr zweier Marken prognostizieren zu können, ist es hilfreich, zu versuchen, sich in einen Kunden oder Interessenten für diese Waren oder Dienstleistungen hineinzuversetzen. Die Frage, an der wir uns grundsätzlich orientieren, lautet: Könnte ein Kunde die beiden Produkte mit diesen Namen verwechseln? Dabei wird für die meisten Waren oder Dienstleistungen ein fiktiver, normal informierter, angemessen aufmerksamer und verständiger Durchschnittsverbraucher der fraglichen Waren oder Dienstleistungen als Maßstab genommen. Wichtig ist, im Hinterkopf zu behalten, dass dieser Durchschnittsverbraucher für jedes Marktsegment ein anderer sein kann. Wendet sich die Marke bevorzugt an Frauen mittleren Alters, dann hat diese Marke andere Durchschnittsverbraucherinnen als eine Marke, die sich an junge Männer oder an Jungen wendet. Die Summe dieser Verbraucher bilden die sogenannten Verkehrskreise. Die Faustregel lautet: Je kleiner der Verkehrskreis, also je weniger Menschen sich für die Produkte der Marke interessieren, oder je teurer das Produkt, oder je mehr zu erwartender Schaden bei einer Verwechslung entstehen könnte, umso ähnlicher müssen die Marken sein, damit sie verwechselt werden. Es wird dabei angenommen, dass mit der Höhe des potenziellen Schadens auch die Verantwortung des einzelnen Konsumentens oder Produktnutzers wächst, auf die entscheidenden Unterschiede zu achten. Ein Facharzt wird beispielsweise bei der Verschreibung von Medikamenten genauer auf Unterschiede der Marken achten als jemand, der einen Bleistift in einem Schreibwarenladen kauft.

Beispiel

Ein konkretes Beispiel aus der Praxis: Sehr viele von Ihnen kennen sicherlich Wolf Gartengeräte. Sehr wenige von Ihnen werden dagegen die Marke Wolf kennen, die Spezialgeräte für den Hopfenanbau produziert und vermarktet. Ein Hopfenbauer würde die beiden Firmen vermutlich dennoch nicht verwechseln.

In der Praxis haben Ähnlichkeiten von Zeichen und Waren bzw. Dienstleistungen die größte Relevanz. Eine Anmeldung von tatsächlich identischen Marken kommt aufgrund der inzwischen sehr guten Recherchemöglichkeiten so gut wie gar nicht mehr vor. Umso mehr Rechtsprechung gibt es zur Zeichenähnlichkeit. Allein zur Ähnlichkeit von Worten gibt es verwirrend viele Entscheidungen der verschiedenen Gerichte und maßgeblichen Ämter. In der Regel reicht es aus, wenn die gegenüberstehenden Marken entweder klanglich, schriftbildlich oder assoziativ hochgradig ähnlich oder identisch sind, um eine ausreichende Ähnlichkeit anzunehmen.

- **Klangliche Ähnlichkeit** bedeutet, dass die Markennamen in der Aussprache gleich oder sehr ähnlich klingen (beispielsweise Fonda mit F und Vonda mit V). Dabei wird immer die Aussprache zugrunde gelegt, die im jeweiligen Land üblich ist. Das DPMA berücksichtigt dabei Deutsch, Englisch und in Ausnahmefällen auch Spanisch oder Französisch. Das EUIPO beurteilt die klangliche Ähnlichkeit in Bezug auf sämtliche Sprachen der EU.

- **Schriftbildliche Ähnlichkeit** heißt, dass die Marken ausgeschrieben gleich oder sehr ähnlich aussehen. Beispiel IATA oder lata. Das große I und das kleine L kann man praktisch nicht unterscheiden. Die Marken klingen unterschiedlich, sehen aber gleich aus. Die schriftbildliche Ähnlichkeit spielt natürlich beispielsweise bei Bildmarken eine besondere Rolle.
- **Assoziative Verwechslungsgefahr:** Ein Bild von einem Schlüssel könnte verwechselbar mit dem Wort „Key“ sein.

Zur Bewertung der Ähnlichkeit von Worten im markenrechtlichen Sinne haben sich in der Rechtsprechung u. a. folgende Kriterien herauskristallisiert:

- Wortanfänge werden in der Regel mehr beachtet als die Wortmitte oder auch das Wortende.
- Eine gleiche Vokalfolge[7] kann für Ähnlichkeit sprechen.
- Dieselbe Silbenanzahl und klanglich ähnliche Silben können für eine Ähnlichkeit sprechen.
- Eine ähnliche Buchstabenanzahl kann zumindest bei kürzeren Marken für Ähnlichkeit sprechen.
- Bei Marken mit drei oder weniger Buchstaben reicht in der Regel schon die Abweichung in einem einzigen Buchstaben aus, damit keine Ähnlichkeit angenommen wird. Allerdings gilt für Marken, die aus drei oder weniger Buchstaben gebildet werden, eine Reihe von Sonderregeln. Bloßes Vertauschen von zwei der drei Buchstaben kann beispielsweise zu einer Verwechslung führen.

Darüber hinaus werden bei der Zeichenähnlichkeit immer diejenigen Bestandteile der Marke stärker berücksichtigt, die „fantasievoller“ bzw. abstrakter sind, und diejenigen Bestandteile treten eher in den

Hintergrund, die für die beanspruchten Waren und Dienstleistungen eher beschreibend sind.

Um Ihnen deutlich zu machen, wie intensiv vor Gericht gerungen wird, schauen wir uns einige klassische Beispiele aus der Rechtsprechung an, bei der Vokalfolgen ein Argument waren.

Beispiel

2013 hat das Bundespatentgericht entschieden, dass die Marken „RABE“ und „Race“ trotz der identischen Vokalfolge A, E und des gleichen Wortanfanges RA und einer gemeinsamen Klasse (25) nicht verwechslungsfähig sind. Tatsächlich hat das Gericht in diesem Fall nicht nur die Buchstabenfolge, sondern sogar die Buchstabenform in seine Entscheidung einfließen lassen und eine anderslautende Entscheidung des DPMA aufgehoben. Das Bundespatentgericht begründete seinen Entschluss unter anderem damit, dass sich die Buchstaben B und C nach Anzahl der Rundungen, deren Platzierung und Ausrichtung deutlich unterschieden. Und darauf käme es an. Denn sonst wären B, C, D, G, J, O, P, Q, R, S und U stets als ähnlich anzusehen.[8]

Beispiel

Ein neueres Urteil des BGH befasste sich mit der klanglichen Verwechslungsgefahr bei den Marken IPS und ISP. Früher galt, dass eine Abweichung in nur einem Buchstaben bei kurzen Marken ausreicht, um Verwechslungsgefahr zu vermeiden. Der Inhaber der Marke IPS, eingetragen u. a. für Software, klagte gegen die Nutzung der Marke ISP durch ein polnisches Unternehmen. Die Vorinstanzen wiesen die Klage ab und argumentierten, dass die Konsonanten „S“ und „P“ an verschiedenen Stellen im Wort stünden und dadurch unterschiedliche

Klangbilder erzeugten. Der BGH widersprach jedoch und urteilte, dass die Buchstaben „P“ und „S“ durch den gemeinsamen Vokal „e“ klanglich verwandt seien. Zudem führe die identische Vokalfolge „i-ee“ in beiden Zeichen zu einem klanglich ähnlichen Gesamteindruck, trotz der unterschiedlichen Buchstabenreihenfolge.

Sie können aus diesen Beispielen ersehen, dass die in 4.1 beschriebene Abgrenzungsvereinbarung und überhaupt außergerichtliche Einigungen für jeden Unternehmer immer eine Alternative sein sollten, da man vor Gericht nie wirklich weiß, wie das Verfahren ausgehen wird.

4.3 Ähnlichkeit der Waren und Dienstleistungen

Bei der Beurteilung der Ähnlichkeit der Produkte, also der Waren oder Dienstleistungen, müssen alle erheblichen Faktoren berücksichtigt werden, die das Verhältnis zwischen den Waren oder Dienstleistungen kennzeichnen. Die wichtigsten dieser erheblichen Faktoren sind:

- Art (Beschaffenheit, Funktionsweise, Erscheinungsbild, Wert usw.),
- Verwendungszweck (ähnlicher oder gleicher Verwendungszweck oder ähnliche Nutzung),
- Eigenschaft als einander ergänzende Waren,
- Eigenschaft als miteinander konkurrierende/austauschbare Waren (Befriedigung gleicher oder ähnlicher Bedürfnisse).

Wenn Sie darüber hinaus auch noch die weniger wichtigen erheblichen Faktoren kennenlernen möchten, hat das EUIPO eine sehr detaillierte Übersicht zusammengestellt.[9]

Zu der – in der rechtlichen Praxis äußerst komplizierten und viel diskutierten – Beurteilung der Ähnlichkeit von Waren und Dienstleistungen eignet sich im Tagesgeschäft der folgende Katalog, der einen ersten Überblick abbildet:

Haben die Waren oder Dienstleistungen dieselbe betriebliche Herkunft?

Dieses Bewertungskriterium hat auf der einen Seite sehr starkes Gewicht, weil eine Marke ja gerade als Herkunftshinweis im Sinne von „Wer hat's gemacht?" dienen soll. Auf der anderen Seite ist aber die Organisationsform von Großkonzernen wie beispielsweise Nestlé geradezu darauf ausgelegt, gleichartige Waren unter verschiedenen Markennamen zu vermarkten. So gehören beispielsweise die Mineralwässer Vittel und San Pellegrino beide zu Nestlé.

Haben die Waren oder Dienstleistungen denselben Zweck und werden sie ähnlich genutzt?

Wenn beide Produkte für den Verbraucher den gleichen Zweck haben, kann eine Ähnlichkeit vorliegen. Verwendungszweck bedeutet übrigens die vom Anbieter beabsichtigte Verwendung der Waren und Dienstleistungen und nicht jede zufällige mögliche Verwendung (beispielsweise Feuerzeug als Flaschenöffner, Lkw-Schlauch als Sportgerät). So erfüllen Schuhe und Bekleidung den gleichen Zweck. Trotz ihrer verschiedenen Art haben Gerichte aufgrund des übereinstimmenden Zwecks deshalb bereits Ähnlichkeit angenommen. Schließlich dienen Schuhe und Stiefel im Prinzip demselben Zweck wie beispielsweise Oberbekleidung: Sie sind dazu bestimmt, von Menschen getragen zu werden, und zwar sowohl als Schutz vor den Elementen als auch als Modeartikel.

Ergänzen sich die Waren und Dienstleistungen?

Dieses Kriterium wird in der Praxis immer wichtiger, um Ähnlichkeit zu begründen, auch wenn die Produkte tatsächlich ganz unterschiedlich in ihrer objektiven Beschaffenheit sind. So sind beispielsweise analoge Fotokameras und Filme (gibt es beides noch!) einander ergänzende Waren, da sie zusammen benutzt werden müssen. Waren und Dienstleistungen, die sich ergänzen, haben außerdem gewisse funktionelle Zusammenhänge. Butter und Margarine kann man sich beispielsweise beide aufs Brot streichen. Sie konkurrieren um den Platz auf unserem Brot und stehen in einem Austauschverhältnis zueinander, denn grundsätzlich kann man sich eben beides aufs Brot streichen. Verbraucher können deshalb (ggf. fälschlich) annehmen, dass ein Markeninhaber sich mit beiden Warengruppen befasst. Der Preis spielt dabei übrigens nur eine untergeordnete Rolle für eine mögliche Ähnlichkeit. Goldschmuck und Modeschmuck stehen beispielsweise trotz des großen preislichen Unterschieds in Konkurrenz zueinander.

Haben sie dieselbe Beschaffenheit?

Gemeint ist hier, ob die Ware eine ähnliche Konsistenz und Struktur hat. Ist sie flüssig-cremig, trocken-bröselig usw.? Dieses Argument kann, muss aber keine Ähnlichkeit begründen. Schließlich haben Hundekuchen und manche Brotsorten nahezu die gleiche Beschaffenheit. Eine Verwechslungsgefahr durch den Durchschnittsverbraucher kann dennoch nicht angenommen werden. Anders sieht die Sache beispielsweise für Speisequarkzubereitungen und Pudding aus, die beide eine ähnliche cremige Konsistenz besitzen. Tatsächlich kommen bei dieser Paarung aber noch andere Faktoren zum Tragen, die jede für sich bereits Ähnlichkeit vermuten lassen können: Beide sind in ähnlichen Verpackungen im Kühlregal und oft nebeneinander zu finden. Pudding und Quarkzubereitungen haben also zusätzlich den gleichen Vertriebsweg, die gleichen Zielkunden sowie den gleichen Verwendungszweck und Nutzen (als Dessert).

Haben sie dieselben Vertriebswege?

Werden die Waren über die gleichen Vertriebswege und in den gleichen Vertriebsstätten auf den Markt gebracht, so kann dies vom Verbraucher dahingehend verstanden werden, dass die Waren demselben Marktsegment angehören und von ein und demselben Hersteller stammen *könnten.* Es handelt sich aber selbst laut der Weltorganisation für geistiges Eigentum (WIPO)[10] um ein eher untergeordnetes Argument: „(...) da heutzutage in Supermärkten, Drogeriemärkten und Warenhäusern eine Vielzahl verschiedener Waren angeboten werden. Bei der Beurteilung, ob die Verbraucher im Hinblick auf die Waren eine gemeinsame Herkunft annehmen, darf der alleinigen Tatsache, dass die Waren in gleichen Vertriebsstätten angeboten werden, keine entscheidende Bedeutung beigemessen werden." Anders gelagert ist der Fall, sollten die Waren in Spezialgeschäften angeboten werden. Wenn die gleichen Waren dort verkauft werden, sei der Verbraucher eher geneigt, eine gemeinsame Herkunft der Waren anzunehmen.

Haben Waren und Dienstleistungen dieselben Zielkunden?

Hier lautet die oberste Maxime: Unterschiedliche Abnehmerkreise sprechen gegen Ähnlichkeit, ebenso wie Waren und Dienstleistungen, die zwar von denselben Zielkunden, aber in unterschiedlichen Situationen verwendet werden. Professionelle Friseurscheren und professionelle elektrische Haarschneidegeräte haben beispielsweise dieselben Zielkunden – nämlich die Friseurin oder den Friseur.

Entsprechen Waren und Dienstleistungen den gleichen Verbrauchergewohnheiten?

Eine wichtige Rolle können auch Verbrauchergewohnheiten spielen, die häufig von Traditionen und regionalen Bräuchen beeinflusst sind. So urteilte das EUIPO in einem Fall sogar, dass die in bestimmten Mitgliedstaaten verbreitete Gewohnheit, Bier und Schnaps zusammen zu trinken, als ein Indiz für Warenähnlichkeit zu werten sei.

Um eine Ähnlichkeit von Waren und Dienstleistungen anzunehmen, reicht es grundsätzlich aus, dass Verbraucher diese gedanklich in Verbindung bringen. Je mehr der oben aufgeführten Kriterien die Waren- und Dienstleistungspaare erfüllen, umso höher die Wahrscheinlichkeit, dass die jüngere der beiden dahinterstehenden Marken angegriffen werden kann, sofern die Zeichen ähnlich genug sind. Man spricht dann von unmittelbarer Verwechslungsgefahr. Ein Kriterium kann aber noch das folgende Zünglein an der Waage sein.

4.4 Kennzeichnungskraft – sind die Marken eher beschreibend oder besonders kreativ oder gar berühmt?

Ein weiterer bestimmender Faktor einer Verwechslungsgefahr ist neben der Ähnlichkeit der Zeichen und der Ähnlichkeit der Waren und Dienstleistungen vor allem die Kennzeichnungskraft der älteren Marke. Dabei gilt: Je „bekannter" die Marke ist, desto größer auch ihr Schutzbereich: Marken, die von Haus aus oder wegen ihrer Bekanntheit auf dem Markt eine hohe Kennzeichnungskraft besitzen, genießen einen umfassenderen Schutz als Marken, deren Kennzeichnungskraft geringer ist.[11] Hört sich komisch an, ist aber so: Denn je bekannter die Marke ist, desto größer ist die Zahl der Wettbewerber, die ähnliche Zeichen benutzen möchten.

Die Kennzeichnungskraft wird wiederum unterteilt in originäre Kennzeichnungskraft und erworbene Kennzeichnungskraft. Originär ist dabei alles, was die Marke von Haus aus kennzeichnet, also beispielsweise ein origineller Name und ein ausgefallenes Design. Alle Anteile, die erst durch die aktive Nutzung erworben werden, machen dementsprechend die erworbene Kennzeichnungskraft aus: der von der Marke gehaltene Marktanteil, die geografische Verbreitung und die Dauer der Benutzung der Marke, der Werbeaufwand für die Marke und natürlich wie viele Menschen die Marke kennen. Alles zusammen ergibt bestimmte Grade der Kennzeichnungskraft, nämlich angefangen von weit unterdurchschnittlicher Kennzeichnungskraft (fast rein beschreibende und gleichzeitig unbekannte Marken – nehmen wir mal ein Tanzstudio mit dem Namen „BetterDance“ als Beispiel) bis hin zu weit überdurchschnittlicher Kennzeichnungskraft (erworbene Kennzeichnungskraft: „Coca-Cola“ oder originäre Kennzeichnungskraft: ein fantasievollerer Name für ein Tanzstudio wie MARIMBA). Eine fantasievolle, frisch angemeldete Marke hat in der Regel eine normale bzw. durchschnittliche Kennzeichnungskraft.

Die Übergänge sind aber fließend, und es reicht für die Praxis zu wissen, dass bekannte Marken wie Apple oder Coca-Cola eine höhere Kennzeichnungskraft besitzen als Ihr neu angemeldetes MARIMBA-Tanzstudio, und, dass sehr beschreibende Marken eine geringere Kennzeichnungskraft besitzen als sehr fantasievolle Marken.

Notorische Bekanntheit

Wenn Marken sehr berühmt sind, dann können sogar Marken verwechselt werden, die für sehr unterschiedliche Waren eingetragen sind. So kann eine jüngere Marke Davidoff für Gürtel mit der älteren Marke Davidoff für Zigarren verwechselt werden, wobei sicherlich einige von Ihnen jetzt denken: „Was, ich war immer der Meinung, Davidoff, das sind die mit dem Cool Water Eau de Toilette?" Die höchste Kennzeichnungskraft haben Marken mit einer notorischen Bekanntheit. Notorische Marken sind diejenigen, die bereits „jedem Kind" ein Begriff sind. Beispielsweise: McDonald's, Apple, Nike etc. Tatsächlich gibt es Marken, die so berühmt sind, dass sie praktisch in den allgemeinen Sprachgebrauch übergegangen sind. Wussten Sie beispielsweise, dass Fön eine eingetragene Marke von Electrolux Rothenburg GmbH Factory and Development aus Nürnberg – früher AEG – ist? Deshalb werden die allermeisten Hotelzimmer als mit Haartrockner ausgestattet beschrieben. Denn nur Electrolux hat das Recht, seine Haartrockner Fön zu nennen.

Im schlimmsten (oder besten) Fall können Marken sogar wegen zu großer Bekanntheit gelöscht werden. Dann nämlich, wenn die eingetragene Marke sich zu einer Gattungsbezeichnung entwickelt hat. Die Voraussetzungen hierfür sind allerdings extrem hoch. Selbst die Aufnahme eines Begriffs als Gattungsbegriff in ein Lexikon gilt lediglich als Indiz für das Vorliegen einer Gattungsbezeichnung. Marken, die im Alltag möglicherweise stellvertretend für Wettbewerbsprodukte verwendet werden, sind beispielsweise Tempo, Aspirin, Jeep, FlipFlops, Inbus etc. Als Markeninhaber ist man gegen diese Entwicklung allerdings keineswegs machtlos. Die verschiedenen Verteidigungsmöglichkeiten stelle ich im nächsten Kapitel vor.

Diese Faktoren wie Zeichenähnlichkeit, Ähnlichkeit der Waren und Dienstleistungen und die Kennzeichnungskraft müssen deshalb so haarklein auseinandergenommen und definiert werden können, weil sie vom DPMA oder EUIPO genutzt werden, um im Falle eines Falles die Ähnlichkeit zweier Marken zu beurteilen.

Es gibt noch weitere Faktoren, die in eine eventuelle Ähnlichkeit hineinspielen (z. B. die Verkehrskreise). Diese spielen allerdings in der Praxis oft eher eine untergeordnete Rolle. Entscheidend ist, dass zwischen allen drei Faktoren eine Wechselwirkung besteht. Das bedeutet, dass ein Mehr bei einem Faktor ein Weniger des anderen Faktors ausgleicht.

4.5 Verteidigungsmöglichkeiten im Widerspruch

Wenn Ihnen ein Widerspruch zugestellt wird, ist die erste Regel, die Sie beachten sollten, nicht in Panik zu verfallen. Als erstes schauen Sie, welche Angriffsfläche Ihr Gegner bietet. Insbesondere recherchieren Sie in den Datenbanken des DPMA oder des EUIPO, ob die Marke länger als fünf Jahre eingetragen ist,[12] und in welchen Bereichen Ihr Gegner überhaupt tätig ist. Wenn Sie den Links aus den Fußnoten folgen, sehen Sie beim EUIPO die Klassen sowie Eintragungs- und Registerdatum auf einen Blick. In der Datenbank des DPMA müssen Sie noch einmal auf die angegebene Registernummer klicken und sehen dann das Datum der Eintragung sowie die Klassen B.

Wenn Sie bei Ihrer Recherche feststellen, dass der Gegner in einem vollkommen anderen Bereich tätig ist – Sie erinnern sich an das Beispiel Marimba vs. Maremba – bieten Sie Ihrem Gegner die bereits beschriebene Koexistenzvereinbarung oder auch Abgrenzungsvereinbarung an. Da ein Widerspruchsverfahren Zeit, Geld und Nerven kostet, ist auch Ihr Gegner normalerweise daran interessiert, die Sache möglichst reibungslos vom Tisch zu bekommen.

Falls der Gegner oder Sie jedoch kein Interesse an einer gegenseitigen Duldung haben, müssen Sie Ihre Verteidigungsstrategie für ein streitiges Verfahren gut und breit aufstellen.

Es ist vorteilhaft, wenn die gegnerische Marke länger als fünf Jahre eingetragen ist. Dann können Sie die Nichtbenutzungseinrede geltend machen, sofern die gegnerische Marke in den letzten fünf Jahren nicht benutzt wurde. Kann der Gegner die Benutzung seiner Marke nicht nachweisen, bleibt der Widerspruch erfolglos. Die Nichtbenutzung geltend zu machen, ist fast immer sinnvoll, auch wenn der Gegner seine Marke vermutlich nutzt, da er dadurch gezwungen wird, Unterlagen vorzulegen. Dabei können Fehler passieren, wie falsch datierte oder unvollständige Dokumente, oder die Marke wird anders dargestellt als eingetragen. Zudem kann der Umsatz zu gering sein, um eine geschäftliche Nutzung nachzuweisen, oder der Firmenname hat im Vergleich zum Produktnamen an Bedeutung verloren.

Deshalb lohnt sich der Aufwand, jedes einzelne Dokument des Gegners genau unter die Lupe zu nehmen. Viele Widersprüche wurden allein dadurch auf der Seite der angegriffenen Marke gewonnen, weil aufgezeigt werden konnte, dass keines der teilweise sehr zahlreich eingereichten Dokumente die Benutzung der Marke in den letzten fünf Jahren nachweisen konnte (also z. B. in den Dokumenten die Marke, das relevante Datum, der Inhaber oder Hinweise zum Umsatz fehlten).

Wenn man merkt, dass der Gegner Schwierigkeiten hat, die Benutzung vor allem in der letzten Zeit nachzuweisen, kann man sich außerdem überlegen, ob man gleich zum großen Gegenangriff übergehen und im Verlauf des Verfahrens einen Antrag auf Löschung der gegnerischen Marke wegen Verfalls stellen möchte. Wie Sie so einen Angriff führen können, erläutere ich in Kapitel 5.

Im Übrigen trägt man vor, warum zum einen die Waren und Dienstleistungen und zum anderen die Zeichen vollkommen unterschiedlich sind. Die einzelnen Kriterien dazu haben Sie bereits in den vorangegangenen Abschnitten kennengelernt. Da das EUIPO-Verfahren relativ statisch ist, also ein bekannter Fragenkatalog abgeprüft wird, stellt dieser Katalog gleichzeitig das Gerüst für die Formulierung des Widerspruchs dar:

- Ähnlichkeit der Waren und Dienstleistungen: Um welche Produkte geht es, bieten tatsächlich beide Parteien die gleichen oder ähnliche Produkte an?
- Ähnlichkeit der Zeichen: Wie ähnlich sehen sich die Logos, aus welchen Worten, Begriffen oder Namen setzt sich das Markenzeichen zusammen? Hören sich die Zeichen ähnlich an?
- Kennzeichnungskraft der älteren Marke: Hier geht es darum, ob die Marke beschreibend ist (niedrige Kennzeichnungskraft) oder sogar sehr bekannt ist (hohe Kennzeichnungskraft).
- Relevantes Publikum: An wen wendet sich die Marke, wer soll das Produkt kaufen oder die Dienstleistung in Anspruch nehmen?

Zu den jeweiligen Punkten werden dann die entsprechenden Argumente aufgeführt. Für mich als Anwalt heißt das: Je nachdem auf welcher Seite ich stehe, trage ich Argumente vor, die die Verwechslungsgefahr stützen oder widerlegen.

Grundsätzlich sollten Sie einen Widerspruch zügig angehen. Bei einem Verfahren in Deutschland hat der Markeninhaber wie beschrieben in der Regel keine Eile, das Verfahren zu Ende zu bringen, da er ja über eine eingetragene Marke verfügt und diese so lange wie möglich behalten möchte. In Europa ist es wichtig für den Markenanmelder, das Verfahren möglichst zügig abzuschließen, da der Widerspruch vor der endgültigen Registrierung geklärt sein muss.

Können sich die beteiligten Parteien nicht außeramtlich einigen, kann aus einem verlorenen Widerspruch schnell ein Markenverletzungsprozess werden, den ich ausführlich in einem späteren Kapitel beleuchte. In dem so bezeichneten Zivilprozess werden Unterlassungsansprüche, Schadenersatzansprüche und – als Verteidigungsstrategie des Beklagten – Löschungsklagen verhandelt. Für Kennzeichenstreitsachen sind unabhängig vom Streitwert ausschließlich die Landgerichte zuständig. Im Übrigen können Sie Schutzverletzungen aus dem Markengesetz nur geltend machen, wenn diese im geschäftlichen Verkehr erfolgt sind. Sie können sich also privat so viele „DiesDas"-T-Shirts im Adidas-Look machen, wie sie wollen. Solange Sie die nicht verkaufen, ist das als private Nutzung in Ordnung.

Ist eine der Parteien mit der Entscheidung im Widerspruch nicht zufrieden, so können noch weitere Instanzen bemüht werden. Im deutschen Widerspruchsverfahren ist eine Beschwerde möglich, die dann vor dem Bundespatentgericht verhandelt wird. Die Entscheidung des Bundespatentgerichts kann dann noch vom BGH überprüft werden. Im europäischen Widerspruchsverfahren ist eine Beschwerde vor den Beschwerdekammern des EUIPO möglich, die dann wiederum vom Europäischen Gericht erster Instanz (EuG) und dann auch noch in seltenen Fällen vom Europäischen Gerichtshof (EuGH) überprüft werden kann.

Ich möchte das Kapitel mit einem konkreten Beispiel abschließen, damit Sie einen Eindruck bekommen, wie ein Widerspruchsverfahren im realen Leben abläuft. Konkrete Korrespondenz mit dem Amt habe ich im Bonusmaterial – natürlich mit Freigabe durch die Mandantin – zur Verfügung gestellt B.

Sie können den folgenden Fall also sehr detailliert nachlesen. Die Unterlagen finden sich zudem öffentlich zugänglich in der Online-Akte des Registers beim EUIPO.

Unsere Mandantin hat eine grafisch gestaltete Unionsmarke Pets Premium u. a. für Tierfutter und verschiedenes Tierzubehör wie Hundekörbe angemeldet. Dagegen legten insgesamt drei Parteien Widerspruch ein:

Eigene Marke

Widerspruchsmarken

Kaufland Warenhandel GmbH & Co. KG

PIKOLIN, S.L.

u. a. **Wortmarke PREMIUM**

AFFINITY PETCARE, S.A.

Der Widerspruch aus der Marke „K PREMIUM“ von Kaufland wurde in der ersten Instanz zurückgewiesen, da die Widerspruchsabteilung keine hinreichende Ähnlichkeit erkennen konnte. Daraufhin ist Kaufland in die nächste Instanz – die Beschwerde – gegangen. Diese wurde sogar zurückgewiesen, da die Beschwerdekammer unserer Argumentation gefolgt war, dass das Recht an der Widerspruchsmarke nicht eindeutig nachgewiesen werden konnte. Unser Gegner legte nämlich keinen originalen Registerauszug vor, sondern nur eine Übersetzung, die wiederum noch Textstellen in englischer Sprache beinhaltete. Auf die Benutzung kam es dann gar nicht mehr an.

Der Widerspruch aus der Marke PREMIUM der Firma PIKOLIN S.L. wurde zurückgewiesen, da die Waren zu unterschiedlich waren – in diesem Fall Betten für Menschen der Widerspruchsmarke gegen Betten für Hunde und Hundekörbe der eigenen Marke. Das Amt wollte dann nicht mal mehr die Benutzungsunterlagen durchsehen und hat die Benutzung der gegnerischen Marke gar nicht mehr beurteilt.

Und der Widerspruch aus verschiedenen Marken PREMIUM der Firma AFFINITY PETCARE, S.A. wurde zurückgewiesen, da die Marken als nicht verwechselbar angesehen wurden. Schließlich sei nach Auffassung des EUIPO die Widerspruchsmarke PREMIUM eine sehr schwache Marke und dafür die Unterschiede zu groß.

Sie lernen von diesen Beispielen verschiedene Dinge:

- Sie müssen bei der Einlegung des Widerspruchs sehr sorgfältig arbeiten, da ansonsten der Widerspruch schon allein wegen Formfehlern scheitern kann. Dies kann auch große Unternehmen wie hier die Kaufland-Gruppe betreffen. Ein großes Unternehmen als Gegner zu haben, heißt deshalb noch lange nicht, dass man sofort klein beigeben muss. Sehr große Unternehmen engagieren zwar oft sehr große Kanzleien mit großen Namen. Aber auch dort arbeiten nur Menschen. Auch dort wird nur mit Wasser gekocht.
- Die sogenannte Nichtbenutzungseinrede ist eine sehr wirksame Verteidigung im Widerspruchsverfahren, sofern man wirklich akribisch jedes einzelne Dokument des Benutzungsnachweises sorgfältig auf mögliche Formfehler untersucht. Handelt es sich tatsächlich

um amtliche Dokumente? Sind die Dokumente in einer zugelassenen Sprache ausgestellt? Schauen Sie sich auch die Datierung jedes einzelnen Dokuments an. Stimmt das Datum mit der Argumentationskette überein? In dem oben geschilderten Fall scheiterte der Widerspruch beispielsweise auch daran, dass im Widerspruchsformular ein offensichtlich falsches Datum eingetragen wurde.

- Man sollte sich nicht nur auf die Standardargumentationen, wie beispielsweise die Zeichenähnlichkeit oder Ähnlichkeit der Waren und Dienstleistungen verlassen, sondern alle Register prüfen und die entsprechende Rechtsprechung dazu recherchieren – in diesem Fall die Schwäche der gegnerischen Marke PREMIUM der Firma Affinity Petcare. Eine gute Zusammenfassung der Rechtsprechung findet sich hierzu wie auch zu den anderen angesprochenen Aspekten auf der Webseite des EUIPO unter dem Stichwort Markenpraxis oder Markenrichtlinie.
- Die Prüfung von Benutzungsunterlagen ist auch für die Ämter ein erheblicher Aufwand. Oft handelt es sich um mehrere 100 oder sogar 1000 Seiten. Hin und wieder wird deshalb das Amt genauer prüfen, ob nicht einer der anderen vorgetragenen Gründe der Anmelderin der angegriffenen Marke überzeugt.

4.6 Zusammenfassung

Wenn Sie eine jüngere Marke eines Wettbewerbers entdecken, die aus Ihrer Sicht zu ähnlich ist, können Sie Widerspruch gegen diese Marke einlegen. Das Widerspruchsverfahren ist ein amtliches und vergleichsweise günstiges Verfahren, um zu ähnliche Marken wieder aus dem Register zu löschen. Die Widerspruchsfrist ist von Amt zu Amt verschieden. Beim

DPMA beträgt die Frist drei Monate ab Veröffentlichung der Eintragung – beim EUIPO beträgt sie drei Monate ab Veröffentlichung der Anmeldung. Beim DPMA ist die Marke während eines Widerspruchsverfahrens also eingetragen und kann im Zweifel durchgesetzt werden. Die Chancen, ein Widerspruchsverfahren zu gewinnen, hängen von verschiedenen Faktoren ab – die wichtigsten Faktoren sind:

- Sind die Zeichen sehr ähnlich oder sogar identisch (klanglich, schriftbildlich oder assoziativ)?
- Sind die Waren und Dienstleistungen sehr ähnlich oder sogar identisch?
- Ist die Kennzeichnungskraft der älteren Marke normal oder geschwächt oder sogar überdurchschnittlich?
- Ist die ältere Marke länger als fünf Jahre eingetragen und wird sie rechtserhaltend benutzt?

Vielleicht sehen Sie auch eine Chance, sich mit Ihrem Gegner außerhalb der Gerichte mit einer sogenannten Koexistenz- oder Abgrenzungsvereinbarung zu einigen. So könnten Sie sich die Zeit und das Geld für das Widerspruchsverfahren sparen.

4.7 FAQ

Wie teuer ist ein Widerspruchsverfahren?

Für jede Seite werden die Kosten je nach Aufwand und Kanzlei normalerweise zwischen 1500 und 3000 Euro in der ersten Instanz liegen. Eine Erstattung vom Verlierer an den Gewinner ist zumindest im deutschen Verfahren eher nicht üblich und im europäischen Verfahren marginal.

Wie lange dauert ein Widerspruchsverfahren?

Beim EUIPO dauert die erste Instanz in der Regel 12 bis 18 Monate. Das deutsche Verfahren wurde erst kürzlich reformiert, sodass noch keine Erfahrungswerte vorliegen. Die ersten Erfahrungen zeigen allerdings, dass sich das deutsche Verfahren nicht wesentlich verkürzt und leicht zwei bis drei Jahre in der ersten Instanz dauern kann. Es gibt in beiden Fällen wenigstens zwei weitere Instanzen, die noch jeweils angerufen werden könnten.

Bis wann kann Widerspruch eingelegt werden?

Gegen deutsche Marken kann bis drei Monate nach Veröffentlichung der Eintragung und gegen Unionsmarkenanmeldungen bis drei Monate nach Veröffentlichung der Anmeldung Widerspruch erhoben werden.

Warum Widerspruch, wenn ich auch vor Gericht klagen kann?

Ein Widerspruchsverfahren ist in der Regel günstiger als ein Gerichtsverfahren. Schneller ist ein Widerspruchsverfahren allerdings in der Regel nicht - eher umgekehrt. Da es zumindest in Deutschland üblich ist, dass der Verlierer die Prozesskosten des Gewinners ganz oder zum Teil tragen muss, kann es durchaus auch sinnvoll sein, die jüngere verwechselbare Marke mit einer Löschungsklage anzugreifen, wenn man sich sehr sicher ist und der Gegner liquide genug ist - damit man nicht auf seinen Kosten sitzen bleibt.

Wie sind meine Chancen?

Diese Frage kann man leider nicht kurz und knapp beantworten, auch wenn sie sehr oft gestellt wird. In diesem Kapitel habe ich jedoch die wichtigsten Kriterien zusammengetragen, sodass man ein gesundes Bauchgefühl entwickeln kann.

5 ANGRIFF UND VERTEIDIGUNG

Felix Feuerbusch will das Wochenblatt mit den ganzen Werbeanzeigen gerade in den Papiermüll überführen, als ihm eine Anzeige für die neue Knoblauchpresse GARLIAN seines Wettbewerbers Garlisan ins Auge springt. Der Streit um den neuen Produktnamen GARLION hat er noch gut in Erinnerung. Jetzt will der Kollege Heinrich Hinterlist, der bei der Garlisan GmbH die Marken betreut, offenbar mal härter am Wind segeln und die Grenzen austesten. Das Amt hatte ja im Widerspruchsverfahren die Zeichen GARLISAN und GARLION gerade noch als unterschiedlich genug beurteilt. Aber der neue Produktname des Wettbewerbers geht ihm doch ein wenig zu weit. Er berät sich erst einmal mit der Geschäftsführerin Aurora Aioli und seinem Kollegen Heiko Heißsporn, der ja die Marketingabteilung leitet.

Wer erfolgreich eine Marke eingetragen bekommt, genießt das Monopolrecht, anderen verbieten zu können, das geschützte Zeichen für die geschützten Waren oder Dienstleistungen in identischer oder sehr ähnlicher Form zu benutzen. Das bedeutet, dass er aus diesem Recht heraus anderen Unternehmern die Nutzung verbieten darf. Er darf anderen aber nicht nur die Benutzung der eigenen Marke verbieten, sondern kann ihnen auch untersagen, ein zu ähnliches Zeichen für die gleichen oder für zu ähnliche Waren und Dienstleistungen zu nutzen. Manchmal muss man um dieses Recht streiten. Und genau darum geht es in diesem Kapitel.

In diesem Kapitel klären wir, welche Instrumente zur Verfügung stehen, wenn eine bestehende Marke durchgesetzt, angegriffen oder verteidigt werden soll. Der entscheidende Unterschied zum vorherigen Kapitel ist, dass sich hier normalerweise Marken nach Ablauf der Widerspruchsfrist gegenüberstehen und somit die Möglichkeiten, die wir im vorherigen Kapitel kennengelernt haben, um einen Streit beizulegen, nicht mehr zur Verfügung stehen.

Wenn ich als Markeninhaber der Meinung bin, dass es auf dem Markt eine andere Marke gibt, die meiner zu ähnlich ist, stehen mir auch bei abgeschlossener Registrierung der gegnerischen Marke eine Reihe von Möglichkeiten zur Verfügung, um die Benutzung der Marke oder die Marke selbst anzugreifen oder sogar löschen zu lassen. In der Praxis sollte man über die Nutzung großer Geschütze erst einmal nachdenken. Oft ist es sinnvoller, zunächst klein anzufangen. Denn eine Eskalation zieht oft eine Gegeneskalation in ähnlicher oder höherer Größenordnung nach sich. Beispielsweise könnte der Gegner dann auch meine Marke angreifen wollen. Und an der Spirale der Eskalation verdienen zwei Parteien besonders gut: die jeweiligen Anwälte.

5.1 Berechtigungsanfrage – die höfliche Schwester der Abmahnung?

Felix Feuerbusch denkt mit seinen Kollegen über die richtige Strategie nach. Ganz offensichtlich war diese Provokation der Wettbewerberin Garlisan kein Zufall. Blauäugigkeit war also nicht im Spiel. Das war Absicht, damit die Grenzen klar definiert werden. Hier hilft ein freundliches Schreiben vermutlich nicht. Die Gegenseite ist sich im Klaren darüber, dass hier möglicherweise die Gerichte entscheiden sollen, wo die Grenze verläuft.

Sie könnten sich zunächst mit einer Berechtigungsanfrage an den Gegner wenden. Die Berechtigungsanfrage ist ein Schreiben, in dem Sie höflich, aber bestimmt anfragen, warum der Gegner sich berechtigt fühlt „in die Marke einzugreifen", also Ihre Marke zu verletzen. Gleichzeitig weisen Sie dieses Schutzrecht detailliert nach und zeigen auf, wo und warum Sie eine Verletzung Ihrer Rechte sehen. Dazu wird das Schreiben mit einer Frist von ein bis zwei Wochen versehen. Sie kündigen in der Berechtigungsanfrage weder gerichtliche Schritte an noch machen Sie an dieser Stelle Ansprüche geltend. Es wird auch keine vorbereitete Unterlassungserklärung angehängt. Die Berechtigungsanfrage ist also zunächst ein sehr schonender Hinweis auf einen Verstoß gegen Ihre Markenrechte. Sie bietet sich deshalb immer dort an, wo man vielleicht nicht gleich mit Kanonen auf Spatzen schießen muss oder möchte, weil man sicher annehmen kann, dass der Gegner – vielleicht aus einer gewissen Blauäugigkeit – keine Kenntnis vom bestehenden Schutzrecht hatte, oder weil man ein junges, unerfahrenes Unternehmen nicht gleich torpedieren möchte. Mit einer Berechtigungsanfrage kommen Sie auf jeden Fall entspannter in den Dialog mit der anderen Seite als mit einer Abmahnung. Nach meiner Erfahrung unterlässt der Gegner in mehr als der Hälfte der Fälle freiwillig die Verletzungshandlung, beispielsweise die unerlaubte Benutzung Ihres Markenlogos auf einer Webpage oder ähnliches.

Die Berechtigungsanfrage ist außerdem viel günstiger als eine Abmahnung. Das schlanke Schreiben setzt ein Anwalt je nach Komplexität des Falles für 200 bis 500 Euro auf. Ernst genommen wird es beim Gegner – wie jedes Schreiben vom Anwalt – in den allermeisten Fällen dennoch.

Eine Abmahnung formulieren zu lassen, kann Sie dagegen nach Rechtsanwaltsvergütungsgesetz je nach Gegenstandswert leicht 2000 bis 3000 Euro kosten. Dieses Geld würde im Falle einer erfolgreichen

Abmahnung zwar vom Gegner erstattet werden müssen. Wenn Sie aber den Eindruck haben, dass Sie dieses Geld sowieso nicht erhalten würden, weil allein dieser Betrag dem Gegner das Genick brechen könnte, oder weil das Geld im Einigungsprozess zur Verhandlungsmasse wird, sollten Sie sich vielleicht schon deshalb für die Berechtigungsanfrage entscheiden.

Der hier beschriebene „sanfte Weg“ empfiehlt sich auch dann, wenn Sie sich selbst Ihrer Position nicht hundertprozentig sicher sind und Sie eine weitere Eskalation vermeiden möchten.

Alle weiteren Instrumente stehen im Anschluss natürlich immer noch offen. Achtung: Wenn Sie oder Ihr Anwalt die Berechtigungsanfrage eben doch mit der Ankündigung abschließen, dass Sie sich gerichtliche Schritte vorbehalten, verwandelt sich Ihre Berechtigungsanfrage *de facto* in eine Abmahnung. Da Sie aber zu diesem Zeitpunkt bewusst noch *nicht* abmahnen wollen, sollten diese Formulierungen auf keinen Fall verwendet werden.

5.2 Abmahnung

Felix Feuerbusch hat die Abmahnung nach den Beratungen als Mittel der Wahl auserkoren. In der Abmahnung achtet er natürlich auf die Basics, dass er den Gegner und sich selbst korrekt bezeichnet, seine Marke genau nachweist und auch nur die Unterlassung der angebotenen Knoblauchpresse unter GARLIAN verlangt. Die Verwechslungsgefahr begründet er damit, dass der Unterschied in nur einem Vokal bei identischen Waren zu gering sei. Wie erwartet, meldet sich aber die Garlisan GmbH auf die Abmahnung nicht, sodass er gerichtliche Hilfe in Anspruch nehmen muss.

Die Abmahnung ist die nächste Eskalationsstufe. Sie sollten eine Abmahnung unbedingt versenden, bevor Sie zum Mittel der Klage (s. Kapitel 5.3) greifen. Das hat den Hintergrund, dass sich der Gegner auf eine Klage ohne vorherige Abmahnung mit dem Argument des sogenannten Klageüberfalls wehren könnte. Seine Argumentation wäre dann, dass er – wenn er denn von der Schutzrechtsverletzung Kenntnis gehabt hätte – diese selbstverständlich sofort unterlassen hätte. Wenn das Gericht dieser Argumentation folgt, hat man zwar in der Sache sein Recht bekommen, muss aber die Kosten des Gerichtsverfahrens tragen B.

Die Abmahnung ist immer dann geboten, wenn Sie den Eindruck haben, dass die Verletzung Ihres Markenrechts böswillig geschieht (die Gegenseite Ihre Marke also kennt und trotzdem benutzt) oder sehr viel Geld im Spiel ist. Unter diesen Umständen kämen Sie mit einem freundlichen Brief vermutlich nicht sehr weit und könnten Ihre berechtigten Interessen nicht durchsetzen.

Wesentliche Unterschiede zur Berechtigungsanfrage sind, dass Sie in einer Abmahnung Ihre Anspruchsgrundlagen detaillierter beschreiben müssen. Zentraler Bestandteil ist zudem eine Aufforderung zur Unterlassung des beanstandeten Verhaltens, verbunden mit einer Fristsetzung. Der Abmahnung fügen Sie dann auch eine vorbereitete strafbewehrte Unterlassungserklärung bei. Das heißt, dass der Gegner erklären soll, dass er sofort aufhört, die Marke zu benutzen, und dass im Falle einer Zuwiderhandlung eine bestimmte Vertragsstrafe fällig wird. Als Abmahnender muss man dabei nicht alle Verletzungen einzeln aufzählen. Der Begriff „Benutzung“ schließt nämlich sowohl Herstellung, Angebot, Lieferung, Verkauf etc. als auch die Nutzung der Marke auf allen möglichen Kommunikationskanälen zur Bewerbung der geschützten Waren oder Dienstleistungen ein. Ich persönlich setze die Vertragsstrafe in der Unterlassungserklärung immer bei knapp über 5000 Euro fest, also beispielsweise auf 5100 Euro. Das hat den einfachen Grund, dass alle Streitigkeiten bis 5000 Euro beim Amtsgericht landen können. Und dann kann es passieren, dass der komplizierte Markenrechtsstreit bei einem Amtsrichter landet, der normalerweise Nachbarschaftsstreitigkeiten zu regeln hat, und deshalb vielleicht keine tiefergehende Ahnung von diesem Rechtsgebiet hat. Damit ist keiner Partei gedient! Alles, was über 5000 Euro hinausgeht, landet bei einer auf Markenrecht spezialisierten Kammer vor dem Landgericht. Aber auch zwischen den Landgerichten gibt es qualitative Unterschiede, wie Sie noch sehen werden. Bei der Formulierung der Unterlassungserklärung müssen Sie in jedem Fall darauf achten, dass Sie vom Gegner nur das zu unterlassen fordern, was er auch tatsächlich unterlassen kann. Wenn Sie Ihre Marke beispielsweise für Schmuck und Taschen geschützt haben, der Abgemahnte allerdings die Marke nur für Schmuck benutzt hat, dann können Sie ihn auch nur zur Unterlassung der Benutzung der Marke für Schmuck auffordern – nicht jedoch für Taschen.

Die Frist kann man mit zwei oder drei Tagen aggressiv sehr kurz setzen. Eine noch kürzere Frist ist beispielsweise geboten, wenn Sie auf einer Messe einen „Verletzer“ entdecken. Eine Messe ist schließlich in den allermeisten Fällen nach drei Tagen wieder vorbei. Auch mit einer sehr kurzen Frist sichern Sie sich übrigens gegen den schon erwähnten Klageüberfall ab.

In der täglichen Praxis haben sich aus meiner Sicht jedoch vergleichsweise lange Fristen von zwei Wochen bewährt. Eine längere Frist erleichtert es, mit der gegnerischen Seite in den Dialog zu treten und so eine gemeinsame Lösung zu finden. Es ist auch ein Zeichen von Seriosität, dem Gegner eine angemessene Reaktionszeit zu lassen. Unverhältnismäßig kurze Fristen weisen im Gegensatz dazu oftmals auf sogenannte Abmahnkanzleien hin. Damit sind Kanzleien gemeint, deren Geschäftsmodell darin besteht, ihre Fälle möglichst schnell eskalieren zu lassen und vor Gericht zu bringen, oder eine möglichst große Anzahl von Abmahnungen in sehr ähnlich gelagerten Fällen in kurzer Zeit zu versenden und zu bearbeiten. Dies darf aber nie das eigentliche Interesse des Anwalts sein. In einem Markenrechtsstreit ist das oberste Ziel, dass die Markenverletzung unterlassen wird. Alle Maßnahmen werden nur aus diesem Grund ergriffen. Ein Markenrechtsstreit sollte keinesfalls Gelegenheit für die jeweilige Kanzlei sein, so viel Geld wie möglich herauszuschlagen. Daher kann es durchaus Sinn machen, vielleicht erst einmal mit einem niedrigeren Streitwert in die Auseinandersetzung zu gehen und der Gegenseite zu bedeuten, dass man den Streitwert dann in der Klage sicher auf ein höheres Maß anpassen würde. Manchmal hilft schon allein das bei der Überzeugung des Gegners.

Ein weiterer Punkt, der in der Abmahnung nicht fehlen darf, ist die Aufforderung zur Erteilung von Auskunft über alle Umstände, die es Ihnen ermöglichen, Ihren Schadenersatz festzulegen. Auskunft bedeutet im Markenrecht, dass Sie als Abmahnender genaue Auskunft darüber verlangen können, welche Umsätze seit Eintragung der eigenen Marke durch den Abgemahnten mit seiner Marke erzielt wurden, aufgegliedert nach Monaten. Der Abgemahnte muss Rechnungen an gewerbliche Abnehmer vorlegen und er muss seine Lieferanten oder den Hersteller benennen – was sehr wichtig ist, wenn es um Markenfälschungen geht. Denn in dem Fall würde es auch darum gehen, die Distributionskette zu unterbrechen. Im Regelfall wird sehr umfangreich Auskunft verlangt und der Gegner liefert genauso regelmäßig eher zögerlich bzw. nicht ausreichend, um Ihren Informationsbedarf zu decken. Dem Abmahnenden steht zwar der Weg offen, die gewünschte Auskunft gerichtlich durchzusetzen. Dies ist aber mühsam. Dieser auf den ersten Blick widersprüchliche

Umstand liegt darin begründet, dass bei einem Markenstreit ein sogenannter Gegenstandswert festgelegt wird, der sich aus verschiedenen Ansprüchen zusammensetzt. Der spezifische Anspruch, der sich aus der Auskunft ergibt, macht allerdings am Ende nur einen kleinen Teil des Gegenstandswerts aus. Ein üblicher Gegenstandswert bei einer ganz normalen Markenabmahnung ist beispielsweise 100.000 Euro. Im GARLIAN/GARLION-Fall wären es also 100.000 Euro. Wenn es um Coca-Cola ginge, wären vielleicht sogar 500.000 Euro möglich. Bei 100.000 Euro Gegenstandswert entfallen vielleicht nur vergleichsweise geringe 20.000 Euro auf die Auskunft. Den großen Rest machen z. B. Schadenersatzansprüche, Kostenerstattungsansprüche oder der im Sinne des Markenschutzes wichtigste Anspruch, der Unterlassungsanspruch, aus. Den Schadenersatz können Sie übrigens auf verschiedene Weisen festlegen. Sie können versuchen, ihn zum einen aus dem erwirtschafteten Gewinn des Gegners zu errechnen oder – falls der Gegner sich arm rechnet – als eine angemessene Lizenz auf Basis des Umsatzes festsetzen. Wichtig ist zu wissen, dass der Gegenstandswert in der Praxis eher eine fiktive Größe ist, die schlussendlich erst im Streitfall von den Gerichten festgelegt wird. Bis zur gerichtlichen Festlegung kann ich in der Abmahnung jeden Gegenstandwert wählen, den ich für zielführend halte. Als Abgemahnter sollten Sie deshalb auch nicht den Kopf verlieren, wenn in der Abmahnung extrem hohe Summen als Gegenstandswert genannt werden.

Auskunft wird oft zur Verhandlungsmasse, und viel wichtiger ist, dass die Markenverletzung unterlassen wird. Hierauf sollte in nahezu allen Fällen Ihr Hauptaugenmerk liegen. Ausdrücklich ausgenommen ist von dieser Feststellung eine Abmahnung wegen Markenpiraterie, wenn also jemand gefälschte Markenware in Umlauf bringt. Diesen spannenden Fall schauen wir uns in einem späteren Abschnitt genauer an.

Die Konzentration auf das Unterlassen der Markenverletzung bedeutet gleichzeitig, dass etwaige Schadenersatzansprüche, die mithilfe der Auskunft berechnet werden, zweitrangig behandelt werden könnten. Was Sie aber in jedem Fall verlangen sollten, ist die Übernahme Ihrer Kosten, die durch die Beauftragung eines Anwalts entstehen. Oftmals vereinbart man dann über die beiden Punkte „Unterlassen“ und „Kostenübernahme“ hinaus noch einen pauschalen Schadenersatz und verzichtet dafür im Gegenzug auf eine detaillierte Auskunft. Dies hat für Sie als Abmahnender den Vorteil, dass Sie nicht vor Gericht ziehen müssen. Den Gegner bringen Sie mit dem Entgegenkommen dazu, ihre wichtigsten Forderungen zu akzeptieren.

Sie sollten auch aus einem anderen Grund genau hinschauen, wer Ihr Gegner ist. Machen Sie einen Testkauf und dokumentieren Sie diesen gut. Wer taucht auf der Rechnung auf? Wer taucht als Versender der Lieferung auf? Wer steht im Impressum? Sind das übereinstimmende Parteien? Stehen diese auch genauso im Handelsregister? Diese Fragen sind sehr wichtig, da sie sonst riskieren, den falschen Gegner abzumahnen.

Ich habe Ihnen ein Beispiel einer Abmahnung im digitalen Zusatzmaterial bereitgestellt. Es ist klar, dass jeder Fall individuell ist, und Sie diese Vorlage nicht ungeprüft einsetzen sollten B.

Die Abmahnung sollte immer dazu dienen, eine Klage zu verhindern. Wie das in der Praxis funktionieren kann, habe ich in einem sehr speziellen Fall erlebt, in dem wir bereits vor einem Widerspruchsverfahren mit der anderen Partei in den Dialog traten und eine Abgrenzungsvereinbarung treffen wollten. Der Gegner hat auf das Angebot aber einfach nicht reagiert und so haben wir dann doch Widerspruch eingelegt. Das Amt hat schlussendlich wie erwartet unserem Widerspruch stattgegeben und wir sind daraufhin wieder auf den Gegner, ein Unternehmen aus

Bulgarien, zugegangen und haben nochmals eine Einigung im Sinne einer Abgrenzungsvereinbarung angeboten. Dieses Mal wurde zwar reagiert. Der Gegner war aber mit einer Abgrenzungsvereinbarung trotz des verlorenen Widerspruchs nicht einverstanden und hat die Marke unserer Mandantin einfach weiterhin benutzt. Daraufhin haben wir abgemahnt und endlich kam Bewegung in die Sache. Die vom Gegner beauftragten deutschen Anwälte waren nämlich völlig perplex, wieso es denn nicht vorher zu einer Einigung gekommen war. Schließlich waren meine Mandanten im Bereich der Energiespeicher und die Gegenseite im Bereich der Beleuchtung tätig. Am Ende hat man sich auf diese Weise doch noch außergerichtlich einigen können. Eine solche Reaktion ist zwar nicht die Regel. Der Fall zeigt allerdings, dass manchmal erst die Abmahnung der Zündfunke ist, der einen Dialog, der vorher nicht möglich war, in Gang bringt.

Wenn Sie selbst abgemahnt werden

Wenn Sie selbst mit einer Abmahnung konfrontiert sind, sind zwei Dinge wichtig. Erstens: Ruhe bewahren. Und zweitens: auf jeden Fall spätestens jetzt einen in Markensachen erfahrenen Anwalt oder, wenn vorhanden, einen erfahrenen Mitarbeiter aus der Markenabteilung hinzuziehen. Nur ein Profi kann im Zweifel richtig beurteilen, ob eine Markenverletzung vorliegt. Sie selbst kennen aus den vorangegangenen Kapiteln dieses Buches zumindest in der Theorie die entsprechenden Kriterien, und diese Kenntnisse werden Ihnen helfen, die von Ihrem Rechtsvertreter vorgeschlagene Strategie bewerten zu können. Aber in der Praxis – so ist zumindest meine Erfahrung – kann nur eine fachkundige Person beurteilen, ob in einem speziellen Fall eventuell die Waren und Dienstleistungen tatsächlich zu ähnlich sind, ob eine Zeichenähnlichkeit vorliegt, welche

Kennzeichnungskraft die andere Marke hat, und welcher Schutz sich daraus ergibt B.

Wenn Sie die Sache einem Fachmann übergeben, heißt das noch nicht, dass der Fall auch vor Gericht eskalieren muss. Im Gegenteil: Ihr Berater sollte alles daransetzen, genau das zu verhindern. Er sollte immer versuchen, das ökonomisch Sinnvollste für Sie herauszuholen. Jeder Berater sollte sich deshalb zunächst das Schriftstück selbst genau ansehen und bewerten, ob die Abmahnung überhaupt wirksam ist, und, ob tatsächlich eine Markenverletzung vorliegt. Diese Bewertung sollte Grundlage Ihres weiteren gemeinsamen Vorgehens sein. Denn in der Praxis gibt es eine Reihe von Gründen, warum eine Abmahnung unwirksam sein könnte. Beispiele:

- Die Marke wird von Ihnen gar nicht markenmäßig benutzt. Die Marke wird beschreibend benutzt (Beispiel: „... geeignet für Samsung Galaxy S24").
- Der Abmahnende ist gar nicht Inhaber der Marke oder/und hat seine Berechtigung nicht nachgewiesen. In dem Fall spricht man von fehlender Aktivlegitimation.
- Die abgemahnte Person oder Firma ist nicht richtig oder mit falscher Anschrift bezeichnet. In diesem Fall fehlt die Passivlegitimation.
- Es wird nicht die Unterlassung der konkreten Handlung verlangt, sondern z. B. einfach nur das Waren- und Dienstleistungsverzeichnis der Marke in die Unterlassungserklärung kopiert. Dieses Vorgehen nennt man einen ungerechtfertigt breiten Anspruch. Schließlich haben Sie z. B. nur Beleuchtung angeboten und haben Energiespeicher gar nicht im Programm, auch wenn diese von der Marke beansprucht werden.
- Die Marke, aus der heraus abgemahnt wird, ist länger als fünf Jahre eingetragen und wurde in den letzten fünf Jahren für die geltend

> gemachten Waren und Dienstleistungen gar nicht benutzt. In der Regel heißt Benutzung, dass mit der Marke Umsatz für die bestimmten Waren und Dienstleistungen nachgewiesen werden muss. Nicht benutzt ist eine Marke in der Regel, wenn unter der Marke kein Umsatz in Gewinnerzielungsabsicht nachgewiesen werden kann.

Auch wenn die Einschätzung lautet, dass eine Markenrechtsverletzung vorliegt, sollte dennoch immer der Grundsatz gelten: nicht eskalieren. Als erstes sollte man stattdessen immer versuchen, mit der Gegenseite in den Dialog zu kommen. Und diesen Wunsch sollten Sie gegenüber Ihrem Berater auch deutlich äußern, wenn dieser eine andere Strategie vorschlägt!

Wenn man im Dialog mit der Gegenseite ankündigt zu unterlassen, kann man eventuell sogenannte Umstellungsfristen und andere Bedingungen zu Ihrem Vorteil vereinbaren. Denn diese Fristen bedeuten, dass Sie beispielsweise eine bestimmte Zeit zugestanden bekommen, um die Dinge zu bereinigen. Sie können so beispielsweise erreichen, dass Sie eventuell vorhandene Bestandsware innerhalb einer bestimmten Frist noch abverkaufen dürfen. Oder Sie können einer Unterlassung unter der Bedingung zustimmen, dass Sie keine Auskunft erteilen und keinen Schadenersatz zahlen müssen. Oder Sie können fordern, dass jede Partei die eigenen Kosten übernimmt.

In einem Fall aus meiner Praxis wurde ein Buchtitel bemängelt. Es handelte sich um ein Kochbuch, das sich auf den bekannten Thermomix von Vorwerk bezog. Der Hersteller wollte das Potenzial von Kochbüchern als gute PR-Maßnahme für sein Produkt verständlicherweise auch selbst nutzen und eigene Bücher herausbringen. Mein Mandant, ein Verlag, hätte also die gesamte noch nicht verkaufte Auflage seiner Kochbücher vom Markt nehmen müssen. Dies wurde jedenfalls so in der Abmahnung verlangt. Im Dialog konnte der Gegner aber dazu bewogen werden, dem Verlag eine Umstellungsfrist bis zur zweiten Auflage zu gewähren. Nötig war dazu das Signal, dass die bemängelte Markenverletzung selbstverständlich unterlassen werde, verbunden mit der Bitte, die aktuelle Auflage noch verkaufen zu dürfen. Der Dialog bot gleichzeitig die Möglichkeit, mit dem Hersteller abzuklären, wie die zweite Auflage ganz konkret und „wasserdicht" gestaltet werden konnte. Mitte 2019 wurde in einem sehr ähnlich gelagerten Fall gerichtlich entschieden, dass der Hersteller des Thermomix die Änderung des Titels gar nicht hätte verlangen dürfen. Allerdings wollte mein Mandant das Kostenrisiko von 20.000 bis 30.000 Euro in der ersten Instanz einer Markenverletzungsklage zum Zeitpunkt seiner Abmahnung nicht auf sich nehmen.

Der Fall zeigt, dass es dem Abmahnenden in den allermeisten Fällen vor allem um das Unterlassen geht. Auch wenn in dem geschilderten Fall zumindest von meinem Mandanten auch die Kosten des gegnerischen Anwalts erstattet und Auskunft erteilt werden musste, sollte das Unterlassen zunächst Ihr erstes Angebot sein – der große Rest ist Verhandlungssache. Das Beispiel zeigt darüber hinaus, wie wichtig es ist, die Motive des Gegners zu kennen. Jeder Abgemahnte muss sich die Frage stellen: Was will der Gegner erreichen? Denn vom Ziel des Gegners hängt ab, wie man auf die Abmahnung reagieren sollte. In der Praxis verschiebt sich die Rolle eines Anwalts manchmal ein wenig in Richtung eines Mediators.

Es lohnt sich übrigens auch genau hinzuschauen, wer einem da die Abmahnung geschickt hat. Wenn es sich um die interne Rechtsabteilung handelt, ist die Sache noch nicht so weit fortgeschritten, dass sie an externe Markenanwälte übergeben wurde. Die Chancen für einen Dialog sind dann noch relativ groß, denn jedes Unternehmen hat ein Interesse daran, seine Kosten so niedrig wie möglich zu halten.

Wenn Sie als Abgemahnter jedoch zu der Überzeugung gekommen sind, dass die Abmahnung ungerechtfertigt ist, wenn beispielsweise Zeichen und Waren wenig Ähnlichkeit haben, und Sie sich durchaus Chancen ausrechnen, auch vor Gericht Recht zu behalten, können Sie sich dagegen wehren. Sie könnten sogar den Abmahnenden wegen ungerechtfertigter Abmahnung wiederum selbst abmahnen. Der Gegner soll dann unterlassen, ungerechtfertigte Abmahnungen wegen Markenrechtsverletzung gegen Sie auszusprechen. Man könnte den Abmahner im Anschluss deswegen selbst verklagen. Das eher selten verfolgte Ziel ist in dieser Konstellation eine sogenannte negative Feststellungsklage: Man bittet ein Gericht festzustellen, dass der Tatbestand der Markenverletzung *nicht* gegeben ist. Dieser Schritt kann beispielsweise sinnvoll sein, wenn man eine wirklich abstruse Abmahnung auf den Tisch bekommen hat, z. B. eine Abmahnung aus einer Marke ERIMBA für Hundefutter gegen die eigene Marke MARIMBA, unter der man bekanntlich ein Tanzstudio betreibt. Man könnte die Sache dann entweder ignorieren oder aber zunächst eine Gegenabmahnung aussprechen, mit dem Inhalt, dass die Gegenseite doch bitte unterlassen soll, eine ungerechtfertigte Abmahnung zu verschicken. Wenn sich die Gegenseite der Gegenabmahnung nicht unterwirft, kann die negative Feststellungsklage eingereicht werden. Ich musste allerdings in meiner ganzen beruflichen Praxis bisher keinen Gebrauch davon machen. In den seltenen Fällen, die dafür überhaupt infrage kamen, hat jeweils die Drohung bzw. Gegenabmahnung ausgereicht.

Jede Eskalation beinhaltet immer das Risiko, dass die gegnerische Partei eine einstweilige Verfügung beantragt, klagt, und das Verfahren dann notfalls durch alle Instanzen bringt.

Bevor man also die Entscheidung über die eine oder andere Reaktion trifft, ob man sich wehrt oder „streckt“, muss man einen sehr realistischen

Kassensturz machen und schauen, ob man selbst die entsprechenden finanziellen Mittel zur Verfügung hat, um so einen Streit durchzustehen. Zwar bekäme man bei gutem Ausgang diese Kosten erstattet. Zunächst müssen die finanziellen Mittel jedoch ausgelegt werden. Wenn man dieses Geld nicht hat, sollte man sich wohl oder übel - auch wenn man sich komplett im Recht sieht - auf die beschriebenen deeskalierenden Maßnahmen beschränken. Nur im Ausnahmefall hat der BGH erlaubt, dass ein Anwalt auch gegen Erfolgshonorar arbeiten darf, wenn sich der Mandant sonst den Prozess nicht hätte leisten können. Dazu muss man allerdings vor Gericht die eigenen Vermögensverhältnisse ausbreiten.

Ist das entsprechende Budget vorhanden, und ist man bereit, sich zu wehren, kann man als ersten Verteidigungsschritt zunächst einmal um Fristverlängerung bitten, wenn dies für den Dialog wichtig ist. Man kann die Frist sogar mehrfach verlängern, um die Gefahr einer drohenden einstweiligen Verfügung zu bannen. Kommt man dann aber nicht zu einer Lösung, wird der Abmahnende wahrscheinlich gerichtliche Hilfe in Anspruch nehmen.

5.3 Klage und einstweilige Verfügung – jetzt geht es vor Gericht

Felix Feuerbusch hält drei Wochen nach Kenntnis der Werbeanzeige Rücksprache mit dem Anwalt seines Vertrauens in Markensachen und stellt erst einmal bei Gericht einen Antrag auf einstweilige Verfügung gegen die Garlisan GmbH. Das Gericht gibt dem Antrag statt. Offenbar hatte die Gegenseite keine Schutzschrift eingereicht. Die Garlisan GmbH muss nach der erfolgreichen Zustellung des Beschlusses erst einmal sofort den Verkauf der Knoblauchpressen unter dem Namen GARLIAN einstellen. Im Hauptsacheverfahren entscheidet das Landgericht dann nach etwa einem Jahr in der mündlichen Verhandlung, dass die Marken angesichts der sehr ähnlichen Zeichen GARLIAN und GARLION bei identischen Waren verwechselbar seien. Die Garlisan GmbH muss nun der Firma AjoCrush GmbH umfangreich Auskunft erteilen, den Gewinn herausgeben, die verletzenden Waren aus den Vertriebskanälen zurückrufen, diese vernichten und die Kosten der AjoCrush ersetzen. In die zweite Instanz geht die Garlisan GmbH in diesem Fall nicht.

Wenn die Berechtigungsanfrage und die Abmahnung nicht geholfen haben, können Sie im nächsten Schritt Klage einreichen oder eine einstweilige Verfügung beantragen. Beide Schritte haben gemeinsam, dass sie für Rechtschutz sorgen, dass also eine Sache vom Gericht entschieden wird. Die einstweilige Verfügung bietet diesen Schutz zwar nur unter Vorbehalt, dafür werden wir im weiteren Verlauf sehen, dass sie andere Vorteile bietet B.

Bei einer einstweiligen Verfügung trifft ein Gericht die Entscheidung, dass der Gegner sofort unterlassen muss. Das Gericht prüft dabei zwar Argumente, ob es sich wirklich um eine Markenverletzung handelt, zieht aber als Grundlage für seine Entscheidung oft nur diejenigen Argumente zurate, die der Antragsteller liefert. In der Praxis erleben wir aktuell eine Änderung der Rechtsprechung. Immer häufiger entscheiden die Gerichte nämlich nicht mehr ohne eine kurzfristig anberaumte mündliche Verhandlung. Diese Anhörung kann man als potenzieller Gegner sogar provozieren, indem man vorsorglich die entsprechenden eigenen Gegenargumente in einer sogenannten Schutzschrift beim zentralen Schutzschriftenregister,[13] auf das alle Gerichte Zugriff haben, hinterlegt. Eine Schutzschrift ist also ein vorbeugender Verteidigungsschriftsatz. Dieser Schriftsatz kann auch noch nach einer Abmahnung eingereicht werden, sollte aber innerhalb der vom Gegner genannten Reaktionsfrist eingehen. Mit einer Einreichung verbunden sind vor allem die Kosten für den Aufwand eines Anwalts (wenn Sie sich entschlossen haben, einen zu beauftragen). Man sollte im Hinterkopf haben, dass die Schutzschrift nach sechs Monaten erlischt B.

Wenn einer einstweiligen Verfügung gegen Sie stattgegeben wurde, müssen Sie sofort unterlassen, weil für jede Zuwiderhandlung eine Strafe fällig wird. Die Sache kann dann für Sie schnell sehr teuer werden. Der Gegner kann eine einstweilige Verfügung aber, je nach Gericht, nur innerhalb der ersten vier bis acht Wochen nach Kenntnisnahme der Markenverletzung beantragen. Danach fehlt die sogenannte Eilbedürftigkeit oder Dringlichkeit. Wenn Sie als Abgemahnter es schaffen, die ersten vier bis acht Wochen beispielsweise durch Fristverlängerung zu überstehen, ist diese Gefahr zumindest gebannt. Das liegt daran, dass die Gerichte nach Ablauf dieser Zeit keine Eilbedürftigkeit mehr annehmen. Die Argumentation dahinter ist, dass bis hierhin bereits alles so lang gedauert hat, dass es nicht so dringend ist, als dass es nicht auf dem Weg der Klage geklärt werden kann.

Eine Klage kann bis zum Bundesgerichtshof (BGH) durch drei Instanzen durchgefochten werden. Danach hat man dann die gewünschte Klarheit, allerdings im Falle einer Niederlage nicht das Ergebnis, das man wollte. Eine Klage kann man übrigens immer einreichen – ob man noch in der Dringlichkeitsfrist ist oder nicht.

Mit einer einstweiligen Verfügung oder Klage müssen Sie jedenfalls rechnen, wenn Sie im Falle einer eigenen Markenverletzung nicht auf die vorangegangenen Angebote des Gegners reagiert haben. Und dann kann es nicht nur teuer werden, sondern die Sache kann sich – wenn es um eine Klage geht – auch in die Länge ziehen. Denn während es in der Regel nur wenige Tage dauert, um eine einstweilige Verfügung in den Händen zu halten – Stichwort Dringlichkeit z. B. auf Messen –, kann man mit einem erstinstanzlichen Urteil im Gerichtsverfahren in der Regel erst nach etwa einem Jahr rechnen. Es kann aber auch mal ein paar Monate schneller oder langsamer gehen.

Nils Weber, der als Markenanwalt für eine Kölner Kanzlei tätig ist, und der als ehemaliger Richter die Materie aus beiden Blickwinkeln kennt, nannte mir in einem Interview als Hauptgrund für die große Varianz von bis zu sechs Monaten übrigens nicht nur die unterschiedliche Komplexität der jeweils verhandelten Fälle, sondern er sagte ausdrücklich, dass es in Deutschland schnelle Gerichte und weniger schnelle Gerichte gäbe. Wenn Sie an ein schnelles Gericht geraten, können Sie ein Urteil tatsächlich bereits nach sechs Monaten bekommen. Erwarten sollten Sie es nicht B.

Dafür haben Sie in Deutschland sehr gute Chancen auf eine spezialisierte Kammer. Denn nicht jedes Gericht darf über Markenrechtsstreitigkeiten entscheiden – schon gar nicht, wenn es dabei um eine EU-Marke geht. Bei Anwälten genießen Köln, Düsseldorf, Hamburg, München, Frankfurt und häufig auch Berlin einen guten Ruf bei Markenstreitigkeiten. Ein erfahrener Anwalt wird deshalb stets versuchen, seinen bzw. Ihren Fall bei einer dieser spezialisierten Kammern unterzubringen. Das ist insbesondere bei Streitigkeiten mit Internetbezug leicht möglich, da dabei der Verletzer an jedem Ort gerichtlich belangt werden kann, an dem seine Webseite, über die der Verstoß begangen worden ist, abrufbar gewesen ist. Man nennt das einen fliegenden Gerichtsstand.

Die gesamten Kosten beider Seiten und Gerichtsgebühren einer Markenverletzungsklage in der ersten Instanz liegen, je nach Gegenstandwert und Anzahl der mitwirkenden Rechtsanwälte und Patentanwälte, in der Regel in einem Bereich von 8000 bis 30.000 Euro. Rechnen Sie besser mit dem fünfstelligen Betrag. Der Schritt zur Klage sollte deshalb gut überlegt sein und von den eigenen finanziellen

Ressourcen abhängig gemacht werden. Denn am Ende erhalten Sie womöglich zwar Recht und zumindest die Aussicht auf die Erstattung Ihrer Kosten, aber das nützt Ihnen nichts, wenn Ihnen zwischenzeitlich Liquiditätsprobleme das Geschäft zerstören.

Ein Markenrechtsverletzungsprozess in Deutschland ist ein weitgehend schriftliches Verfahren. In der Regel muss der Kläger die Beweise für die Markenverletzung selbst ermitteln. Eine Vorverhandlung gibt es üblicherweise auch nicht. Alles, was es zunächst gibt, sind die Schriftsätze der Anwälte. Der Kläger teilt mit, was er vom Gericht und von der anderen Partei fordert, also welche Ansprüche er an den Gegner hat. Mit der Klage kann man nämlich ebenso wie bei der Abmahnung nicht nur den Unterlassungsanspruch, sondern auch die bereits besprochenen weiteren Ansprüche, wie die auf Auskunft, auf Schadenersatz, auf Rückruf, auf Vernichtung (beispielsweise von gefälschter Ware) und einige weitere Ansprüche geltend machen. Der große Unterschied zur Abmahnung ist an dieser Stelle, dass die geltend gemachten Ansprüche nicht mehr zwischen den Parteien verhandelt werden. Im Klageverfahren entscheidet am Ende der Richter. Dieser hat allerdings auch die Möglichkeit, einen Vergleich vorzuschlagen.

Der Beklagte antwortet ebenfalls schriftlich. Wenn alle Schriftsätze ausgetauscht sind, gibt es eine mündliche Anhörung. Allerdings dauert dieser Teil in den allermeisten Fällen nur wenige Stunden. Dann entscheidet der Richter auf Basis der ausgetauschten Argumente. Zeugen werden nur selten gehört.

Umso detaillierter müssen deshalb im Schriftsatz die Argumente dargelegt werden, warum die angegriffene Benutzung oder Marke – also die Marke, gegen die geklagt wird – mit der älteren Marke verwechselbar ist. Oder eben auch nicht, je nachdem, welche Rolle Sie in dem Verfahren einnehmen. Die entscheidenden Kriterien haben Sie bereits kennengelernt.

Was Sie übrigens – ob als Kläger oder als Beklagter – wissen sollten, ist, dass sowohl die Richter als auch die Anwälte ein Interesse an einem Vergleich haben. Die Richter müssen kein Urteil schreiben. Und die Anwälte kassieren noch zusätzlich eine Vergleichsgebühr. Daher kann es schon vorkommen, dass ein Richter die Parteien in Richtung Vergleich drängt – manchmal auch mit sehr viel Nachdruck. An dieser Stelle muss man sich dann fragen, warum diese Einigung nicht schon vor der Klage und ohne den hohen Kostenaufwand möglich gewesen sein sollte. Wenn man seiner Sache sehr sicher ist, muss man diesem Druck daher nicht nachgeben. Der Vergleich hat allerdings den Vorteil, dass dieser Streit dann endgültig beendet ist, und keine der Parteien in die nächste Instanz gehen könnte.

5.4 Grenzbeschlagnahme – wie der Zoll gefälschte Ware aufhält

Eigentlich geht es in jedem Markenrechtsverfahren immer um die Unterlassung. Wenn Sie beispielsweise der Hersteller eines bekannten Markenprodukts sind, seien es Haushaltsgeräte oder sei es Bekleidung, dann haben Sie natürlich ein Interesse daran, dass der Kunde Ihre Originalware kauft, und dass keine Fälschungen auf den Markt kommen. Wenn Sie Kenntnis davon bekommen, dass ein Händler Fälschungen Ihrer Jeans verkauft, dann wollen Sie natürlich als erstes, dass er damit aufhört. Ebenso wichtig ist aber in einem solchen Fall, dass Sie auch Auskunft über den Produktions- und Vertriebsprozess bekommen. Denn Sie können sich ganz sicher sein, dass nicht nur die zehn Hosen im Umlauf sind, die Sie vielleicht am Marktstand des kleinen Händlers vorfinden, sondern dass irgendwo in einem fernen Land eine Fabrik existiert, die Ihre Ware im großen Stil nachmacht und containerweise auf die Märkte wirft. Und Ihr großes Interesse muss natürlich sein, diese Produktions- und Vertriebsprozesse zu unterbrechen.

Markenfälschung ist in der Regel Teil organisierter Kriminalität. Waffenhandel, Drogenhandel und Produktpiraterie hängen sehr eng zusammen. Tatsächlich dient die Produktpiraterie auch dazu, die anderen illegalen Geschäftsbereiche der organisierten Kriminalität zu finanzieren. Wenn Sie im Urlaub offensichtlich gefälschte Schuhe oder ein supergünstiges T-Shirt kaufen, dann muss Ihnen trotz der Freude über das Schnäppchen bewusst sein, dass Sie mit Ihrem Schnäppchenkauf womöglich dazu beitragen, dass ein Mafiaboss noch reicher wird, und dass mit Ihrem Geld Geschäfte abgewickelt werden, bei denen Menschen zu Schaden kommen.

Es wird zudem oft vergessen, dass Markenpiraterie sogar ein Straftatbestand ist, der zur Anzeige gebracht werden kann. Leider werden diese Verfahren in der Regel eingestellt, und deshalb wird bereits im Vorfeld oft von einer Anzeige abgesehen. Ich habe einen Fall erlebt, bei dem wir einen Strafantrag gestellt haben und der die Verflechtungen zwischen den verschiedenen illegalen Tätigkeiten exemplarisch zeigt. Hier soll er aber vor allem deutlich machen, warum es trotz der Einstellung des eigentlichen Verfahrens Sinn machen kann, Strafantrag zu stellen. Es ging in dem Fall um gefälschte Jeans. Mein Auftraggeber war der US-amerikanische Hersteller dieser Hosen, und ich wurde in dem Fall nicht vom Zoll, sondern bereits von der Kripo informiert, dass die ermittelnden Kollegen neben Rauschgift und Waffen eine ganze Lagerhalle voll gefälschter Markenjeans gefunden hatten. In diesem Fall hatte es sogar einen Toten gegeben, und makabererweise war dieser Tote für uns das entscheidende Argument, Strafantrag zu stellen. Denn aufgrund des Kapitalverbrechens konnten wir sicher sein, dass in diesem Fall sehr genau ermittelt werden würde, und wir dadurch die Chance auf Informationen über die Hintermänner bekämen. Ein Strafantrag sichert nämlich immer das Recht auf Akteneinsicht, selbst dann, wenn das Verfahren am Ende eingestellt wird. In diesem Fall war es so, dass die Ware in China produziert, dann in die Türkei gebracht wurde, und dann vermutlich auf dem Landweg über die EU-Außengrenze ihren Weg auf Lastwagen über Bulgarien und Griechenland in die besagte Lagerhalle gefunden hat. Tatsächlich stammen übrigens etwa 85 Prozent der vom US-Zoll[14] aufgegriffenen Piraterieware aus China bzw. Hongkong. Ähnlich sieht es in Europa aus.

Diese Wege und mögliche Verschiffungsorte möglichst genau zu kennen, ist eine Voraussetzung für erfolgreiche Grenzbeschlagnahme, wenn die Bemühungen über Zufallsfunde hinausgehen sollen.

Am besten ist es natürlich, die Produktionsorte zu finden, und im wahrsten Sinne des Wortes zu zerstören, beispielsweise die Werkzeuge und Formen, die zur Herstellung der Ware nötig sind, physisch zu vernichten. Das gelingt aber relativ selten, und darum liegt das Hauptaugenmerk zumeist darauf, die Vertriebswege zu unterbrechen. Als Markenartikler kann man deshalb dem Zoll in einem sogenannten Antrag auf Grenzbeschlagnahme mitteilen, dass er an den Grenzen – also Außengrenzen, Häfen und Flughäfen – ganz genau hinschauen soll, ob in bestimmten Sendungen bestimmte Ware ankommt. Dieser Antrag auf Grenzbeschlagnahme ist für ein Jahr gültig und kann jedes Jahr verlängert werden. Ohne Antrag auf Grenzbeschlagnahme wird der Zoll in der Regel nicht tätig. Je genauer man dem Zoll sagen kann, auf welche Sendungen er besonders achten soll, je eher findet er auch die gefälschte Ware.

Da ich als Vertreter des Herstellers der Jeans die offiziellen Vertriebswege kenne, konnte ich in dem Fall der gefälschten Jeans zum einen genau mitteilen, welchen Weg die Originalware nimmt. Wenn beispielsweise eine größere Menge Jeans in Neapel ankommt, dann ist es mit hoher Wahrscheinlichkeit gefälschte Ware, denn Neapel liegt nicht auf dem offiziellen Vertriebsweg. Und ich konnte dem Zoll eben auch die Ausfuhrorte mitteilen, aus denen die gefälschte Ware normalerweise kommt. Mit diesen Informationen füttert der Zoll zudem seine Algorithmen, und auf diesem Weg wird das System immer engmaschiger.

Wenn der Zoll Ware findet, bei denen er sich sicher oder auch nicht ganz sicher ist, beschlagnahmt er die Ware und kann sie zehn Tage lang festhalten. Innerhalb dieser Frist werden dann der Originalhersteller bzw. dessen Vertreter (im Jeansfall eben ich) informiert, und es muss dann anhand spezieller Merkmale festgestellt werden, ob es sich um Originalware oder um Fälschungen handelt. Bei den Jeans war dieses Merkmal zum Beispiel eine besonders aufwendige gekettelte Innennaht, die sich die Fälschungen oft sparten.

Die Zollbehörden sind durch den gestellten Antrag auf Grenzbeschlagnahme verpflichtet, dem betroffenen Unternehmen bzw. dem Vertreter mitzuteilen, woher die Ware kommt und wohin sie gehen sollte. Es ist allerdings die Pflicht des Markeninhabers bzw. seine Aufgabe, den Zoll in Form des elektronischen Antrags auf Grenzbeschlagnahme über die Marke, die speziellen Erkennungsmerkmale und die entsprechenden Vertriebswege zu informieren. Den Antrag gibt es in einer deutschlandweiten und in einer EU-weiten Version. Wenn man über eine eingetragene EU-Marke verfügt, empfehle ich immer den EU-weiten Antrag, der den deutschen Zoll miteinschließt. In der Praxis schickt dann ein Zollbeamter beispielsweise vom Flughafen Mailand eine E-Mail und informiert mich darüber, dass 20 zweifelhafte Jeans aufgetaucht sind. Was soll er jetzt damit machen? Und auf diese Anfrage muss schnell reagiert werden, weil die Fristen relativ knapp sind. Deshalb ist ein Antrag auf Grenzbeschlagnahme nicht nur bei der Einreichung mit hohem Aufwand verbunden, sondern auch im weiteren Verlauf.

Gegen die Grenzbeschlagnahme kann man sich als Importeur natürlich auch wehren. Dabei gibt es aber einen sehr eng getakteten Zeitplan mit sehr komplexen Maßnahmen, die man treffen muss. Falls Sie der Auffassung sind, dass die Ware ungerechtfertigt vom Zoll aufgehalten wurde, können Sie Widerspruch beim Zoll erheben. In der Praxis wird die sehr knappe Frist von zehn Werktagen hierzu oft deshalb verpasst, da der Zoll als erstes nicht Sie als Importeur, sondern den Versanddienstleister informiert. Sollten Sie das Glück haben, vor Ablauf der Frist von der Zollmaßnahme zu erfahren, so haben Sie noch eine gewisse Chance, die Vernichtung der Waren zu verhindern. Einen sehr wichtigen Unterschied macht es dabei immer, ob eine Unionsmarke oder eine deutsche Marke geltend gemacht wurde. Sofern eine deutsche Marke geltend gemacht wurde, können Sie allein mit dem Einreichen einer Schutzschrift viel erreichen, da der Gegner dem Zoll innerhalb einer knappen Frist eine gerichtliche Entscheidung vorlegen muss, was er in der Regel mit einer zusätzlichen Verhandlung im Verfahren der einstweiligen Verfügung aus rein organisatorischen Gründen nicht schafft, denn die Verhandlung sorgt dafür, dass die Entscheidung nicht mehr innerhalb der knappen Frist getroffen werden kann. In jedem Fall, aber zumindest, wenn eine Unionsmarke geltend gemacht wurde, sollten Sie sofort mit der Gegenseite Kontakt aufnehmen. Oft findet man dann eine Lösung, mit der beide Seiten leben können. In einem Fall habe ich beispielsweise ausgehandelt, dass die beanstandete Ware „nur“ neu verpackt werden musste und dann freigegeben werden konnte. Solchen Aufwand zu betreiben ist immer noch besser als die Vernichtung, auch wenn man der felsenfesten Überzeugung ist, dass selbst das Umverpacken eigentlich nicht nötig gewesen wäre B.

5.5 Angriffe auf eine Marke

Wenn man „aus einer Marke heraus angegriffen wird“, wenn man also eine Berechtigungsanfrage auf den Tisch bekommt, oder eine Abmahnung, oder überhaupt von einer der bisher in diesem Kapitel beschriebenen Maßnahmen betroffen wird, sollte man, wie beschrieben, zunächst versuchen, eine Eskalation zu verhindern. Schließlich sind alle Maßnahmen, die man selbst ergreift, mit Kosten verbunden. Am teuersten kommt einem natürlich die Klage zu stehen. Allerdings kann es eben auch sehr teuer werden, wenn man nichts tut und/oder im schlimmsten Fall deshalb sein Geschäft aufgeben muss. Manchmal empfiehlt es sich eben auch zurückzuschlagen, und die andere Marke mit allem, was das Recht hergibt, anzugreifen, insbesondere dann, wenn man sich nicht einigen konnte und verklagt wird. Ziel ist in diesen Fällen, die andere Marke zu vernichten bzw. zu löschen. Ohne die gegnerische Marke kann diese auch nicht gegen Sie durchgesetzt werden. Und um dieses Ziel zu erreichen, stellt das Markenrecht eine Reihe von Möglichkeiten zur Verfügung. Insofern dienen die folgenden Abschnitte auch durchaus nochmals als Warnung. Denn natürlich stehen diese Möglichkeiten auch der Gegenseite zur Verfügung, falls Sie sich selbst dazu entschließen, gegen einen Markenverletzer tätig zu werden. Wir werden also auch alle Maßnahmen soweit möglich wieder aus beiden Perspektiven betrachten.

Im Prinzip ist ein *amtliches* Löschungsverfahren einfach: Man stellt einen entsprechend begründeten Löschungsantrag beim Amt und zahlt die fällige Amtsgebühr ein. Anschließend erhalten die Parteien mehrfach die Gelegenheit, Argumente schriftlich auszutauschen. Das Verfahren wird in der Regel auch schriftlich entschieden. Manchmal gibt es auch mündliche Verhandlungen. Bis zur Entscheidung können auch hier in der ersten Instanz leicht zwei bis drei Jahre vergehen.

Der zweite Weg, der Ihnen offensteht, ist die *gerichtliche* Löschungsklage. Hier kann man in der Regel mit der erstinstanzlichen Entscheidung nach etwa einem bis eineinhalb Jahren rechnen. Die Kosten sind im gerichtlichen Verfahren allerdings schnell um das Fünf- bis Zehnfache höher als beim amtlichen Verfahren, werden aber vom Verlierer getragen. Wenn man sich seiner Sache also sehr sicher ist oder die Zeit drängt, dann kann die gerichtliche Löschungsklage eine gute Alternative zum amtlichen Löschungsverfahren sein. Die weiteren Ausführungen beziehen sich, sofern nicht ausdrücklich aufgeführt, auf gerichtliche Löschungsklagen.

5.5.1 Löschung – relative Gründe – eine Marke aufgrund einer älteren Marke löschen

Die hier beschriebenen Maßnahmen kommen erst dann zum Tragen, wenn man die dreimonatige Widerspruchsfrist gegen die neue Marke verpasst hat. Wenn man über ältere Rechte wie Marken oder Unternehmenskennzeichen verfügt, kann man die andere Marke mit der Löschung angreifen. Als Inhaber der älteren Marke wollen Sie, dass diese neue Marke aufhört zu existieren, weil Sie bei der neuen Marke eine zu große Ähnlichkeit der Zeichen oder der Waren und Dienstleistungen annehmen. Wir werden deshalb versuchen, diese Marke aus „relativen Gründen“ löschen zu lassen. Relativ deshalb, weil die neue Marke eben im Vergleich zu unserer älteren Marke – also relativ zu unserer Marke – zu ähnlich ist B.

Die gegnerische Marke kann man in diesem Fall mit einem amtlichen Löschungsverfahren oder einer gerichtlichen Löschungsklage angreifen.

Beispielsweise würde ein Anwalt für Sie als Mandanten vor einem Landgericht eine Löschungsklage einreichen. Mit der Klage fordert man, die jüngere, angegriffene Marke aus den genannten Ähnlichkeitsgründen zu löschen. Im Unterschied zum amtlichen Widerspruchsverfahren kann man in diesem Verfahren auch Zeugen benennen und weitere Löschungsgründe geltend machen.

Bei einem gerichtlichen Löschungsverfahren trägt, wie beschrieben, der Verlierer die Kosten. Wenn man sich sehr sicher ist zu gewinnen, und der Gegner zahlungskräftig ist, scheint das Gerichtsverfahren sogar eine gute Alternative zu einem Widerspruchsverfahren zu sein. Und zwar deshalb, weil ein Widerspruchsverfahren für jede Partei erfahrungsgemäß etwa 1500 bis 3000 Euro in der ersten Instanz kostet. Dieses Geld – so könnte man meinen – könnte man sich durch eine sofortige Löschungsklage theoretisch sparen. In der Praxis drängen die Gerichte aber häufig auf einen Vergleich, sodass man abwägen muss, ob man nicht doch lieber in den Widerspruch investieren sollte.

Das Gerichtsverfahren hat, außer der Aussicht auf finanzielle Ersparnis, gegenüber dem amtlichen Verfahren einen weiteren Vorteil: Es ist in der Regel wesentlich schneller. Während ein Widerspruchsverfahren oder das amtliche Löschungsverfahren von einem geschickten Gegner leicht auf zwei bis drei Jahre in der ersten Instanz hingezogen werden kann, kann man das Urteil in einem Gerichtsverfahren in der Regel nach 12 bis 18 Monaten erwarten. Wenn man die gegnerische Marke möglichst schnell loswerden will, kann es durchaus sinnvoll sein, mit sehr kurzer Frist abzumahnen und dann gegebenenfalls eine Löschungsklage geltend zu machen, statt das Widerspruchsverfahren oder das amtliche Verfahren anzustrengen.

Wie bereits in den vorangegangenen Kapiteln beschrieben, ist aktuell viel Bewegung im deutschen Markenrecht. So gibt es seit dem 1. Mai 2020 beim DPMA, wie erwähnt, ein amtliches Nichtigkeitsverfahren, das sehr ähnlich zum Widerspruchsverfahren abläuft. Damit gleicht sich die deutsche Situation weiter an die Situation vor dem EUIPO an, wo ein solches Nichtigkeitsverfahren schon länger existiert. Da das Nichtigkeitsverfahren insgesamt nicht viel teurer als ein Widerspruchsverfahren ist, wird die Widerspruchsfrist damit auch in Deutschland immer weiter an Bedeutung verlieren.

Mit welch feinem Florett um die relativen Gründe vor Gericht gefochten wird, habe ich Ihnen bereits in Kapitel 4 aufgezeigt. Auf diesem hohen juristischen Niveau wird sich auch ein Verfahren zur Löschung aus relativen Gründen bewegen.

5.5.2 Löschung – absolute Gründe – die Marke als beschreibende Angabe löschen

Marken kann man auch löschen, wenn man sogenannte absolute Gründe geltend machen kann. Sie kennen diese absoluten Gründe aus einem ähnlichen Zusammenhang bereits aus Kapitel 3 als absolute Schutzhindernisse. Wenn es gelingt, nachzuweisen, dass diese Schutzhindernisse dem Zeichen des Gegners entgegenstehen, es also gar nicht erst hätte registriert werden dürfen, sind Sie am Ziel. Das bei dieser Strategie am häufigsten angewandte bzw. bemängelte Kriterium ist die Unterscheidungskraft. Falls Sie nicht zurückblättern wollen, gebe ich Ihnen hier noch einmal einen kurzen Überblick B.

- **Unterscheidungskraft:** Wenn eine Marke nicht dazu geeignet ist, die Waren oder Dienstleistungen eines bestimmten Unternehmens von den Waren oder Dienstleistungen eines anderen Unternehmens zu unterscheiden, kann sie ihre Funktion, die Waren oder Dienstleistungen nach ihrer betrieblichen Herkunft unterscheidbar zu machen, nicht erfüllen. Sie kann deshalb gelöscht werden. Man spricht deshalb auch von der Herkunftsfunktion einer Marke. Dazu nochmal ein ganz einfaches Beispiel: Wenn eine Pizzeria sich „Super Pizza“ nennt, dann ist dieser Name nicht dazu geeignet, dass die dort servierte Pizza von der Pizza anderer Pizzerien unterschieden werden kann. Es handelt sich um eine reine Werbeaussage, die so sicher viele Pizzerien verwenden. Ein potenzieller Kunde kann aufgrund des Namens eben nicht die genaue Herkunft der Pizza mit „Super Pizza“ verbinden. Ein Gegenbeispiel wäre eine Pizzeria mit dem Namen – den können Sie sich jetzt schon denken – „Marimba“. Wenn sich herumspricht, dass die Pizzeria Marimba super Pizza macht, dann werden die Leute immer an diese eine Pizzeria mit dem Namen Marimba denken.

Auch die häufigsten weiteren Kriterien sollten Ihnen an dieser Stelle bereits bekannt vorkommen.

- **Beschreibende Zeichen/Freihaltungsbedürfnis:** Eine Marke kann auch gelöscht werden, wenn man nachweisen kann, dass das angemeldete Zeichen eine rein beschreibende Angabe zu den geschützten Waren und Dienstleistungen ist. Eine reine Beschreibung darf nämlich nicht monopolisiert werden. Der Gedanke dahinter ist klar: Wir können bestimmte Dinge nicht mehr beschreiben, wenn die Beschreibung markenrechtlich geschützt wäre. Sie muss deshalb von jedermann frei verwendet werden können. Ein Beispiel dafür ist

„Pizza“ für Pizzen. Wie wollten Sie sonst einen belegten und gebackenen Teigfladen benennen, wenn Sie den eigentlichen Begriff nicht mehr verwenden dürften.

- **Bösgläubigkeit:** Wenn eine Marke beispielsweise in reiner Behinderungsabsicht angemeldet wurde, z. B. nur, um Ihnen zu schaden, dann kann man diese wegen sogenannter Bösgläubigkeit löschen. Wenn Sie sich z. B. eine Marke ausgedacht haben und ein Wettbewerber bekommt davon Wind und meldet die Marke noch vor Ihnen an, um Ihnen die Benutzung zu untersagen und ohne die Marke selbst überhaupt zu benutzen, dann kann man diese Marke wegen Bösgläubigkeit angreifen. In so einem Fall spricht man auch von Sperrmarken. Aus meiner Erfahrung ist es allerdings sehr schwer, hier den entsprechenden Beweis zu führen. Die reine Behinderungsabsicht wird außerdem in der Regel nicht zuerkannt, wenn der Inhaber der Marke auch selbst unter der Marke geschützte Waren in Gewinnerzielungsabsicht anbietet.
- **Öffentliche Ordnung und gute Sitten:** Eine Marke kann auch angegriffen werden, wenn man zeigen kann, dass die Marke gegen die guten Sitten verstößt oder die öffentliche Ordnung stört. Dies ist allerdings nur eine selten tatsächlich angewandte Ausnahmeregelung. Das jüngste prominente Beispiel ist sicher die Marke „Ready to Fuck“, die der BGH für Bekleidung nicht zugelassen hat.
- **Hoheitszeichen und Gewährzeichen:** Marken, die Hoheitszeichen wie den Bundesadler, die Bundesflagge oder die EU-Flagge beinhalten, können deshalb gelöscht werden. Diese Zeichen sollen nicht ausgenutzt oder missbraucht werden bzw. die Kunden irreführen.

Neben diesen fünf wichtigsten Schutzhindernissen gibt es noch weitere Gründe (wie geografische Angaben oder weitere gesetzliche Verbote), die in der Praxis allerdings kaum eine Rolle spielen.

5.5.3 Löschung wegen Verfalls – die Marke wird nicht benutzt

Eine Marke muss, damit sie Bestand hat, benutzt werden. Dieser sogenannte Benutzungszwang beginnt mit dem Datum der Registrierung. In den ersten fünf Jahren nach der Eintragung gilt allerdings zumindest in Deutschland und der EU eine sogenannte Benutzungsschonfrist. Diese Frist gibt es deshalb, damit Sie Ihre Marke langsam wirtschaftlich aufbauen können. Denn meist kann man eben noch nicht vom ersten Tag an eine ernsthafte Benutzung nachweisen. Nach Ablauf der ersten fünf Jahre muss allerdings eine ernsthafte Benutzung nachgewiesen werden. Beendet ein Markeninhaber die Benutzung der Marke wieder, so darf die Unterbrechung längstens fünf Jahre dauern. Das heißt aber auch, dass Sie innerhalb der ersten fünf Jahre ab Eintragung Ihre Marke gegen Dritte durchsetzen können, ohne dass Sie die Benutzung der Marke nachweisen müssten. Dies ist aus meiner Sicht allerdings hochgefährlich, da der Gegner das Verfahren leicht in den verschiedenen Instanzen auf einige Jahre hinstrecken kann und Sie als Inhaber der Marke dann beispielsweise in einer vom Gegner angestrengten Löschungsklage wegen Verfalls die Benutzung dann doch noch nachweisen müssten. Ausnahmen gibt es im Fall von sogenannten Wiederholungsmarken (s. Kapitel 5.8 B).

Benutzungszwang bedeutet konkret, dass es einen nachweisbaren und passenden Geschäftsbetrieb geben muss oder dass die Marke als Lizenz überlassen wurde. Dann muss allerdings der Lizenzinhaber den Geschäftsbetrieb nachweisen. Der Markeninhaber muss jedenfalls auf die eine oder andere Art eine rechtserhaltende Benutzung nachweisen.

Kann er das nicht, verfällt die Marke für die nicht benutzten Waren und Dienstleistungen. Der Gesetzgeber will dadurch vermeiden, dass unbenutzte Marken den freien Wettbewerb einschränken, also die Benutzung durch andere blockieren. Wichtig: Eine Löschung erfolgt nur auf Antrag!

Wenn man einen Antrag auf Löschung wegen Verfalls stellt oder eine Löschungsklage wegen Verfalls einreicht, muss der Beklagte die Benutzung nachweisen. Wenn er die Benutzung für die fünf Jahre vor Stellung des Antrags oder Einreichung der Klage nicht nachweisen kann, wird die Marke gelöscht.

Für Aufsehen sorgte kürzlich der Fall „BIG MAC". Am 11. Januar 2019 hatte das EUIPO die Entscheidung verkündet, die Marke Nr. 62638, BIG MAC, eingetragen für die McDonald's International Property Company Ltd. auf Antrag der irischen Fast-Food-Kette „Supermac's" mangels Nachweises der rechtserhaltenden Benutzung zu löschen. Die Marke BIG MAC war seit 1996 als Unionsmarke geschützt. Somit war die fünfjährige Benutzungsschonfrist abgelaufen. McDonald's drohte mit der Marke BIG MAC quasi sein Flaggschiff zu verlieren! Das zeigt, dass auch große Unternehmen nicht davor geschützt sind, ihre Marken zu verlieren, wenn sie nicht mehr ausreichend benutzt werden bzw. wie in diesem Fall die Benutzung nicht ausreichend nachgewiesen werden kann. Es ist also auch für bekannte Marken gefährlich, sich „auf den eigenen Lorbeeren auszuruhen". McDonald's hatte zwar einige Benutzungsunterlagen und eidesstattliche Versicherungen eingereicht. Die Unterlagen wurden vom EUIPO aber als unzureichend zurückgewiesen. Der Fall geht aber natürlich weiter und das letztendliche Ergebnis ist noch offen. McDonald's hat Beschwerde eingelegt. Anfang 2023 hat nun die Beschwerdekammer des EUIPO entschieden, dass die Marke doch eingetragen bleibt. McDonald's hatte noch Beweismaterial nachgelegt. 2024 hat dann der Europäische

Gerichtshof entschieden, dass die Marke zumindest für Geflügelprodukte gelöscht wird.

Es geht in der täglichen Praxis natürlich auch kleiner: Ich habe kürzlich einen Mandanten vertreten, der Ansteck-Buttons herstellt. Er ist aus einer Marke heraus angegriffen worden, unter der Brillen hergestellt werden. Der Gegner hatte seine Marke auch für Schmuck und ähnliches mehr geschützt und uns deshalb abgemahnt. Wir haben daraufhin einen Antrag auf Löschung wegen Verfalls beim EUIPO gestellt und haben damit auch Recht bekommen. Der Gegner konnte nämlich die Benutzung der Marke zwar für Brillen nachweisen, jedoch nicht für Schmuck. Das Ergebnis war, dass seine Marke außer für Brillen gelöscht wurde. Und Brillen und Buttons sind als Waren nun beim besten Willen nicht mehr ähnlich genug für irgendeine Art des Angriffs auf die Marke meines Mandanten.

Um eine Benutzung nachweisen zu können, ist es für Sie als Markeninhaber deshalb immens wichtig, sämtliche Geschäftstätigkeiten von Anfang an gut und vor allem datiert zu dokumentieren und zu archivieren. Sie können auch Vertriebspartner und Lizenznehmer in die Pflicht nehmen, ebenfalls geeignete Nachweise zu sammeln:

- Die Dokumente müssen für den richtigen Zeitraum datiert sein.
- Sie müssen die Marke zeigen.
- Sie müssen die Waren zeigen oder Nachweis über die geschützten Dienstleistungen erbringen.
- Der Inhaber muss aus den Dokumenten klar hervorgehen.
- Sie müssen Umsatz nachweisen etc.

Und das eben ganz konkret für das Produkt, um das es geht – ob Brille, Button oder Big Mac. Es reicht wie beschrieben nicht, wenn Sie einfach nur die Klasse geschützt haben. Manchmal wird es da richtiggehend skurril: Ich habe Fälle erlebt, in denen der Gegner Rechnungen vorgelegt hat, was üblich ist. Da aber niemand unbedingt Einblick in seine Finanzen geben möchte, ist es außerdem üblich, diese Dokumente an den entsprechenden Stellen zu schwärzen. Der Gegner hatte die Dokumente allerdings so geschwärzt, dass neben den Zahlen auch die Marke nicht mehr erkennbar war. Aufgrund solcher Fehler bei der Dokumentation können sogar funktionierende und benutzte Marken gelöscht werden, eben weil die Inhaber nicht in der Lage sind, relevante und korrekte Dokumente bereitzustellen.

Tatsächlich hätte man sich übrigens auch im Fall Button vs. Brille vorab und außergerichtlich einigen können. Beide Parteien sind allerdings nicht in irgendeine Art eines konstruktiven Dialogs gekommen. Im Ergebnis wurde diese Verweigerung des Dialogs mit der weitgehenden Löschung der Marke bezahlt.

Es gibt beim Verfall noch einen kostensparenden Kniff, den Sie oder Ihr Anwalt kennen sollten. Wenn Sie auf Verfall hinarbeiten wollen, dann teilen Sie dem Gegner mit, dass man der Auffassung ist, dass seine Marke löschungsreif ist. Jetzt haben Sie drei Monate Zeit, eine Lösung mit dem Gegner zu finden, ohne das Geld für die Löschungsklage in die Hand nehmen zu müssen. Denn Stichtag für die Wiederaufnahme der Benutzung ist der Tag der Mitteilung. Ihr Gegner hat nach der Mitteilung keine Gelegenheit mehr, die Benutzung wiederaufzunehmen. Spätestens am letzten Tag der Dreimonatsfrist sollte man – wenn keine Einigung möglich war – dennoch unbedingt entweder Löschungsklage oder einen Antrag auf Löschung wegen Verfalls stellen. Ansonsten kann der Inhaber der älteren Marke die Benutzung wiederaufnehmen und dann wiederum gegen Sie vorgehen. Dieser Kniff hat seinen Ursprung im Markengesetz bzw. in der Rechtsprechung zur Gemeinschaftsmarkenverordnung, wo dies so festgelegt wurde. Sie müssen also nicht direkt die Marke des Gegners löschen, sondern können auch erst einmal anfragen.

5.5.4 Kauf einer älteren Marke als Verteidigungsmöglichkeit

Eine Verteidigungsmöglichkeit gegen einen Angriff aus einer Marke ist auch der Kauf einer älteren Marke. Dies habe ich schon mehrfach erfolgreich selbst eingesetzt und auch schon auf der Gegenseite erlebt. Stellen Sie sich vor, dass Sie unter dem Zeichen MARIMBA Schmuck verkaufen und aus einer älteren Marke MERIMBA angegriffen werden. Nun sehen Sie im Markenregister, dass es eine noch ältere Marke MARIMBA für Schmuck gibt, die allerdings schon lange nicht mehr benutzt wurde und der Sie daher bisher keine weitere Bedeutung beigemessen hatten. Sie können nun dem Inhaber der älteren Marke MARIMBA den Kauf der Marke anbieten und für den Fall des Nichtverkaufs die Löschung der Marke wegen Verfalls androhen. Oft geht dann der Inhaber der älteren Marke MARIMBA auf das Angebot ein, da er die Marke ansonsten verlieren würde. Sie haben dann eine gegenüber der Marke MERIMBA ältere Marke MARIMBA, die sogar auch durch Ihre eigene Tätigkeit bereits für Schmuck benutzt wird. Sie können den Spieß dann umdrehen und den ursprünglichen Angreifer MERIMBA aus Ihrer nun älteren Marke MARIMBA angreifen.

5.6 Schranken der Durchsetzung

Ich habe dieses Kapitel mit dem Satz eingeleitet: „Wer erfolgreich eine Marke eingetragen bekommt, genießt das Monopolrecht." Aber natürlich gibt es keine Regel ohne Ausnahme. Es gibt Umstände, unter denen Sie

Ihre Marke nicht mehr durchsetzen können, Ihnen also ein Gericht bei dem Versuch der Durchsetzung der Marke die beantragten Ansprüche gegen den Gegner nicht gewähren würde. Für Sie ist es wieder aus beiden Perspektiven wichtig zu wissen, welche Umstände das sind.

Damit Sie nicht unnötigerweise in eine markenrechtliche Auseinandersetzung gehen, möchte ich vorab noch klären, wann Dritte Ihre Marke grundsätzlich benutzen dürfen. Der einfachste Fall ist der, dass ein Dritter Sie um Erlaubnis gefragt hat und Sie zugestimmt haben – wenn Sie also beispielsweise eine Lizenz vergeben haben oder die Marke im Rahmen eines Affiliate-Programms benutzt wird. Sie können eine Markenverletzung außerdem nicht mehr verfolgen, wenn diese verjährt ist. Hier gelten die Verjährungsfristen aus dem BGB, und markenrechtliche Ansprüche verjähren danach in der Regel nach drei Jahren.

Die nächste Konstellation ist vor allem für Händler relevant: die sogenannte beschreibende Verwendung. Man kann eine fremde Marke nämlich auch dann benutzen, wenn man sie rein beschreibend, beispielsweise im Ersatzteilgeschäft, verwendet. Wenn ich also schreibe „Scheibenwischerblätter, passend für BMW Z3“, dann ist das ausdrücklich erlaubt, sofern BMW Z3 nicht in irgendeiner Weise herausgestellt wird. Dieser letzte Nachsatz ist aber wichtig, denn eine große Werkstattkette wurde beispielsweise in der dritten Instanz vom BGH verurteilt, da sie das VW-Logo blickfangartig herausgestellt hatte, statt einfach im Fließtext zu erwähnen, dass auch PKW der Marke Volkswagen in der Werkstatt repariert werden können. In der Praxis ist dieser Grundsatz detailliert geregelt. Ich vertrete z. B. auch viele Amazon-Seller, die Handyzubehör anbieten. In diesem Geschäft ist es natürlich wichtig, die Kompatibilität der angebotenen Ware anzugeben. Das ist auch erlaubt, aber es muss richtig gemacht werden. „Schutzfolie passend für Galaxy S24“ ist erlaubt, „Galaxy S24 Schutzfolie“ lässt Probleme erwarten, da bei dieser Formulierung der Fokus bereits auf dem Telefon und nicht auf der Schutzfolie liegt. Tatsächlich ist es manchmal so einfach. Manchmal braucht es dagegen ein bisschen mehr Einsatz. Ein Mandant kam zu mir, weil der Zoll im Auftrag von Apple einige Kisten mit 3000 Selfie-Sticks beschlagnahmt hatte. Die Verpackungen waren gekennzeichnet mit „Kompatibel mit iOS und Android“ und dahinter war jeweils das entsprechende Logo abgebildet. Das ging für Apple über die rein beschreibende Verwendung hinaus. Für mich war es in dem Fall trotzdem vertretbar, denn es waren ja mehrere Logos verschiedener Hersteller abgebildet, sodass klar war, dass es sich eben nicht um ein Apple-Produkt handelt. Ich bin daraufhin mit Apple in Kontakt getreten und habe unsere Sicht der Dinge dargelegt. Apple war zwar anderer Meinung, aber wir haben dennoch im Dialog eine pragmatische Lösung finden können, indem wir eine Umverpackung in neue Kartons angeboten haben, auf denen die entsprechenden Logos nicht mehr dargestellt waren. So konnte mein Mandant seine Selfie-Sticks am Ende doch noch verkaufen und musste, statt die Ware zu vernichten, „nur“ neue Verpackungen organisieren.

5.6.1 Verwirkung der Markenrechte – der Markeninhaber weiß schon lange von der Benutzung

Die Verwirkung der Markenrechte ist eine weitere Verteidigungsstrategie, auf die Sie pochen können. Verwirkung heißt, dass ein Markeninhaber, der von einer Markenverletzung Kenntnis bekommt, jedoch in den folgenden fünf Jahren nichts dagegen unternimmt, auch danach nicht mehr tätig werden kann. Er hat dann durch seine Untätigkeit seine Markenrechte verwirkt B.

Allerdings hat der BGH 2013 diese Verteidigung mittels Verwirkung zumindest für Waren, also fassbare Produkte, in seiner Entscheidung über das „Hard Rock Café Heidelberg“ *de facto* abgeschafft. Die Betreiber des Gastrobetriebs in Heidelberg waren bzw. sind nämlich nicht Inhaber der Marke „Hard Rock Café“, an die sie sich aber im Design und CI deutlich anlehnten. Aber wie das weltberühmte Vorbild verkaufte auch das „Hard Rock Café Heidelberg“ beispielsweise Merchandising-T-Shirts. Dagegen klagte die Rechteinhaberin. Und über diesen Fall ist der BGH zur Auffassung gelangt, dass jeder Verkauf eines konkreten T-Shirts die Verwirkungsfrist von fünf Jahren für dieses konkrete T-Shirt neu in Gang setzt. Man kann als potenzieller Markenverletzer den Unterlassungsanspruch des Markeninhabers zumindest für Waren also praktisch nicht mehr mit dem Argument der Verwirkung abwehren. Wenn ich heute ein T-Shirt (oder eine andere Ware) verkaufe, kann ich mich erst in fünf Jahren auf Verwirkung aus diesem konkreten Verkauf berufen. Das Café gab es bis 2017 allerdings weiter, denn dessen Existenz hatte die Rechteinhaberin 14 Jahre lang nicht gestört, sodass diese sogenannte Dauerbenutzungshandlung der Bewirtung von Gästen nicht verboten werden konnte. In einem Vergleich haben sich dann aber die Betreiber mit der bekannten Restaurantkette 2017 geeinigt, dass das Restaurant doch umbenannt wird.

5.6.2 Marke wird zum Gattungsbegriff – die Marke wird zur Umgangssprache

Es gibt nur wenige Maßnahmen, mit denen Sie verhindern können, dass eine Marke als Gattungsbegriff wahrgenommen wird. In der täglichen unternehmerischen Praxis hat das Thema allerdings auch nahezu keine Relevanz. Eine Marke wird nämlich erst dann zum Gattungsbegriff, wenn sie einen Markt derart dominiert, dass Verbraucher den Namen des Produktes auch für Konkurrenzprodukte verwenden, ohne sich darüber bewusst zu werden. Ein Beispiel ist die Marke KORNSPITZ für eine bestimmte Sorte Brötchen. Der EuGH war hier zu der Auffassung gelangt, dass die Verbraucher darin keinen Hinweis auf einen bestimmten Hersteller mehr sehen.

Als Gattungsbegriff wahrgenommen zu werden, hat aus Marketingsicht den Vorteil, dass diese Marken meist positiv und absolut beherrschend vom Markt wahrgenommen werden. Wenn Sie mit Ihrer eigenen Marke jemals damit zu tun bekommen sollten, können Sie sich überlegen, ob Sie sich gratulieren oder sich grämen sollen. Der Nachteil liegt nämlich im Markenrecht: Denn wenn eine Marke zum Gattungsbegriff geworden ist, kann diese von Wettbewerbern gelöscht werden. Beim EUIPO reicht dazu im Prinzip der Nachweis, dass es sich inzwischen um eine beschreibende Angabe handelt. Beim DPMA muss dazu noch nachgewiesen werden, dass der Markeninhaber untätig war und ein Verhalten an den Tag gelegt hat, das dazu geführt hat, dass die Marke ein Gattungsbegriff wurde.

In der Realität ist es aber extrem schwierig, ja fast unmöglich, Marken zu löschen, weil sie ein Gattungsbegriff geworden sind. Im Fall der Marke „POST“ ist das dennoch gelungen. Da hat der BGH festgestellt, dass die Angabe „POST“ für die Dienstleistungen der Beförderung und Zustellung von Gütern, Briefen und Paketen inzwischen eine beschreibende Angabe ist. Bei anderen Marken wie FÖN oder TEMPO ist das nicht gelungen. Diese Marken sind weiterhin eingetragen.

Natürlich stellt sich in dem Zusammenhang die Frage, was ein Markeninhaber dagegen tun könnte. Der Markeninhaber kann zum einen mit Werbung darauf aufmerksam machen, dass nur er das Original vertreibt und dieses Original bestimmte Vorteile gegenüber dem Wettbewerb hat. Vielleicht erinnern sich noch einige Leser an die Werbespots für Tempo-Taschentücher vor einigen Jahren. Diese Werbespots wurden aus meiner Sicht nicht mehr zur Steigerung der Bekanntheit, sondern zur Vermeidung der Löschung der Marken gesendet. Auch das Markengesetz stellt dem Markeninhaber Instrumente zur Verfügung. So darf und sollte ein Markeninhaber in Nachschlagewerken darum bitten, dass zu dem Begriff ein Hinweis aufgenommen wird, dass es sich um eine eingetragene Marke handelt. Wenn Sie beispielsweise Tempo oder Fön online im Duden nachschlagen, werden Sie inzwischen ein kleines ® hinter dem Begriff sehen.

5.6.3 Erschöpfung der Markenrechte – Originalware kaufen und verkaufen

Das Grundprinzip der Erschöpfung von Markenrechten ist ganz einfach. Wenn ich Originalware bei einem offiziellen Vertriebskanal kaufe, dann darf ich sie auch wieder verkaufen und bewerben, ohne dass mich der Markeninhaber belangen kann. Seine Markenrechte sind dann erschöpft B.

Aber: Dieser Grundsatz beschränkt sich in der EU auf Waren, die vom Hersteller auch für den Verkauf in der EU vorgesehen sind. Nicht zu einer Erschöpfung des Markenrechts führt die Idee, die gewünschte Ware im außereuropäischen Ausland, wo sie vielleicht günstiger zu bekommen ist, einzukaufen, dann diese Ware in die EU einzuführen und beispielsweise iPhones mit noch höherem Gewinn hier zu verkaufen. Wenn ich meine aus Indonesien eingeführten iPhones auf Amazon verkaufe, verkaufe ich zwar immer noch Originalware, aber eben Ware, die nicht für die EU bestimmt war. In diesem Fall handelt es sich dann trotz Originalware um eine Markenrechtsverletzung, gegen die Apple vorgehen könnte (und aus meiner Erfahrung auch vorgehen wird).

Eine Sonderregelung gibt es für die Pharmaindustrie. Wenn Medikamente beispielsweise für Rumänien oder Bulgarien bestimmt sind, dann dürfen diese, obwohl beide Länder Mitglieder des europäischen Binnenmarktes sind, ebenfalls nicht nach Deutschland eingeführt und hier verkauft werden.

5.7 Wiederholungsmarken – immer wieder dieselbe Marke anmelden

Das Thema dieses Abschnitts hängt eng mit der Löschung wegen Verfalls zusammen. Unter Wiederholungsmarken versteht man Marken, die identisch oder sehr ähnlich in regelmäßigen Abständen eingereicht werden, oft mit dem Hintergrund, die Benutzungsschonfrist von fünf Jahren auszuhebeln bzw. diese immer weiter zu verlängern. Zur Erinnerung: Innerhalb der ersten fünf Jahre ab Eintragung kann man eine Marke gegen Dritte durchsetzen, ohne dass man die Benutzung nachweisen müsste. Manche Unternehmen kommen daher auf die Idee, beispielsweise alle vier Jahre dieselbe Marke anzumelden. Diese Praxis wird von den meisten Landgerichten in Deutschland zumindest bei identischen älteren Marken als rechtsmissbräuchlich angesehen und der Erfolg solcher Maßnahmen ist im Streitfall zweifelhaft. Ich nehme Wiederholungsmarken dennoch in dieses Buch auf, damit Sie zumindest die möglichen Risiken kennen, wenn Ihnen Ihr Markenanwalt oder Ihre Kanzlei diese Strategie vorschlägt B.

Solche Marken sind im Streitfall ein Angriffspunkt. Die Rechtsprechung ist aber eben nicht eindeutig, sodass man sehr genau abwägen sollte, ob man an diesem Punkt einen Angriff starten sollte, und andersherum, ob es sinnvoll ist, die eigene Marke leicht abgewandelt als Wiederholungsmarke anzumelden.

Im Gegensatz zu identischen Marken scheinen zumindest leicht abgewandelte Marken, also geringfügig andere Waren und Dienstleistungen oder ein geringfügig verändertes Zeichen, als Schutzmaßnahme jedoch erfolgversprechend zu sein. Was auch funktionieren kann ist, die eigene nationale Marke als Unionsmarke anzumelden.

Der Europäische Gerichtshof hatte 2012 zumindest in einem Fall entschieden, dass es keinen Rechtsmissbrauch darstellt, wenn Pelikan, der bekannte Hersteller von Schreibgeräten, gegen ein Reisebüro „Pelicantravel“ aus einer nicht selbst benutzten Dienstleistung – Pelikan organisiert ja keine Reisen – vorgeht, da der Schreibwarenhersteller sein Logo leicht abgewandelt und auf diesem Weg neu eingetragen bekommen hatte. Pelikan wollte durch diese Maßnahme wohl auch einen möglichst weitreichenden Schutz des eigenen Logos erreichen. Mit der Anmeldung des „neuen“ Logos ging nämlich auch die Registrierung für eine Reihe von Dienstleistungen einher, die gar nichts mit dem Kerngeschäft zu tun haben. Neben „travel reservations“ war z. B. auch die Dienstleistung „Kühlschrankvermietungen“ darunter. Das Gericht ging in diesem Fall trotzdem davon aus, dass die vorangegangene Umgestaltung des Logos im Rahmen eines geänderten Geschäftsauftritts passierte und der Neueintrag deshalb keine Wiederholungsmarke darstellte.

Inzwischen gibt es eine Beschwerdekammer beim EUIPO, die sich besonders mit solchen Zweifelsfällen befasst und die in solchen Fällen einen Benutzungsnachweis verlangt, obwohl und auch wenn die Marke zum Zeitpunkt des Widerspruchs noch nicht fünf Jahre eingetragen war.

Wenn man Wiederholungsmarken anmeldet, dann sollte man sich der vorgenannten Risiken jedenfalls bewusst sein.

5.8 Kann ich einen Nutzernamen für Social-Media-Profile erstreiten?

Vielleicht fragen Sie sich als erstes, warum man das überhaupt tun sollte; ist doch egal, ob man jetzt rolfclaessen72 oder rolfclaessen heißt? Tatsächlich sind aber Social-Media-Kanäle für Unternehmen zu einem hochwirksamen Kommunikationskanal geworden. Der Fußballer Cristiano Ronaldo (bzw. sein Team) erreicht über den Namen „cristiano" auf Instagram 641 Millionen Menschen. Der Automobilhersteller BMW unter „BMW" 40 Millionen und Nike als „Nike" 302 Millionen Menschen.

Es wäre für das Sportbekleidungsunternehmen Nike sehr ärgerlich, wenn der Name Nike nun von Nike Müller aus der 12a belegt gewesen wäre und das Unternehmen nicht unter seiner Kernmarke hätte kommunizieren können. Insbesondere für kleinere und neue Unternehmen bieten die „neuen" Kanäle eben große Chancen, ihre Kunden zu erreichen. Umso wichtiger ist es, dass sie dort auch unter ihrer Kernmarke sofort gefunden werden. Den passenden Nutzernamen zu haben, ist also extrem wichtig. Wenn dieser bereits belegt sein sollte, sei es aus Zufall oder weil ein Konkurrent schneller war, stehen Unternehmen und Marken heute vor einem Problem.

Es gibt aber aus meiner Sicht drei Strategien, sich den Nutzernamen zur Marke „zu erstreiten". Eine funktioniert in der Regel sehr gut.

In der ersten Variante mahne ich den Inhaber des Profils ab. Das funktioniert in der Regel aber nur, wenn dort tatsächlich auch markenverletzender Inhalt angeboten wird. Nehmen wir beispielsweise an, dass Sie eine Marke namens Marimba für Schmuck haben und der Inhaber des Marimba-Profils dort tatsächlich auch Schmuck anbietet. Allerdings wissen Sie bereits, dass eine Abmahnung eine relativ aggressive Strategie ist, die gerne Gegenaggression auslöst. Es kann also sein, dass der Gegner es auf eine Klage ankommen lässt. Außerdem kann man bei einer Abmahnung in der Regel nur verlangen, dass der Gegner sein Profil löscht und nicht, dass er es Ihnen überträgt. In diesem Fall ist Ihnen aber ausnahmsweise nicht das Unterlassen das Wichtigste, sondern Sie wollen das Profil selbst weiter betreiben und bestenfalls auch den Followerstamm übernehmen. Bei einer Löschung ist es zudem möglich, dass sich jemand ganz anderes den Nutzernamen schnappt und das Spiel von vorne losgeht.

In der zweiten Variante melden Sie die Seite bzw. das Profil als Markenverletzung an Facebook bzw. Instagram, oder X, oder Pinterest, oder einen anderen Betreiber. Dieser wird die Seite dann meist ohne große Rückfragen sperren. Wieder haben Sie das Problem, dass die Seite bzw. der Nutzername dann nicht auf Sie übertragen ist. Zudem kann der Betreiber des Profils oder der Seite Schadenersatz geltend machen, wenn die Seite oder das Profil zu Unrecht gesperrt wurde, beispielsweise, weil dort gar kein markenverletzender Inhalt gezeigt wurde.

Aus meiner Sicht ist es im ersten Schritt am besten, wenn man dem Inhaber des Nutzernamens freundlich, aber bestimmt schreibt, dass man Inhaber der Marke ist, und ihm gerne den Nutzernamen abkaufen würde. Man kann vielleicht auch noch die Frage unterbringen, warum sich der Inhaber des Nutzernamens berechtigt fühlt, den Namen zu verwenden, der mit der Marke identisch ist. Auf keinen Fall sollte man gerichtliche Schritte androhen, da dies, wie Sie sich sicher erinnern, bereits als Abmahnung gewertet werden und Schadenersatzforderungen nach sich ziehen könnte. Ein solches Schreiben stößt zumindest eine Diskussion an, die dann in der Übertragung des Nutzernamens münden kann.

5.9 FAQ

Wie teuer ist ein Markenverletzungsstreit?

Die Anwalts- und Gerichtskosten liegen im Minimum bei den durch das Rechtsanwaltsvergütungsgesetz und das Gerichtskostengesetz festgelegten Sätzen. Diese bestimmen sich nach dem Gegenstandswert. In Markenverletzungssachen liegt der Gegenstandswert oft in einem Bereich von 50.000 bis 250.000 Euro. Aus meiner Sicht ist ein Gegenstandswert von 100.000 Euro ein Durchschnittswert für normale Markenverletzungssachen. Die Kosten für eine Abmahnung liegen damit je Anwalt in einem Bereich von etwa 1800 bis 3500 Euro. Kostenrisiko in der ersten gerichtlichen Instanz beim Landgericht kann insgesamt typischerweise in einem Bereich von etwa 8000 bis 32.000 Euro liegen, auch je nach Anzahl der Anwälte auf jeder Seite. Hinzu kann das Kostenrisiko aus Abwehrmaßnahmen wie Löschungsverfahren o. Ä. kommen. Die vorgenannten Zahlen sind auch nur Mindestkosten, die gesetzlich vorgeschrieben sind. Viele Anwälte und auch wir arbeiten häufig auf Basis eines Stundensatzes, wodurch die Kosten nochmals höher liegen können. Das dargestellte Kostenrisiko bezieht sich auf die gesamte Summe, die der Verlierer dem Gewinner erstatten muss, zuzüglich der eigenen Kosten.

Wie lange dauert ein Markenverletzungsstreit?

Häufig einigen sich die Parteien vor einem Gerichtsverfahren oder in der Verhandlung in der ersten Instanz, in der der Richter oft einen Vergleich anregt. Wenn die Parteien sich aber nicht einigen bzw. vergleichen können, so kann der Streit durch die Instanzen von Landgericht über das Oberlandesgericht bis zum BGH auch gut vier bis sechs Jahre dauern.

Braucht man vor Gericht einen Patentanwalt UND einen Rechtsanwalt?

Nein. Nur ein Rechtsanwalt ist vorgeschrieben. Sie sollten natürlich in einem solchen Streit einen Rechtsanwalt wählen, der sich mit Markenverletzungsverfahren gut auskennt. Einen Patentanwalt nehmen Sie in der Regel nur dann hinzu, wenn dieser die Marke und gegebenenfalls auch die vorhergehende Abmahnung betreut hat, und die Historie besser kennt.

Wie kann ich die Kosten in einem Streit geringhalten, ohne meine Chancen zu verschlechtern?

Jede Eskalation bedeutet in der Regel zusätzliche Kosten und Gegeneskalation mit weiteren Kosten. Bei jeder Form der Eskalation gibt es immer einen sicheren Gewinner: den Anwalt, der dafür abrechnet. Ich empfehle daher aus Sicht der Mandanten oft, den Dialog und eine Lösung mit der Gegenseite außerhalb der Gerichte zu suchen. Oft lassen sich die wahren Beweggründe ermitteln und damit Lösungen erreichen, ohne dass ein Gericht entscheiden muss.

6 INTERNATIONALER MARKENSCHUTZ

Felix Feuerbusch hat die Marke GARLION ja bewusst erst einmal nur in Deutschland angemeldet, um dann bei dem Schutz im Ausland eine bessere Basis zu haben. Warum ist das so? Er möchte Länder wie die USA, Japan, China oder auch Korea über die sogenannte Internationale Registrierung erreichen. Diese ist aber fünf Jahre ab Anmeldung von der deutschen Basismarke in ihrem Schicksal abhängig. Wird die Basismarke also beispielsweise in einem Widerspruch vernichtet, so stirbt auch automatisch die Internationale Registrierung. Er meldet also nun die Marke GARLION für Knoblauchpressen als Internationale Registrierung bei der WIPO an und benennt dabei die EU, die USA, Japan, China und Korea als Orte, an denen er seine Marke schützen lassen möchte.

Sie sind international aktiv oder wollen in der nahen Zukunft ins Ausland expandieren? Wenn Sie mit Ihrer Marke international aktiv sein wollen, sollten Sie die Marke grundsätzlich auch international schützen. Wenn Sie ausschließlich innerhalb der EU tätig sein wollen, ist die Anmeldung einer Unionsmarke geboten. Wenn Sie darüber hinaus noch in anderen Ländern aktiv werden wollen, ist eine Unionsmarke natürlich nicht mehr ausreichend. Oder, um genau zu sein, können Sie Ihre Markenrechte beispielsweise in Großbritannien oder der Schweiz nicht mit dem Verweis auf Ihre Unionsmarke durchsetzen. Die Durchsetzung

Ihrer Markenrechte ist in vielen Ländern allerdings sowieso ein Thema für sich, wie wir im Verlauf sehen werden.

Auch wenn es sich im folgenden Überblick womöglich als relativ unkompliziert darstellt: Die Anmeldung von Internationalen Registrierungen und vor allem die Anmeldung von ausländischen nationalen Marken sind sehr komplex und ich empfehle Ihnen dringend, hier auf professionellen Rat zu zählen. Ich bin trotz gesundem Grundwissen weit davon entfernt, sämtliche Feinheiten des internationalen Markenrechts in den verschiedenen Ländern im Hinterkopf zu haben und empfehle grundsätzlich, eine Markenanmeldung mit einem Experten vor Ort durchzuführen. Was wir für unsere Mandanten natürlich leisten können, ist die Koordination mit dem Partner vor Ort, sofern eine nationale Markenanmeldung gewünscht ist. Die Unterstützung durch einen Anwalt, der sich mit Marken und dem jeweiligen Markt auskennt, kann hier zur Vermeidung von teuren Fehlern wichtig sein. Die Welt ist groß und es ist nicht überall alles so oder ähnlich wie bei uns geregelt. Daher habe ich für dieses Kapitel für Sie auch mehrere Kollegen aus dem Ausland gewinnen können, um die wichtigsten Stolperfallen in den jeweiligen Ländern aufzuzeigen.

Wenn Sie Ihre Marke international, und damit meine ich in Ländern außerhalb der EU, schützen lassen möchten, können Sie entweder nationale Marken in den jeweiligen Ländern anmelden oder Sie können bei der WIPO eine sogenannte Internationale Registrierung anmelden. Die WIPO ist die World Intellectual Property Organization – auf Deutsch die Weltorganisation für geistiges Eigentum – mit Sitz in Genf in der Schweiz. Die Organisation ist seit 1974 eine Teilorganisation der Vereinten Nationen. Sie ist aber nicht nur eine Organisation mit Exekutivfunktionen, sondern auch eine diplomatische Konferenz der Mitglieder, die sich über alle Fragen des Schutzes geistigen Eigentums austauschen. Zwar sind 193 Länder Mitglied der WIPO. Über eine Internationale Registrierung erreichen Sie dennoch nur etwas über 60 davon. Selbst einige wichtige Industriestaaten wie beispielsweise Taiwan sind nicht Teil dieses Kreises und Länder wie Kanada und Brasilien sind erst gerade dazugekommen. Dennoch hat die Internationale Registrierung ihre Vorteile.

Im Prinzip teilen Sie der WIPO einfach mit, dass Sie Ihre Basismarke, also beispielsweise eine deutsche oder eine EU-Marke, auch auf andere Länder erstrecken möchten. Die Anmeldung passiert für deutsche Anmelder über das DPMA oder das EUIPO. Diese Ämter leiten dann die Anmeldung an die WIPO weiter, die wiederum den einzelnen benannten Ländern über die Anmeldung der Marke berichtet. Diese Länder prüfen dann nach ihren nationalen Gesetzen die Markenanmeldung. Falls die Länder keine Schutzverweigerung geltend machen, also keine Gründe sehen, die einer Eintragung entgegenstünden, so genießt der Inhaber einer Internationalen Registrierung dieselben Rechte wie aus einem Bündel aus lauter nationalen Marken.

Ganz so unkompliziert ist es dann aber doch nicht, denn dadurch, dass die Länder nach ihren nationalen Gesetzen prüfen, kann es durch die verschiedenen Fristen und Anforderungen je nach Anzahl der Länder im Gegenteil sehr kompliziert werden.

Das Ganze kostet Sie allein beim Amt eine Basisgebühr, die zwischen 653 und 903 Schweizer Franken zuzüglich einem weiteren, meist kleineren Beitrag für das jeweilige Land. Insgesamt ist die Gebührenstruktur allerdings so komplex, dass die WIPO auf ihrer Website netterweise einen Gebührenrechner zur Verfügung stellt.[15] Als Faustregel kann man sagen, dass Markenschutz im Ausland in ein und manchmal auch zwei Ländern günstiger über nationale Marken zu haben ist, und sich darüber hinaus die Internationale Registrierung rechnet.

Um beispielsweise eine Marke auf Basis einer deutschen Marke ohne Farbelemente in Indien, der Schweiz und der Europäischen Union für eine Warengruppe anzumelden, betragen die Gesamtkosten 1774 Schweizer Franken [653 CHF Grundgebühr + 100 CHF (eine Klasse in der Schweiz) + 124 CHF (eine Klasse in Indien) + 897 CHF (eine Klasse in der EU)]. Die Schweiz erwähne ich hier, weil Sie mit einer Registrierung in der Schweiz in Kombination mit der EU bereits die gesamte DACH-Region abdecken, und die Schweiz deshalb ein bei Markenrechtlern beliebtes Land ist. Wenn Sie das Gleiche mit jeweils separaten nationalen Marken gemacht hätten, dann wären Sie bei höheren Kosten gelandet.

Übrigens gibt es auch Länder wie beispielsweise Vietnam, die extra Gebühren für jeden Begriff in jeder Klasse verlangen. Und das kann sehr teuer werden. In manchen Klassen kann man Hunderte oder sogar Tausende Begriffe beanspruchen und jeder müsste dort extra bezahlt werden. Clever wäre es also, nur die Oberbegriffe anzumelden. Das wiederum ist in Vietnam nicht erlaubt, sodass man selbst bei 10 US-Dollar pro Begriff sehr genau auswählen muss, welche Waren man tatsächlich anbieten bzw. schützen lassen möchte.

6.1 Weltweiter Markenschutz?

Ein „weltweiter“ Markenschutz in allen 193 Staaten würde Sie auf diesem Weg oder über nationale Marken jedenfalls ganz schön teuer zu stehen kommen. Allerdings ist das eine rein theoretische Rechnung, denn den weltweiten Markenschutz gibt es praktisch nicht. Selbst wenn, wäre er für die meisten Unternehmer irrelevant. Denn als Markeninhaber sollten Sie immer für sich entscheiden, welches Land für Sie irrelevant und welches relevant ist. Einige Länder, nämlich insbesondere China, aber auch die USA und Japan werden wir uns unabhängig davon später genauer ansehen.

Eine grundsätzliche Entscheidung, vor der Sie stehen, ist nämlich die Frage, ob Sie notfalls auch bereit sind, Ihre Rechte in Ländern durchzusetzen, deren Rechtssystem ein klein wenig anders funktioniert als unseres. Wie sieht die Sache beispielsweise in Pakistan oder in Indonesien aus? Es herrschen nicht nur andere Rechtssysteme, sondern auch ein anderes Rechtsempfinden. Wir werden später an einem Beispiel zwar sehen, dass es möglich ist, auch in Ländern, in denen beispielsweise die Scharia gilt, seine Rechte durchzusetzen. Aber es erfordert – auch für große Unternehmen – enorm viel Aufwand, Zeit und Geld. Bei grassierender Korruption und Ineffizienz der Verwaltung, die es leider in vielen Ländern und obskuren Freihandelszonen gibt, lohnt es ebenfalls kaum, vor Gericht zu gehen. Ausnahmen sollten Sie von diesen Grundsätzen nur machen, wenn in solchen Ländern wichtige Wettbewerber oder Abnehmer von Ihnen sitzen. Nehmen wir beispielsweise Brasilien. Das Land ist eine aufstrebende Regionalmacht und ein gewaltiger Markt. Das Rechtssystem ist nach meinen Erfahrungen allerdings noch deutlich von westlichen Standards entfernt und ich würde den allermeisten Mandanten davon abraten, dort Markenschutz zu beantragen, eben aufgrund der anderen Durchsetzungsmöglichkeit. Das World Justice Project (WJP) hat Brasilien 2024 auf Platz 80 von 142 gesehen, was die Rechtsstaatlichkeit angeht. Wenn der Mandant allerdings beispielsweise in der Fleischindustrie aktiv wäre, dann wäre es vergleichsweise sinnvoll, dort Markenschutz zu beantragen, da die Fleischindustrie in Brasilien sehr stark ist und viele Wettbewerber aktiv sind.

Ein potenzieller internationaler Markenanmelder sollte sich immer auch über die Größe des Marktes Gedanken machen. Manchmal muss ich da als Anwalt bremsen. Es gibt tatsächlich auch ein Marken- und

Patentamt im Vatikan. Auch Australien ist sicher ein faszinierendes Land. Allerdings ist es auch ein relativ dünn besiedeltes Land mit 3,5 Einwohnern pro Quadratkilometer. Hier lohnt es sich, zu überlegen, ob man wirklich das Geld ausgeben und seine Marke auch Down Under schützen lassen will. Kanada ist ebenfalls sehr groß und weist eine vergleichsweise geringe Bevölkerungsdichte auf. Und vor allem ist es ein nahezu einheitlicher Markt mit den USA, weshalb ich meinen Mandanten oft rate, auf den Markenschutz in den USA zurückzugreifen, bzw. für Kanada vielleicht keine Marke extra registrieren zu lassen. Die meisten Hersteller werden aufgrund des weitgehend einheitlichen Marktes mit den USA kaum exklusiv in Kanada anbieten und ihre Produkte nicht in den USA vertreiben. Apropos Kanada: Unter den 13 Provinzen und Territorien, in die das riesige Land aufgeteilt ist, gibt es auch Provinzen, die hauptsächlich französischsprachig sind. Was ein charmanter Fakt sein könnte, stellt Markeninhaber vor zusätzliche Herausforderungen. In der Provinz Quebec ist Französisch offizielle Landessprache. Die rund 8,5 Millionen Einwohner, die von ca. 300 Millionen englischsprachigen Menschen im Rest von Kanada und den USA umgeben sind, wachen eifrig darüber, dass das auch so bleibt. Wenn Sie eine Marke ausschließlich in Quebec nutzen wollen, muss diese französischsprachig sein, und wenn Sie dort geschäftlich tätig sein wollen, müssen alle Texte auf Labels und Verpackungen, in Katalogen, Broschüren und in Beschreibungen etc. auch in französischer Sprache sein, und keine andere Sprache darf größer oder stärker herausgestellt sein. Wenn Sie eine englischsprachige Marke in Quebec nutzen wollen und diese beispielsweise außen an einem Ladengeschäft anbringen, muss zudem eine französische Beschreibung sichtbar sein. In Wahrheit ist alles noch viel komplizierter. Aber als kleiner Einschub soll das an dieser Stelle reichen. Mein kanadischer Kollege

François Larose beschreibt die Details in einem Interview, das ich mit ihm für meinen Podcast IP Fridays führen konnte.

Es sind also so viele Fragen zu bedenken, dass ich gut verstehe, wenn ein Markenanmelder sich zunächst nicht ganz sicher ist, in welchen Ländern er seine Marke registrieren will. Und natürlich entwickeln sich Chancen und Märkte im Laufe eines Geschäftsbetriebs. Manchmal möchte man aus dieser Entwicklung heraus eine Marke für bestimmte Länder „nachmelden". In so einem Fall hilft uns das sogenannte Prioritätsrecht: Wenn Sie zum Zeitpunkt der ersten Markenanmeldung noch nicht genau wissen, in welchen Ländern Sie Schutz haben möchten, ist das nicht schlimm. Denn Sie können Ihre Marke innerhalb von sechs Monaten noch in anderen Ländern anmelden und bekommen trotzdem in den jeweiligen Ländern den Zeitrang – also das Datum Ihrer ersten Markenanmeldung – zugesprochen, wenn Sie die Priorität Ihrer ersten Markenanmeldung beanspruchen. Wenn Sie beispielsweise heute eine Marke Marimba für die Dienstleistungen eines Tanzstudios anmelden und das Geschäft entwickelt sich so gut, dass Sie bereits von Hollywood träumen, dann können Sie innerhalb von sechs Monaten dieselbe Marke in den USA anmelden und bekommen dann den Zeitrang Ihrer ersten Marke Marimba zugesprochen. Wenn ein Wettbewerber in den USA in beispielsweise einem Monat von heute ebenfalls die Marke Marimba in den USA anmeldet, dann können Sie Ihren Wettbewerber auf Basis Ihres älteren Zeitrangs aus dem Markenregister in den USA entfernen, obwohl Sie die Marke in den USA erst Monate nach dem Wettbewerber angemeldet haben. Wenn Sie diese Prioritätsfrist nicht einhalten, erhalten Sie bei einer Nachanmeldung nicht den Zeitrang Ihrer nationalen Basismarke, sondern nur den Zeitrang auf Basis der Nachanmeldung.

6.2 Markenschutz in China

Ich habe bereits erwähnt, dass jeweils über 80 Prozent der gefälschten Ware, die der deutsche und der US-amerikanische Zoll beschlagnahmen, aus China bzw. Hongkong stammen.[16] Auf den ersten Blick nimmt man es dort mit dem Markenschutz von ausländischen Firmen also nicht sehr genau. Dazu passt, dass auf dem „chinesischen Amazon", Alibaba, Ende 2015 pro Quartal Plagiate für etwa 45 Mrd. USD vertrieben wurden bei einem Gesamtumsatz von 112 Mrd. USD. Das U.S. Office of the Trade Representative (USTR) pflegt eine schwarze Liste mit Ländern und Handelsplattformen, die besonders notorisch gefälschte Produkte vertreiben. Ende 2016 kehrte der Alibaba-Konzern prompt auf diese Liste zurück. In dem gleichen Bericht wird angemerkt, dass bis zu 90 Prozent der auf der zugehörigen Plattform Taobao angebotenen Waren gefälscht sind.[17] Auch 2022 sind die beiden Plattformen Aliexpress und Taobao immer noch auf dieser schwarzen Liste zu finden. Die Frage, die sich angesichts dieser Zahlen deutlich stellt, ist: Lohnt sich eine Registrierung in China überhaupt und kann man seine Rechte im Zweifelsfall überhaupt durchsetzen? Ich meine, ja. Die Registrierung lohnt sich, denn die Durchsetzung von Markenrechten ist durchaus möglich, nicht nur für die ganz großen Konzerne. Sie ist jedoch selbstverständlich nur möglich, wenn ich meine Rechte auch angemeldet habe. Auch in China ändert sich einiges – und zwar dramatisch. Im Januar 2017 hat Alibaba erstmals zwei Händler verklagt, die mit gefälschter Ware gehandelt haben! Inzwischen gibt es in China mehrere spezialisierte Gerichte für Intellectual Property, also auch für Marken, die extrem kompetent und durchsetzungsstark sind. Korruption ist dort nahezu kein Faktor und vor diesen Gerichten können auch ausländische Firmen gegen chinesische Firmen gewinnen. In Gang gebracht haben diese Reformen die großen und innovativen lokalen

Unternehmen wie Huawei oder ZTE, die unter den Fälschungen genauso zu leiden haben wie die ausländischen Markeninhaber. Inzwischen hat China tatsächlich einen sehr innovativen Markenschutz. Aber wie kann man sich nun konkret seine Marke in China schützen lassen und welche Tipps geben chinesische Experten dem potenziellen Markenanmelder? Ich selbst habe bisher keine Zulassung als Patentanwalt in China beantragt, und habe daher für dieses Kapitel meine chinesischen Kollegen und Markenrechtsexperten Li Xiaolian der Kanzlei Wanhuida Intellectual Property und Zhanqing Tang von Chofn Intellectual Property gebeten, die wichtigsten Grundsätze zusammenzufassen.

Es gibt, wie angedeutet, zwei Ansätze, um seine Marke registrieren zu lassen und somit in China Markenschutz zu erlangen: die Internationale Registrierung (im Folgenden „IR“ genannt) und die nationale Registrierung. Beide Ansätze haben für China ihre jeweils eigenen Vor- und Nachteile, die Markenanmelder kennen sollten, um die für sich passende Lösung zu finden.

Vorteile einer Internationalen Registrierung

- Leichtere Eintragung von nicht-standardisierten Waren und Dienstleistungen, solange die Beschreibungen nicht zu vage oder die jeweiligen Formulierungen der Waren und Dienstleistungen in China nicht grundsätzlich abgelehnt werden.
- Das Risiko einer Ablehnung ist geringer, und es ist einfacher, den Status über die offizielle Website der WIPO zu verfolgen, insbesondere für Anmelder aus Ländern mit lateinischer Schrift.

Nachteile einer Internationalen Registrierung

- Ein „Central Attack“ droht. Der Begriff bezeichnet einen Angriff auf die zugrundeliegende nationale Marke, von der die IR abhängig ist. Wird die nationale Marke während einer fünf Jahre dauernden Abhängigkeitsphase gelöscht, wird auch die internationale Registrierung automatisch gelöscht. Diese Gefahr besteht übrigens nicht nur in China.

- Es gibt in China keine Eintragungsurkunde für eine IR. Der Anmelder muss stattdessen eine Eintragungsbescheinigung zum Nachweis seines Markenrechts beantragen, was aber erst nach 12 oder 18 Monaten ab dem Zeitpunkt der Eintragung zulässig ist. Davor hat der Markeninhaber Probleme, seine Rechte nachzuweisen und durchzusetzen.
- Änderungen der Marke bei der WIPO kommen nur mit Verzögerung in China an. Durch die verspätete Ausstellung von Zertifikaten und Dokumenten kann es zu Schutzlücken und zu Problemen bei der gerichtlichen Durchsetzung der Marke kommen.

Vorteile einer nationalen Registrierung

- Bei einer nationalen Markenanmeldung geht es wesentlich schneller, eine Registrierungsurkunde und Zertifizierungen für Erneuerung, Abtretung, Änderung usw. zu erhalten, und es ist einfacher, die Marke von der Registrierung an im gesamten Lebenszyklus über eine qualifizierte, lokale Kanzlei verwalten zu lassen.
- Die Gefahr, offizielle Fristen für die Reaktion auf Widersprüche, Ungültigkeitserklärungen und Nichtbenutzungsmaßnahmen zu verpassen, ist durch die mit der nationalen Registrierung verbundenen Zuhilfenahme der lokalen Kanzlei wesentlich geringer.

Nachteile einer nationalen Registrierung

- Ohne Firmensitz in China können Sie selbst keine Marke anmelden, sondern müssen auf die professionellen Dienste von

Markenvertretern (Trademark Agents) bzw. Kanzleien wie die vorgenannten Kanzleien zurückgreifen. Ihr Anwalt in Deutschland verfügt aber in der Regel über ein großes Netzwerk mit Kanzleien in allen wichtigen Ländern.

- Es ist vergleichsweise einfacher, von Wettbewerbern überwacht und dann angegriffen zu werden.
- Einige nicht standardisierte Waren-/Dienstleistungsbeschreibungen können auch im Rahmen des Änderungsverfahrens nicht korrigiert bzw. akzeptiert werden.
- Das chinesische Markenamt teilt jede benannte Klasse in ein ungewöhnliches System von Unterklassen ein. Dies kann zu Problemen bei der Abgleichung mit den Nizza-Klassifizierungen führen.

Meine Kollegin Li Xiaolian sieht keine größeren Probleme (mehr) für Markenanmelder aus Deutschland. Aber sie rät deutschen Firmen grundsätzlich dazu, mehr Augenmerk auf die folgenden Aspekte zu legen.

- Wie auch auf dem europäischen Markt ist es in China wichtig, vor der Einreichung einer Markenanmeldung eine Ähnlichkeitsrecherche *in China* durchzuführen, um zu vermeiden, dass Zeit mit einer nicht eintragungsfähigen Marke verschwendet wird, da China die relativen Gründe und absoluten Gründe für jede Markenanmeldung gleichzeitig prüft, und jede Marke, die identisch oder ähnlich zu den zuvor angemeldeten oder eingetragenen Marken für identische oder ähnliche Waren ist, von Amts wegen beanstandet würde. Man kann diese Beanstandungen wegen älteren Marken dann entweder argumentativ (oft nicht erfolgreich) oder durch die Zustimmung der Inhaber der älteren Marken entkräften. Ich selbst habe auch schon erfolgreich eine weitere Strategie umgesetzt: man kann diese älteren

Marken auch angreifen, beispielsweise wenn sie von sogenannten Markengrabbern in böser Absicht angemeldet wurden.

- Jeder Markenanmelder sollte ein chinesisches Äquivalent seiner Marke finden. Dieses wird gleichzeitig mit dem „lateinischen Namen" in China eingereicht. Denn eine Namensregistrierung in lateinischer Schrift bietet keinen Schutz vor der Einreichung von Transliterationen in chinesischer Sprache, und ohne ein chinesisches Äquivalent ist es in der Regel schwieriger, eine „lateinische Marke" auf dem chinesischen Markt zu entwickeln. Dieser Punkt bedeutet bereits beim Recherchieren der Marke sehr hohen Aufwand. Denn ich muss zum einen meine eigentliche Marke wie beispielsweise Marimba aber auch die Transliteration recherchieren. Also was könnte auf Hochchinesisch oder Mandarin so ähnlich klingen wie Marimba? Und zusätzlich beschreibt Marimba ja ursprünglich ein Musikinstrument: Wie heißt das Instrument auf Chinesisch? Auch diese Begriffe müssen vorab recherchiert werden. Und diese Dinge sollten im besten Fall von einer chinesischen Kanzlei erledigt werden. Dieser Punkt gilt natürlich analog auch für die anderen großen asiatischen Märkte wie Japan und Korea.
- Wenn der Antragsteller plant, in den chinesischen Markt einzusteigen, ist es mit dem vorhergehenden Punkt im Hinterkopf also sehr wichtig, so früh und so weit wie möglich Anträge in China einzureichen, um eine mögliche vorbeugende Registrierung mit böswilliger Absicht durch den chinesischen Distributor/Kooperationspartner zu vermeiden. Und es ist auch wichtig, die Nachweise der Benutzung der Marke, die Markenlizenz oder die Zusammenarbeit mit anderen Marktteilnehmern usw. auf dem chinesischen Markt zu archivieren und zu dokumentieren, um mit zukünftigen möglichen Markenstreitigkeiten besser umgehen zu können.

Mein Kollege Zhanqing Tang berichtete mir, dass sogar der Branchenriese Pfizer die angesprochene Doppel- bzw. Dreifachrecherche versäumt hat: In China sprechen die meisten Verbraucher eben kein Englisch und sind auch nicht an lateinische Schriftzeichen gewöhnt. Sie bevorzugen Marken in chinesischen Schriftzeichen. In gewisser Weise ist deshalb die chinesische Version die wichtigere Marke und sollte auch effizienter beworben werden. Denn wenn die Produkte in China beliebt sind, während die Marke weder nach der Aussprache noch nach dem Konzept ins Chinesische überführt worden ist, kann der Konsument die Marken auf seine eigene Weise benennen. Als Pfizer beispielsweise die Marke VIAGRA in China einführte, nannten die Verbraucher, die kein chinesisches Äquivalent kannten, die Marke WEI GE/伟哥 (wörtlich „großer Bruder"). Natürlich fanden sich Unternehmen, die den „großen Bruder" kopierten. Pfizer verbrauchte eine Menge Ressourcen, um der kopierten Marke zu widersprechen, konnte sich aber vor Gericht nicht durchsetzen. Das Gericht hat in diesem Fall ein abschließendes Urteil zugunsten der lokalen Firma in China gefällt.

Auch in China gibt es seit einigen Jahren die Möglichkeit, Marken in mehreren Klassen gleichzeitig anzumelden. Man muss also nicht mehr getrennte Marken für die verschiedenen Klassen anmelden.

Hongkong und China sind übrigens aktuell noch markenrechtlich getrennte Systeme – mit einer Marke in Hongkong können Sie in China nicht gegen Wettbewerber vorgehen – und umgekehrt.

Durchsetzung von Markenrechten in China

In China können Sie Ihr Markenrecht auf drei Wegen durchsetzen. Zum einen steht Ihnen das normale Klageverfahren offen. Der zweite Weg ist das sogenannte administrative Verfahren der State Administration for Market Regulation (SAMR), das ein bisschen an eine einstweilige

Verfügung erinnert, nur wesentlich rabiater bzw. effektiver ist. Das administrative Verfahren kommt zum Zug, wenn Sie genau wissen, wo die gefälschten Waren herkommen. Wenn Sie den Behörden tatsächlich sagen können, dass da in der Fabrik, in diesem Gebäude, eine Spritzgussmaschine steht, die meine Gießkannen nachmacht, dann kann man diese Spritzgussmaschine mit dem administrativen Verfahren beschlagnahmen und vernichten lassen.

Im Vorfeld kommen inzwischen – nicht nur in China – oft spezialisierte Agenturen zum Zuge, die eben diese Vertriebswege detektivisch aufdecken. Wo kam der Container her, wo kam der Lkw her, der die Ware angeliefert hat, wo wurde er beladen usw., bis man den Produktionsort einkreisen kann. Denn tatsächlich ist für viele große Markenartikler die Unterbrechung der Distributionskette das zweiteffektivste Mittel gegen Markenpiraterie. Das effektivste Mittel ist die physische Vernichtung der Produktionsmittel, also beispielsweise der Webstühle oder der Spritzgussformen am Herstellungsort.

Und genau das ermöglicht das administrative Verfahren. Bei diesem Verfahren wenden Sie oder Ihr Vertreter sich an die SAMR und stellen dort den Antrag auf Durchsetzung Ihrer Rechte. Auf Provinzebene sind Urheberrechtsbüros eingerichtet, die in der Verantwortung der jeweiligen Provinzen weiter untergliedert sind, und die ihre unterste Ebene in der Regel bei lokalen Urheberrechtsbüros finden. Wenn dem Antrag stattgegeben wird, rücken spezialisierte Einheiten aus und beschlagnahmen bzw. zerstören die gefälschte Ware und die entsprechenden Werkzeuge vor Ort. In der Realität buchen größere Wiederholungstäter diese Strafmaßnahmen aber immer noch lediglich als „Geschäftskosten" ab und lassen sich durch diese nicht abschrecken. Man muss also selbst immer aktiv bleiben. Sie selbst können übrigens in diesem Verfahren keinen Schadenersatz einfordern. Das wiederum wäre über die dann oft folgende zivilrechtliche Klage möglich.

Auch das strafrechtliche Verfahren steht Ihnen offen. Hierfür erstatten Sie entweder Anzeige oder wenden sich direkt an ein Gericht. Grundsätzlich können Fälle strafrechtlich verfolgt werden, wenn der Umsatz mit den gefälschten Waren etwa 150.000 Renminbi Yuan (Stand März 2024 etwa 19.500 Euro) oder der Ertrag 90.000 Renminbi Yuan (Stand März 2024 etwa 11.500 Euro) überschreitet. Dabei droht ein vergleichsweise hohes Strafmaß mit Bußgeldern und Haftstrafen bis zu drei Jahren.

6.3 Markenschutz in den USA

Auch die USA weisen im Markenrecht einige Besonderheiten auf. Insbesondere gibt es vier Faktoren, auf die Sie als Markenanmelder achten müssen. Das Amt schaut nämlich sehr genau darauf. Alle vier Faktoren sollten Sie auch beachten, wenn Sie Ihre Marke in den USA national oder über den inzwischen bekannten Weg der Internationalen Registrierung anmelden wollen:

- Im Gegensatz zum deutschen und europäischen Recht muss ein Anmelder in den USA seine Marke bereits während des Anmeldeprozesses in Benutzung haben, um in das Principal Register vorzudringen, in dem die durchsetzbaren Marken registriert sind. Ohne Nachweis der Benutzung kann man die Marke nur auf „intent to use"-Basis quasi vorab anmelden und vormerken. Auch für diesen Schritt muss man zumindest einen konkreten Plan zur Benutzung der Marke im geschäftlichen Verkehr nachweisen können. Erst mit einer tatsächlichen und nachweisbaren Aufnahme der Benutzung kann man die Marke dann in den USA durchsetzen.

- Zu breit und allgemein formulierte Waren und Dienstleistungen werden in der Regel beanstandet, weil diese nach Sicht des Amtes wiederum dem ersten Punkt entgegenstünden. Man kann im Unterschied zur Situation in Deutschland nicht einfach „Software" beanspruchen, sondern muss z. B. „Software für die Konstruktion von Maschinen" wählen. Alle beanspruchten Waren und Dienstleistungen müssen benutzt werden.
- Das Amt recherchiert selbst nach ähnlichen älteren Marken und beanstandet die neue Marke auf Basis dieser Marken. Achtung: In den USA können Zeichen auch ohne Registrierung wie Marken benutzt werden – ähnlich wie die bereits bekannte deutsche Benutzungsmarke – und genießen dadurch bereits gewisse Rechte.
- In den USA gilt eine Marke nur dann – Achtung, es folgt Anwaltsprech – „identisch in allen Normalschreibweisen verletzt", wenn die Eintragung in Großbuchstaben erfolgt. Wenn man also eine Marke MARIMBA hat, dann verletzt ein Wettbewerber die Marke auch dann identisch, wenn er marimba verwendet. Dies wäre in den USA möglicherweise nicht der Fall, wenn man als Marke Marimba angemeldet hätte.

Vor allem der letzte Punkt macht kaum Probleme. Zwar hört es sich extrem kompliziert an, ist es aber nicht. Wenn ich mein so erfolgreiches Tanzstudio Marimba in den USA registrieren lassen möchte, dann sollte ich – wie ich es bereits ganz am Anfang des Buches grundsätzlich empfohlen habe – es immer in Großbuchstaben registrieren lassen: MARIMBA. Denn nur dann genießt die Marke in allen anderen Normalschreibweisen Schutz, beispielsweise marimba. Aber Achtung:

Die so beliebte Binnengroßschreibung, also beispielsweise MaRimBa gilt nicht als Normalschreibweise. MaRimBa würde in den USA, genau wie auch bei uns, nicht als identisch, sondern nur als ähnlich gewertet.

Wie schon für den Abschnitt zu China, habe ich auch für diesen Abschnitt für Sie einige Kollegen um Insidertipps gebeten. An dieser Stelle fasse ich deshalb die Gedanken meiner US-Kollegen Eric Lamb von der Kanzlei Frost Brown Todd LLP und Kenneth D. Suzan von der Kanzlei Barnes & Thornburg LLP zusammen.

Die schon so oft empfohlene gründliche Markenrecherche ist in den USA wie auch in den anderen Ländern wichtig, weil Sie alle Beanstandungen von einem jeweils national dort zugelassenen Kollegen ausräumen lassen müssen. Und die können richtig, richtig teuer sein. Ein Einsatz kann Sie je Beanstandung schnell 1000 bis 1500 Euro kosten. Hinzu kommt, warnt mein US-Kollege Eric Lamb ausdrücklich, dass eine ältere Marke nicht identisch sein muss, um eine Zurückweisung zu bewirken. Es reicht dafür, dass die neue Marke nur als so ausreichend ähnlich anzusehen ist, dass Verwechslungsgefahr mit der älteren Marke bestehen könnte. Die etwas schwammige Formulierung lautet „likely to cause confusion". Das dahinterstehende Prinzip ist Ihnen aus Kapitel 4 geläufig.

Aus dem gleichen Grund erfordert auch der zweite Punkt volle Aufmerksamkeit und ebenso Kenntnis über die US-amerikanischen Klassifizierungsgepflogenheiten. Die Faustregel ist, Waren und Dienstleistungen sehr konkret zu formulieren. Am besten orientiert man sich an den zugelassenen Begriffen, die man frei im „Trademark ID Manual" des United States Patent and Trademark Office (USPTO) recherchieren kann.[18] Sie würden im Marimba-Fall in die Suchmaske Tanzstudio bzw. „dance studio" eingeben und links neben Ihrem Suchergebnis die Klasse (in diesem Fall 41) und die relevanten Term-IDs sehen. Da Sie in Ihrem

Studio aber nicht nur Leuten das Tanzen beibringen, sondern auch Veranstaltungen organisieren und eventuell Tanzbekleidung verkaufen wollen, geben Sie in die Suchmaske auch „dancing" ein und sehen wiederum alle verwandten Begriffe und die passenden Term-IDs. Wenn Sie die vorgegebenen Term-IDs verwenden, steigen Ihre Chancen extrem, dass Ihre Waren und Dienstleistungen nicht beanstandet werden.

Wenn Sie lediglich Schutz in den USA anstreben und deshalb von einem US-amerikanischen Anwalt eine nationale Marke eintragen lassen wollen, müssen Sie mit Kosten in Höhe von etwa 1500 bis 2500 Euro für die erste Klasse und etwa 500 bis 700 Euro für jede weitere Klasse inklusive der Amtsgebühren und aller Honorare rechnen. Diese Kosten hängen vor allem von der Größe und Qualität der Kanzlei ab, die man beauftragt. Einen passenden Partner vor Ort können Sie ebenfalls über die sehr gute und sehr informative Seite des USPTO finden,[19] falls dies nicht Ihr Anwalt über sein weltweites Anwaltsnetzwerk ohnehin abdecken kann.

Der erste oben genannte Punkt ist wohl einer der größten Unterschiede zum europäischen Markenrecht. Tatsächlich sollten Sie bereits während des Anmeldeprozesses nachweisen können, dass Sie die Marke – so wie Sie sie eintragen wollen – schon benutzen oder die feste Absicht haben, dies zu tun. Und selbst wenn Sie bei der Anmeldung noch im Status der Absicht sind, werden Sie im Laufe des Antragsverfahrens eine Benutzung nachweisen müssen, um die Registrierung abschließen zu können. Diese Anforderung ist keine beiläufige Formalität. Als Markenanmelder müssen Sie in der Lage sein, einen konkreten Plan zur Benutzung der Marke im geschäftlichen Verkehr nachzuweisen. Sonst riskieren Sie, dass die Anmeldung abgelehnt oder – wenn die Marke bereits eingetragen ist – die Eintragung gelöscht wird. Für diesen „Bona-Fide"-Nachweis haben Antragsteller in den USA allerdings ab dem Zeitpunkt der ersten Eintragung auch insgesamt 36 Monate Zeit. Sie erinnern sich, dass Sie in Deutschland eine Marke innerhalb der ersten fünf Jahre seit der Registrierung nicht benutzen müssen und trotzdem Ihren Markenschutz durchsetzen können. Das US-Recht basiert nahezu vollständig auf dem Gedanken der Nutzung. Fälle wie der im vorangegangenen Kapitel geschilderte, als Pelikan sich mit einer Wiederholungsmarke gegen ein Reisebüro durchsetzte, sind in den USA ausgeschlossen. Selbst wenn Sie in den USA keine registrierte Marke haben, aber Ihr Zeichen etc. wie eine Marke verwenden, können Sie möglicherweise bereits Rechte haben, die Sie gegen andere Parteien durchsetzen können, die versuchen, eine ähnliche Marke anzumelden. Dies scheint in den USA jedenfalls leichter möglich zu sein als in Deutschland.

Das schafft natürlich einige Verwirrung, denn eventuell hatten Sie ja bereits sehr gut recherchiert und plötzlich taucht trotzdem eine ähnliche „Quasi-Marke" auf. Vielleicht fällt Ihnen bereits auf, dass dieser Punkt auch mit den sehr konkret zu formulierenden Waren und Dienstleistungen zusammenhängt. In den USA soll es nur für etwas Schutz geben, was Sie wirklich „im Gebrauch" haben. Im Übrigen muss man auch eine Erklärung unterzeichnen, dass man in allen beanspruchten Klassen aktiv ist, weshalb man auf die nicht genutzten Klassen besser verzichten sollte. Der Umstand des konkreten Nachweisen-müssens kann zu skurrilen Situationen führen. Als Nachweis der Benutzung akzeptiert das USTPO unter anderem Verpackungsmaterial, Rechnungen aber auch Werbematerialien und Websites. Insbesondere für Erzeugnisse muss der Nachweis sehr streng geführt werden. Für Erzeugnisse akzeptiert das USTPO nämlich oft einen Nachweis auf Basis solcher Materialien *nicht* und will stattdessen Bilder des gelabelten Produkts und der Verpackungen sehen. Oft schicke ich meinem US-Kollegen sogar die echten Verpackungen, die dieser dann beim Amt einreichen kann. Einer unserer Partner in den USA, Erik Pelton von Erik M. Pelton & Associates

PLLC, berichtete mir in einem Interview für meinen Podcast IP Fridays von einem seiner Kunden, der Beton lieferte, und damit ein Problem hatte. Denn Beton ist flüssig, und es ist nicht möglich, Beton mit einem Label auszuzeichnen. Glücklicherweise akzeptierte das Amt in diesem Fall, dass das Markenzeichen auf dem Lkw abgebildet war, der den Beton lieferte.

Was passiert nun, wenn man eine Erklärung über die Benutzung von Waren und Dienstleistungen unterzeichnet hat, und diese dann doch nicht nutzt? Gott sei Dank ist das Amt in so einem Fall meist nicht so streng wie bei der Kontrolle des Nachweises. Im Regelfall einigt man sich darauf, dass es ein Versehen war. Es wird unter dieser Annahme jedenfalls nicht die gesamte Marke gelöscht, sondern die nicht genutzten Waren und Dienstleistungen gestrichen. Trotzdem könnte das Amt in den USA die Marke auch komplett löschen, wenn es die falschen Angaben als Betrug wertet.

Mein Kollege Kenneth D. Suzan weist in diesem Zusammenhang ausdrücklich darauf hin, dass der Nachweis der Benutzung jeweils auch bis zum Zeitpunkt einer bevorstehenden Verlängerung der Registrierung nachzuweisen ist. Eine Erklärung über die Verwendung und/oder die entschuldigende Nichtbenutzung muss beim Patent- und Markenamt der Vereinigten Staaten zwischen dem fünften und sechsten Jahr nach der Registrierung eingereicht werden. Es gibt auch eine weitere Verlängerungsfrist zwischen dem neunten und zehnten Jahr der Registrierung und danach alle zehn Jahre. Für Markenanmelder ist es von entscheidender Bedeutung, die Verlängerungsfristen im Auge zu behalten, um ihre Registrierungen in den Vereinigten Staaten erfolgreich zu verlängern.

Darüber hinaus sollten die Arten der zulässigen Verwendungszwecke auch mit einem lokalen Markenanwalt in den Vereinigten Staaten überprüft werden, um mögliche Ablehnungen im Hinblick auf eine Verlängerung zu vermeiden.

Durchsetzung von Markenrechten in den USA

Zur Durchsetzung der eigenen Marke in den USA kann bei einem Federal Court Klage eingereicht werden. Es muss allerdings nochmal darauf hingewiesen werden, dass Verfahren in den USA auch aufgrund der Rechtsanwaltskosten, die selbst bei positivem Ausgang oft nicht erstattet werden, sehr teuer sind. Sie sind sogar so teuer, dass es für sehr viele Unternehmen einfach bereits aus diesem Grund unmöglich ist, einen Markenrechtsstreit vor Gericht auszutragen. Bevor ein Richter überhaupt einen Bleistift in die Hand nimmt, können auf jeder Seite bereits Kosten zwischen einer halben und einer Million US-Dollar entstanden sein. Insbesondere ist das „Pre-Trial Discovery"-Verfahren dafür verantwortlich. Das ist ein Verfahren, das bereits vor der eigentlichen Verhandlung stattfindet. Über das vom Hauptverfahren abgetrennte Verfahren kann man vom Gegner sehr umfangreich Beweismaterial einfordern. Hier geht es tatsächlich manchmal um Lkw-Ladungen von Akten, die dann natürlich von entsprechend vielen Anwälten – die wiederum alle beispielsweise 600 US-Dollar Stundensatz haben können – bearbeitet werden müssen, um daraus die Klage zusammenzustellen. Zusätzlich muss man sich auf das Geschworenensystem vorbereiten, im schlimmsten Falle mit sogenannten Mock-Trials, in denen man das eigentliche Verfahren mit unterschiedlich zusammengesetzten Jurys bereits vorab simuliert. Das lohnt sich wirklich nur für die ganz großen Mittelständler oder Konzerne und stellt die Frage nach der Sinnhaftigkeit einer Durchsetzung.

Selbstverständlich erzeugt dieses System eine massive Ungerechtigkeit, weil sich nicht jeder so ein Verfahren leisten kann. Diese Ungerechtigkeit gilt für potenzielle Kläger, aber natürlich auch für

Beklagte. Denn wenn man in den USA abgemahnt wird, hat das ganz andere Dimensionen als in Deutschland. Bei uns liegt das finanzielle Risiko bei einer Abmahnung in einer Markensache vielleicht bei 15.000 bis 30.000 Euro in der ersten Instanz für die Gerichts- und Anwaltskosten. In den USA sind manche Unternehmen dann in ihrer Existenz gefährdet. Die Großen wissen das und nutzen diese Macht auch aus. Einer Abmahnung in den USA sollte man sich besser fügen, wenn man nicht eine prall gefüllte Kriegskasse hat.

Ganz langsam setzt sich bei Gerichten aber die Auffassung durch, dass solche Klagen rechtsmissbräuchlich sein können. Zumindest zeigen erste Urteile in diese Richtung.

Wenn man sich entscheidet, in den US-Markt einzutreten, sind allein aus diesen Gründen Überlegungen sinnvoll, eine rechtlich von der Mutter abgetrennte Gesellschaft zu gründen, die dann Inhaber der Marke ist. Auf diese Weise zieht eine Markenklage nicht das gesamte Unternehmen in den Abgrund.

Die gute Nachricht ist, dass die Nachteile dieses Systems – also das hohe finanzielle Risiko für beide Seiten – bei den Unternehmen gut bekannt sind. Es ist deshalb in den USA verhältnismäßig leicht, mit der Gegenseite in den Dialog zu treten.

6.4 Markenschutz in Japan

Gemeinsam mit China und Korea gehört Japan zu den drei großen asiatischen Märkten. Japan hat eine Fläche von rund 400.000 km^2 und eine Bevölkerungsdichte von ca. 350 Einwohner/km^2. Damit erreicht Ihre Marke in Japan insgesamt mehr als 100 Millionen Menschen. Viele Unternehmen haben deshalb ein Interesse daran, ihre Marken dort schützen zu lassen. Zudem verfügt Japan über eine hoch entwickelte Industrie und ein auf dem Gebiet der Marken sehr gut funktionierendes Rechtssystem. Genau wie in China und Korea bildet auch hier das grundsätzlich unterschiedliche Schriftsystem eine erste Hürde. Allerdings sind Japan und das japanische Markenrecht von allen drei Ländern am westlichsten geprägt. Grundsätzlich vereint das japanische Markenrecht Elemente der europäischen und der US-amerikanischen Praxis.

Ich habe für diesen Abschnitt meinen Kollegen Dr. Shoichi Okuyama von der Kanzlei Okuyama & Sasajima gebeten, die wichtigsten Grundsätze zusammenzufassen.

Im Gegensatz zu China können Sie in Japan Marken auch ohne Firmensitz oder theoretisch auch ohne Vertreter vor Ort anmelden – wovon ich allerdings dringend abraten muss. Außerdem können Sie eine Marke in lateinischer Schrift anmelden und erhalten dadurch ebenfalls Schutz für die transliterierte Version, die nicht gesondert registriert werden muss. Weitere Besonderheiten der japanischen Praxis, insbesondere im Vergleich zu Europa, im Überblick:

- Die Widerspruchsfrist beträgt nur zwei Monate, gerechnet vom Datum der Veröffentlichung der Markenanmeldung.
- Die Marke muss innerhalb von drei Jahren – statt wie in Europa innerhalb von fünf Jahren – benutzt werden, gerechnet vom Datum der Eintragung.
- Das Amt unternimmt im Anmeldeverfahren eine Prüfung der Unterscheidungskraft der Marke sowie eine Recherche nach entgegenstehenden älteren ähnlichen Marken.
- Der Weg zur registrierten Marke geht über die Veröffentlichung der Anmeldung, Prüfung, Eintragung und die Veröffentlichung der Eintragung. Parallel dazu zahlen Sie eine amtliche Gebühr abhängig von der Anzahl der Klassen von wenigstens 400 Euro für die Anmeldung

und wenigstens 1200 Euro für die Eintragung. Im Unterschied zu vielen anderen Ländern sind also zu zwei Zeitpunkten Gebühren fällig.

- Japan gewährt, wie andere Länder auch, sehr bekannten Unternehmen auch ohne Markenregistrierung Markenschutz.
- Der Schutz vor Verletzungen existiert auch für nicht registrierte Marken mit erheblicher und langjähriger Nutzung – etwa vergleichbar mit den Benutzungsmarken aus Kapitel 2.
- Die Kennzeichnung ist für eingetragene Marken nicht zwingend vorgeschrieben, aber empfehlenswert. In Japan kennt man vor allem TM, die Verwendung von ® ist zwar rechtlich nicht bindend, wird allerdings in der Praxis anerkannt.

Markenanmeldungen erfolgen über das Japanese Patent Office (JPO), eines der größten Patent-Ämter der Welt. Ich empfehle trotz guter Recherchemöglichkeiten im Einklang mit japanischen Markenexperten wie Dr. Shoichi Okuyama zumindest die Waren und Dienstleistungen vor dem Versuch der Registrierung von einem japanischen Anwalt kontrollieren zu lassen.

Auch in Japan wird nämlich auf eine sehr konkrete Definition der Waren und Dienstleistungen geachtet. Bei europäischen Antragstellern ist deshalb immer wieder zu beobachten, dass die Waren und Dienstleistungen nach Ansicht des JPO zu weit gefasst sind, und deshalb Anmeldungen zurückgewiesen werden. Wenn die Marke für viele Waren und Dienstleistungen angemeldet wird, muss der Anmelder beweisen, dass er seine Marke für diese Waren und Dienstleistungen tatsächlich benutzt, oder, und das ist ähnlich wie in den USA, er muss eine Erklärung einreichen, dass er plant, die Marke zu benutzen. Und um die Ernsthaftigkeit dieses Vorhabens zu unterstreichen, muss er beispielsweise einen Businessplan beilegen. Angesichts dieses Aufwands ist also dazu zu raten, auch in Japan nur die Waren und Dienstleistungen zu beanspruchen, in denen man auch tatsächlich tätig werden wird. Der Prüfer kann eine Marke zurückweisen, wenn er „berechtigte Zweifel" hat, dass die Marke, wie angemeldet, benutzt werden soll. Grundsätzlich müssen alle Waren und Dienstleistungen mit der Geschäftstätigkeit des Anmelders zusammenhängen.

Auf die Spitze getrieben wird dieses sehr genaue Hinschauen bei Anmeldungen in der Klasse 35, wenn es um Einzelhandelsdienstleistungen geht. Diese müssen sehr genau identifiziert werden. Ganz grob wird unterschieden zwischen

- Einzelhandels-/Großhandelsdienstleistungen in Kaufhäusern und Supermärkten oder dergleichen, die sich mit einer Vielzahl von Waren oder Dienstleistungen befassen
- Einzelhandels-/Großhandelsdienstleistungen, die von Boutiquen und Fachgeschäften oder dergleichen angeboten werden, die sich mit einem spezifischeren Produktsortiment befassen z. B. Kleidung, Schuhe, Taschen und andere persönliche Gegenstände
- Einzelhandels-/Großhandelsdienstleistungen, die von Lebensmittelgeschäften erbracht werden, wie Spirituosenläden, Konditoreien oder anderen Fachgeschäften, die mit der Verarbeitung von Lebensmitteln zu tun haben.

Kann man solche Probleme umgehen, indem man sich für eine Internationale Registrierung entscheidet? Und was sind die spezifischen Vorteile einer Internationalen Registrierung gegenüber einer nationalen Marke in Japan?

Der größte Vorteil der Internationalen Registrierung ist, dass sie kostengünstiger ist als die nationale Registrierung. Selbst wenn das

JPO eine Marke beanstandet, schlägt der Prüfer oft selbst die nötigen Änderungen vor, sodass es möglich ist, Änderungen bei der WIPO einzureichen, theoretisch ohne einen japanischen Anwalt einschalten zu müssen. Allerdings ist es bei der Internationalen Registrierung nicht möglich, die in der Basisanmeldung angegebene Klasse zu ändern. Das kann insbesondere bei sehr innovativen Waren und Dienstleistungen zum Problem werden, da japanische Prüfer diese womöglich in eine andere Klasse einstufen würden. Dann kann es notwendig werden, eine separate nationale Anmeldung in Japan einzureichen, um damit den ursprünglichen Zeitrang zu verlieren. Unter diesem Aspekt punktet also die teurere nationale Registrierung. Hier können angegebene Waren oder Dienstleistungen relativ frei geändert und die angemeldete Klasse gewechselt werden. Auch Teilanmeldungen sind nur in der nationalen Anmeldung möglich.

Durchsetzung von Marken in Japan

Markenrechtsstreitigkeiten können in Japan auf verschiedene Weisen gelöst werden. Im Falle einer vermeintlichen Verletzung kann der Inhaber der eingetragenen Marke oder sein Lizenznehmer versuchen, seine Rechte durchzusetzen, indem er eine Markenverletzungsklage vor einem Bezirksgericht einreicht. Vorläufigen Rechtsschutz ermöglicht auch in Japan eine einstweilige Verfügung (auf Japanisch Karishobun). Grundsätzlich kann der Kläger das Gericht für eine Klage nicht frei wählen. Das japanische Recht ermöglicht aber dennoch einige Flexibilität bei der Wahl des Gerichts.

Für eine einstweilige Verfügung müssen sich Kläger an das für den Bezirk zuständige Gericht wenden, in dem sich auch der Beklagte befindet. Klage einreichen können Sie auch vor dem Gericht, das für den Bezirk zuständig ist, in dem die Markenrechtsverletzung stattgefunden hat, also beispielsweise die Herstellung oder der Verkauf der Waren, die Gegenstand einer einstweiligen Verfügung sind. Wenn Sie gleichzeitig Schadenersatz geltend machen, ist es sogar möglich, das Gericht anzurufen, bei dem der Kläger seinen Sitz hat. Hier ist zu beachten, dass der entstandene Schaden real sein muss und es sehr dezidierte Vorgaben zur Berechnung gibt.

Für Klagen im Zusammenhang mit einem Patent oder Gebrauchsmuster ist es möglich, eine Klage beim Bezirksgericht Tokio einzureichen, wenn die Zuständigkeit nördlich der Zuständigkeit des Obersten Gerichtshofs von Nagoya liegt. Wenn die Zuständigkeit südlich der Zuständigkeit des Obersten Gerichtshofs von Nagoya liegt, ist das Bezirksgericht Osaka zuständig. Vielleicht merken Sie auch an dieser Stelle wieder, wie wichtig es ist, einen Vertreter an seiner Seite zu haben, der sich mit den Gepflogenheiten des Landes auskennt.

Eine der Klage vorhergehende Abmahnung ist in Japan nicht zwingend notwendig, da das japanische Recht keinen Klageüberfall wie das deutsche Recht kennt. Sie ist dennoch empfehlenswert und sollte grundsätzlich immer vor Einreichung einer Klage verschickt werden.

Der Empfänger kann nach Erhalt einer Abmahnung nicht mehr geltend machen, dass die verletzenden Handlungen entweder unwissentlich oder fahrlässig sind. Das japanische Markenrecht geht nämlich grundsätzlich von einer Fahrlässigkeit des Verletzers aus. Durch die Abmahnung wird diese Fahrlässigkeit ausgeschlossen. Sie bietet dem Abmahnenden deshalb einen Vorteil bei der Geltendmachung von Schadenersatz und kann zu einer höheren Schadenersatzentscheidung führen als es bei einer unwissentlichen Verletzung möglicherweise der Fall wäre. Zwar gibt es nach geltendem Recht in Japan keinen Straf-Schadenersatz. Dennoch sind die Schadenersatzzahlungen gestiegen. So wurde beispielsweise im

Fall eines Magenmittels namens „H2 Blocker“ Schadenersatz in Höhe von 30 Milliarden Yen (knapp 180 Millionen Euro) zugesprochen.

Wenn der Verletzer nach Erhalt des Abmahnschreibens damit einverstanden ist, einen Vergleich auszuhandeln, ist dies viel kostengünstiger als die Anrufung des Gerichts. Diesen Vergleich müssen Sie zudem nicht allein aushandeln. Neben dem Klageweg können in Japan Markenstreitigkeiten auch durch private Einrichtungen wie das Japan Intellectual Property Arbitration Center (JIPAC) entschieden werden, das gemeinsam von der Japan Federation of Bar Associations und der Japan Patent Attorneys Association eingerichtet wurde. Dieses fungiert bei Streitigkeiten als „neutraler Dritter“. Es gibt Schiedsverfahren und Schlichtungsverfahren. Das Schiedsverfahren ist ein Verfahren, bei dem ein aus Schiedsrichtern bestehendes Schiedsgericht einen Fall prüft: Auf der Grundlage einer Vereinbarung zwischen den Beteiligten (Schiedsvereinbarung), zu deren Einhaltung die Beteiligten verpflichtet sind, wird eine Entscheidung getroffen (Schiedsspruch). Schlichtung ist ein Verfahren, bei dem ein Schlichter als neutraler Dritter zwischen den betroffenen Parteien vermittelt. Er fördert Diskussionen und Verhandlungen und passt ihre Interessen so an, dass sie eine Einigung zur Beilegung des Streitfalls erzielen können.

In manchen Fällen hat die Versendung eines Abmahnschreibens an Kaufhäuser und Supermärkte anstelle des Verletzers – also desjenigen, der beispielsweise die gefälschte Ware oder die fragliche Marke in den Umlauf bringt – im Wesentlichen die gleichen Auswirkungen wie eine einstweilige Verfügung. Deshalb sollten Sie sich als Kläger bei diesem Schritt sehr sicher sein, was die Verletzung der Schutzrechte betrifft. Andernfalls könnte es zur Gegenklage kommen, und Sie müssen dann möglicherweise Schadenersatz leisten, wenn das Gericht den Fall anders sieht als Sie.

Die Kosten eines Rechtsstreits variieren je nach Höhe des Schadenersatzes, der Komplexität des Sachverhalts, dem Zeitaufwand für die Strafverfolgung und dem Stundensatz Ihres Anwalts. In den meisten Fällen kostet eine einstweilige Verfügung nicht weniger als 9000 Euro. Für die eigentliche Klage sollten Sie nicht weniger als 40.000 Euro einplanen. Zu beachten ist dabei, dass die Gerichte dazu neigen, Anwaltskosten nur in begrenztem Umfang geltend zu machen. Ein zivilrechtliches Verfahren dauert in der Regel drei bis fünf Jahre für die erste Verhandlung und weitere ein bis drei Jahre für die zweite bzw. dritte Verhandlung. Die Zeit variiert jedoch von Fall zu Fall erheblich.

Neben einer einstweiligen Verfügung können Sie im Übrigen auch einen Antrag auf Grenzbeschlagnahme stellen, falls die betreffenden Produkte eingeführt werden.

Der gerichtliche Klageweg folgt also weitgehend dem vertrauten westlichen Weg. Zwei Unterschiede gibt es allerdings:

- Die strafrechtlichen Sanktionen können sehr empfindlich ausfallen: Absichtliche Markenverletzungen können in bestimmten Fällen mit bis zu zehn Jahren Freiheitsstrafe und/oder einer Geldstrafe von 10 Millionen Yen – im Fall „H2 Blocker" noch höher – belegt werden.
- Der Rechteinhaber kann den Verletzer zur Wiederherstellung der Markenreputation, einschließlich korrigierender Werbung, verpflichten.

Zivilrechtlich kann der erfolgreiche Kläger zusammen mit einer einstweiligen Verfügung eine Anordnung zur Vernichtung der rechtsverletzenden Waren und zur Zerstörung der entsprechenden Betriebsmittel durchsetzen.

6.5 Durchsetzung von Markenrecht in arabischen Ländern

Ich habe zu Beginn dieses Kapitels von Ländern gesprochen, in denen Markenrechte schwer durchzusetzen sind, auch aufgrund eines komplett anderen Rechtssystems. Ein Beispiel für so ein Land ist Saudi-Arabien. Hier sind Sie nicht nur Ausländer, sondern häufig sogar ungläubiger Ausländer. Sie haben vor lokalen Gerichten also gleich einen doppelt schweren Stand. Dass es dennoch möglich ist, auch in Saudi-Arabien Schutzrechte durchzusetzen, zeigt das folgende Beispiel.

Ich habe das weltweite Markenportfolio eines der führenden Hersteller für Haushaltsartikel und insbesondere Isolierkannen betreut. In Saudi-Arabien hatte ein notorisch bekannter Wettbewerber, die Al-Saif Company mit Sitz in Riad, relativ dreist die Designs und Marken unserer Mandantin übernommen und vertrieb im großen Stil gefälschte Isolierkannen. Bei den dort vorherrschenden Temperaturen habe ich durchaus Verständnis für den hohen Bedarf an gekühlten Getränken. Es ist allerdings so, dass die Originalware auch viel besser kühlt. Unsere Mandantin hat schließlich viel Geld und Know-how in die Entwicklung gesteckt, und hatte keine Lust darauf, dass Al-Saif die Früchte dieser Arbeit erntet und außerdem den Ruf der Firma schädigt.

Wir haben lange überlegt, ob und wie wir diese Sache angehen. Schließlich herrscht dort islamisches Recht. Das Rechtssystem weicht ganz deutlich von unserem Rechtssystem in Deutschland ab! Ohne Verbündete, soviel war klar, würden wir es nicht schaffen. Also haben wir diese Verbündeten gesucht. In einem ersten Schritt telefonierte ich unser Netzwerk aus befreundeten Anwälten in großen Kanzleien in Deutschland und den USA ab und fragte, wie diese Kanzleien gegen Produktpiraterie in arabischen Ländern vorgehen und welche Partner vor Ort sie empfehlen können. Die ernüchternde Erkenntnis war, dass ich keine befriedigende Antwort bekam. Selbst sehr große Kanzleien hatten offenbar keinerlei positive Erfahrung mit der Durchsetzung von Schutzrechten in Saudi-Arabien gesammelt. Die passenden Partner musste ich selbst suchen.

Einmal im Jahr findet ein Branchentreffen der INTA statt. Die International Trademark Association (INTA) ist eine globale gemeinnützige Interessenvertretung von Markeninhabern und Fachleuten. Ihr Annual Meeting vereint über 10.000 Markenprofis aus aller Welt – eine Pflichtveranstaltung für unsere Kanzlei und viele andere Kanzleien, sodass man auf diesen Treffen eine sehr gute Chance hat, die Kollegen aus anderen Ländern persönlich zu sprechen. 2015 fand das Treffen in San Diego statt. Dort machte ich als Plan B Termine mit den größten Kanzleien in Saudi-Arabien in diesem Rechtsbereich. Die Ergebnisse waren auch hier ziemlich ernüchternd: Die ganz großen Kanzleien, die auch überregional im arabischen Raum tätig sind, haben fast durch die Bank enttäuscht. Obwohl sie im Vorfeld den Fall ausführlich geschildert bekommen hatten, waren die Gesprächspartner im persönlichen Gespräch entweder auf den Fall gar nicht vorbereitet oder kannten sich gar nicht mit dem Recht in Saudi-Arabien aus. Einen Treffer landete ich aber doch. Denn die Kanzlei Kadasa Intellectual Property hat sehr positiv überrascht. Ein Seniorpartner der Kanzlei sah sich den Fall ausführlich an und trug in dem einstündigen Gespräch auch ganz konkrete Vorschläge für das weitere Vorgehen vor. Tatsächlich gewannen wir mit der Kanzlei Kadasa einen der ganz wenigen Partner, der bereits in der Vergangenheit erfolgreich für westliche Firmen Schutzrechte in Saudi-Arabien durchgesetzt hatte.

In den folgenden Wochen und Monaten entwickelten wir dann mit dieser Kanzlei sehr genau unsere Strategie. Der lokale Partner wies uns dabei immer wieder auf Details hin, die eben in Saudi-Arabien wichtig sind. Hat der Kläger den richtigen Glauben? Nimmt man als Kläger vielleicht besser den Distributor? Wie nutzt man im Vorfeld der eigentlichen Klage am besten die ACFD – eine Art Produktpiraterie-Polizei – in Saudi-Arabien? Diese sorgfältige Vorbereitung sollte auch belohnt werden. Im Jahr 2019 erreichten wir nach einem langwierigen und zähen Prozess, dass die Firma Al-Saif in Saudi-Arabien rechtskräftig wegen Nachahmung der Produkte unserer Mandantin verurteilt wurde.

6.6 FAQ

Wie teuer ist weltweiter Markenschutz?
Es gibt keinen einfachen weltweiten Markenschutz. Man muss in jedem Land gesondert über nationale Marken oder beispielsweise die Internationale Registrierung Markenschutz beantragen. Und das kostet in jedem Land natürlich Geld. Oft wünschen mittelständische Mandanten Schutz in der EU, Großbritannien, der Schweiz, den USA, China, Japan und Korea. Je nach Anzahl der Klassen und Anmeldestrategie sollte man etwa 5000 bis 9000 Euro für die Anmeldung einplanen. Etwaige Beanstandungen und das Eintragungsverfahren sind dabei noch nicht berücksichtigt.

Was muss ich im Ausland vor allem beachten?
In einigen Ländern wie China und den USA recherchieren die Ämter selbst auch nach ähnlichen älteren Marken und es kann zu Beanstandungen aufgrund dieser Marken kommen. Auch deshalb ist eine Vorabrecherche in diesen Ländern sehr wichtig. Zudem werden in diesen Ländern breite Oberbegriffe wie „Software" nicht akzeptiert – man muss dann konkret „Software für ..." beanspruchen.

Ist die Internationale Registrierung oder eine nationale Marke in den gewünschten Ländern besser?

Der Markenschutz ist derselbe. Sie haben dieselben Rechte. Der Schutz über die Internationale Registrierung ist in der Regel viel günstiger. Allerdings gibt es auch Nachteile der Internationalen Registrierung (s. o.). Insgesamt rate ich oft zur Internationalen Registrierung, da die Vorteile aus meiner Sicht meistens überwiegen.

7 MARKENARCHITEKTUR UND PORTFOLIOMANAGEMENT

Felix Feuerbusch denkt mit dem Marketingleiter Heiko Heißsporn und seiner Geschäftsführerin Aurora Aioli darüber nach, wie sie die Produkte in Zukunft benennen wollen. Wollen sie weiter unter der Dachmarke, dem Firmennamen AjoCrush, die einzelnen Produkte mit eigenen Produktnamen wie der Knoblauchpresse AjoCrush GARLION benennen? Oder sollen zukünftige Produkte einfach AjoCrush vielleicht mit einer Nummernbezeichnung wie AjoCrush 10 heißen? Sollen die Produkte je nach Land anders heißen? Später wollen sie auch noch besprechen, wie sie Wettbewerber besser beobachten können, was die Marken eigentlich wert sind, und wie sie die existierenden und zukünftigen Marken (kosten-)effizienter gestalten können.

Unter dem Begriff Markenportfolio verstehen wir die Marken eines Unternehmens wie den Firmennamen, die Produktnamen, Logos oder auch Namen für Dienstleistungen, die alle als Marken geschützt sein können. Wie baut man nun ein Markenportfolio auf, damit die Marken dauerhaft erfolgreich sein können? Diese Fragestellung wird weniger von reinen Marken- und Patentanwälten behandelt, sondern oftmals von spezialisierten Agenturen. Fragen des Portfoliomanagements gehen dabei nicht nur globale Konzerne mit einem ganzen Strauß von Marken an, sondern auch Mittelständler und kleinere Unternehmen. Alexander Rauch, Managing Partner bei Spirit for Brands, drückt es in einem Interview für meinen YouTube-Kanal so aus: „Nicht entscheidend ist, wie groß das Unternehmen ist, sondern wie herausfordernd die Frage der Markenführung im Unternehmen ist.“ B.

Unternehmen sind eigentlich immer auch eine Marke, da sie ja mit dem Unternehmensnamen auf die Herkunft der angebotenen Waren oder Dienstleistungen hinweisen wollen. Manchmal entsteht dann ein Markenportfolio ganz automatisch, auch wenn das auf den ersten Blick nicht jedem im Unternehmen bewusst ist. Das können beispielsweise angegliederte Tochterunternehmen sein, vor allem jedoch die großen Produktlinien. Mit den Jahren wächst dieses Portfolio organisch allerdings meist ungesteuert. Dieses Wachstum führt zu einer ganz typischen Situation: Es gibt viele Marken im Portfolio, die sich überlappen oder sogar doppelt vorkommen. Nehmen wir an, dass AjoCrush die Marke GARLION erst einmal nur in Deutschland für Knoblauchpressen anmeldet. Dann findet man heraus, dass man unter der Marke auch andere Küchenwerkzeuge wie Messer oder Scheren anbieten könnte und meldet dafür eine gesonderte Marke in Klasse 8 an. Später meldet man eine Unionsmarke an, in der man dann alle Oberbegriffe der deutschen Marken in den Klassen 8 und 21 (z. B. Knoblauchpressen) zusammenfasst. Der Vertrieb im Vereinigten Königreich beschwert sich, dass die Unionsmarke dort nicht greift, und so meldet man dort eine nationale Marke in Großbritannien an. Es entsteht leicht ein gewisser „Wildwuchs“. Dieselbe Marke existiert dann in verschiedenen Ländern für verschiedene Waren in den verschiedensten Variationen.

Selbst wenn man eine effiziente Anmeldestrategie verfolgt, um diesen „Wildwuchs“ zu vermeiden, kann diese Situation dennoch auf einen zukommen, beispielsweise bei Unternehmensübernahmen. Das übernehmende Unternehmen ist mit einem Schlag im Besitz eines weiteren Markenportfolios. Und es kann sehr gut sein, dass die Marken des übernommenen Unternehmens, das ja in den allermeisten Fällen in einem ähnlichen Geschäftsbereich tätig ist, im Wettbewerb mit den Marken des übernehmenden Unternehmens stehen. Sollen die Portfolios getrennt weiterbestehen oder soll man sie zusammenführen, und wenn ja, wie? An diesem Punkt fließen Markenrecht und Markenführung wieder zusammen. Wie man diesen „Wildwuchs“ in der Praxis bekämpfen kann, sehen wir uns später am Fall einer meiner Mandanten an.

In einer solchen Situation würde sich das Unternehmen zunächst einen sehr nüchternen Überblick über die vorhandenen Marken verschaffen. Welche Marken sind im Portfolio? Welches sind die aktiven Marken? Welches sind die Marken, die vielleicht nur in ganz spezifischen Märkten mit ganz spezifischen Lösungen oder Produkten aktiv sind? Entscheidend ist, bereits an dieser Stelle zu verstehen, was die jeweilige Marke auszeichnet:

- Ist die Marke für ihre Zielgruppe im spezifischen Markt relevant?
- Wie stark sind sie im Vergleich zum Wettbewerb?
- Handelt es sich um internationale, vielleicht sogar globale Marken?

Diese Fragen müssen nicht nur qualitativ beantwortet werden, sondern an jede Marke muss selbstverständlich auch ein Preisschild gehängt werden. Dazu kann man sich beispielsweise anschauen, wie viel Umsatz unter der spezifischen Marke erwirtschaftet wird, und wie hoch der Anteil ist, den diese Marke zum Profit des Unternehmens beiträgt. Es ist aus meiner Erfahrung immer besser, solche nüchternen Abwägungen von einem externen Experten unternehmen zu lassen. Denn oftmals hängt das Herz eines Unternehmers aus dem einen oder anderen Grund doch noch sehr an einer Marke, die eigentlich gelöscht werden könnte. Vielleicht hat sie bereits der Großvater ins Leben gerufen. Vielleicht begann der Aufstieg des Unternehmers eben genau mit dieser Marke, die nun nicht mehr rentabel ist. Diese manchmal schmerzhaften Wahrheiten vermittelt ein Externer einfach besser.

Was sich so liest, als könnte es mit einem Blick in die Geschäftsunterlagen schnell erledigt sein, stellt sich in der Realität als nicht ganz so einfach dar. Denn neben einer rein monetären Bewertung hat eine Marke beim Verbraucher oft noch zusätzliche Bedeutung. Der Verbraucher vertraut beispielsweise einer Marke ganz besonders oder die Marke ist ein sehr positiver Imageträger, der die Werte des Unternehmens sehr gut nach außen verkörpert. Diese „weichen" Faktoren kann man aber bei einer rein buchhalterischen Betrachtung nur sehr schwer erfassen. Deshalb haben verschiedene große Agenturen ihre unterschiedlichen und ganz speziellen Methoden entwickelt, um auch diese Beiträge zum Unternehmenserfolg zu erfassen, den Aufwand aber so gering wie möglich zu halten. Den heiligen Gral der Markenbewertung hat leider noch niemand gefunden, sodass auch zukünftig verschiedene Bewertungsansätze nebeneinander bestehen werden. Einige werden wir in einem späteren Abschnitt gesondert betrachten.

Die Marke kann vor allem in verschiedenen Ländern verschieden wahrgenommen werden und dadurch regional einen unterschiedlichen Wert haben. In der Praxis ist sogar die globale Marke, die überall gleich wahrgenommen wird und die gleichen Attribute transportiert, eher eine Ausnahme! Coca-Cola, Google und Apple fallen mir da als Beispiele ein.

Nach der Bewertung (konkret monetär oder zumindest Feststellung der Wichtigkeit für das Unternehmen) als ersten Schritt der Portfolioentwicklung geht es darum, strategische Szenarien für die Optimierung zu entwickeln. Und dabei lohnt es sich, die verschiedenen Szenarien durchzuspielen. Also beispielsweise: Wie würde das Geschäft aussehen, wenn ich alle Marken unter einer globalen Marke zusammenfasse (Dachmarkenstrategie)? Alternativ könnte man in jedem Markt auf eine einzelne starke Marke setzen, die dort vielleicht schon sehr gut etabliert ist. Man hätte bei dieser Methode in jedem Markt einen Leuchtturm, so Alexander Rauch. Dazwischen gibt es natürlich eine große Bandbreite von unterschiedlichen Szenarien. So könnte man die Leuchttürme (oder Local Beauties) in den jeweiligen Märkten mit internationalen Märkten kombinieren, sodass man zumindest eine globale Marke im Portfolio behielte. Auch sollte geklärt werden, welche Rolle die Dachmarke, also die Unternehmensmarke, spielt. Wenn man Monsanto als Beispiel nimmt, wäre beispielsweise Bayer mit seinem bekannten Logo die Dachmarke von Monsanto, unter der wiederum die Marke Roundup angesiedelt ist. Die grundsätzliche Frage dabei ist, ob und in welchem Maße diese Marke überhaupt sichtbar sein soll. Unter den größten Mischkonzernen der Welt finden sich so bekannte Marken wie Siemens und General Electric, aber eben auch sehr versteckte Champions wie beispielsweise Danaher oder Hexagon.

Nehmen wir einfach mal an, Adidas kauft Puma. Wie sollten die Verantwortlichen nun mit den jeweiligen Marken umgehen? Kann man sich beispielsweise Puma als eine Adidas Company vorstellen? „Wenn es gelingt, Puma und Adidas so zu positionieren, dass sie vom Verbraucher als unterschiedliche Angebote wahrgenommen werden, wäre es eine sehr schlechte Idee, die beiden Marken zusammenzuführen. Denn dadurch würden sich ja beide Marken beim Umsatz kannibalisieren. Ziel muss aber immer sein, das Portfolio zu einer Umsatz- und Wertsteigerung zu führen. Wenn ich feststelle, dass ich in der Lage bin, Puma und Adidas als getrennte Marken mit geringen Überschneidungen zu führen, dann sollte ich das auch entsprechend tun", rät dazu der Fachmann Alexander Rauch. Tatsächlich ist dieses genannte Beispiel gar nicht so abwegig. 2005 hat Adidas die Reebok International Ltd. für 3,1 Milliarden Euro gekauft. Seit Januar 2006 ist Reebok Bestandteil der Adidas AG, wodurch Adidas den Marktanteil in Nordamerika signifikant erhöhen konnte. Wenn Sie sich einen Schuh von Reebok oder einen Hoodie kaufen, werden Sie jedoch keinerlei Hinweise auf den ursprünglich fränkischen Sportartikler finden.

Eine schwächere Marke würde in jedem Fall von der Verbindung mit einer starken Dachmarke profitieren. Wenn eine Marke beispielsweise neu in einen Markt eintritt und nicht sicher ist, wofür die Marke eigentlich steht, ist ein Zusatz wie „eine Xy-Company" sehr hilfreich. Beispiel: CUPRA/SEAT. Manchmal muss man diesen Zusatz noch nicht einmal ausdrücklich verwenden. Es reicht, wenn man oft und offensiv genug über die Verbindung redet. Zum Beispiel weiß jeder Verbraucher im relevanten Verkehrskreis, dass Skoda eine Marke von Volkswagen ist. Skoda ist also irgendwie wie Volkswagen, nur günstiger. Es ist deshalb vielleicht eine einfach clevere Idee, sich einen Skoda statt eines Volkswagens zu kaufen. Die Marke Cupra würde wohl kaum jemand kennen, wenn Seat – eine Volkswagentochter – nicht zunächst bestimmte Modelle als Cupra ausgezeichnet hätte, bevor das Unternehmen im Januar 2018 die offizielle Markteinführung der eigenständigen Marke Cupra ankündigte.

Im nächsten Schritt – wir haben uns auf eine Strategie geeinigt – müssen wir dafür Sorge tragen, dass die Strategie implementiert und eingehalten wird. Noch besser ist es allerdings, wenn wir noch einen Zwischenschritt nehmen, nämlich die Überprüfung unserer Strategie durch ein sogenanntes Szenario Modelling. Denn jede Änderung an unserem Portfolio beinhaltet nicht nur die Chance, neuen Umsatz zu generieren, sondern natürlich auch Umsätze zu verlieren, wenn unsere Strategie nicht beim Verbraucher ankommt. An dieser Stelle ist es dann sinnvoll, die entsprechenden Verbraucher über eine Stichprobe tatsächlich zu befragen, wie sie denn die Veränderungen fänden, die wir uns im Unternehmen so schlau ausgedacht haben. Wir wollen die Wirkung im

Voraus verstehen. Eine hundertprozentige Sicherheit gibt es allerdings auch mit allen heute verfügbaren Daten und Modellen nicht. Darauf weist auch Alexander Rauch ausdrücklich hin: Am Ende ist es immer eine Management-Entscheidung!

Wenn die Entscheidung gefällt wurde, schließt sich die Implementierung an. Trotz allem gebotenen Schwung gibt es auch bei der Implementierung verschiedene Szenarien. Man kann beispielsweise eine Marke zunächst mit einem Zusatz versehen, also beispielsweise durch den Satz „ein Unternehmen der Volkswagengruppe". Man kann sich auch für einen Big Bang entscheiden und die Marke gleich komplett ersetzen. Vor allem im letzteren Fall ist große kommunikative Unterstützung durch Werbung und PR-Maßnahmen gefordert. Wenn Sie das folgende Beispiel nicht kennen, bin entweder ich zu alt oder Sie zu jung: Aus Raider wird Twix, sonst ändert sich nichts! Und zur Erklärung, warum aus Raider überhaupt Twix werden musste: Twix hieß eben nur in Deutschland Raider. Die Markenführung sollte aber vereinheitlicht werden, ebenso wie Kommunikationsmaßnahmen und Produktion.

An dieser Stelle befinden wir uns jedenfalls an einer fundamentalen Bruchstelle, nämlich der sogenannten Markenmigration. Dahinter verbirgt sich der Vorgang, eine Marke in einer anderen Marke aufgehen zu lassen und die positiven Attribute – alles Gute, was der Verbraucher mit der alten Marke verbindet – auf die neue Marke zu übertragen. An dieser Stelle kann man das beste Szenario komplett in den Sand setzen.

Welche Szenarien überhaupt vorstellbar sind, beschreibt die Markenarchitektur eines Unternehmens. Wenn wir uns diese Möglichkeiten als Spektrum vorstellen, dann liegt vereinfachend gesagt am einen Ende die Monomarken-Strategie. Analog wird häufig der Ausdruck „Branded House" verwendet. Alle Angebote eines Unternehmens werden mit der einen Unternehmensdachmarke markiert. Ein Unternehmen, das diese Strategie konsequent fährt, ist beispielsweise die britische Vodafone Group, die alle akquirierten Unternehmen in die Dachmarke migriert. 2013 übernahm Vodafone beispielsweise in Deutschland das Unternehmen Kabel Deutschland, was viele Verbraucher erst merkten, als sich ihr Kabel Deutschland Screen im Fernseher plötzlich in einen Vodafone Screen verwandelte.

Am anderen Ende finden wir vor allem im Konsumgütermarkt die Multimarken-Strategie, die analog zum „Branded House" auch „House of Brands" genannt wird. Hier finden wir unter einem Konzern-Dach ganz, ganz viele Endverbrauchermarken. Modellhafte Beispiele sind Unilever oder Procter & Gamble, die für das gleiche oder ähnliche Produkt ganz viele unterschiedliche Marken mit unterschiedlichen Positionierungen und Identitäten anbieten.

Zwischen den beiden prototypischen Strategien liegen viele Mischformen. Der bereits erwähnte Bayer-Konzern fährt mit starken Einzelmarken wie Aspirin und Bepanthen – aber eben auch einer sehr starken Dachmarke – eine Kombi-Strategie. Hier könnte man vom „Branded House of Brands" sprechen.

Für welche Strategie man sich als Unternehmer entscheidet, hängt vor allem davon ab, welche Rolle die Dachmarke aus Sicht des Kunden spielt. Schafft sie Vertrauen und dadurch Nachfrage wie bei Bayer, wäre es natürlich falsch, sie komplett zu verstecken.

Tatsächlich widerspricht der gesellschaftliche Trend des bewussten Konsums, also dass Verbraucher verstärkt Offenheit und Transparenz verlangen, der Praxis, die Dachmarke unsichtbar zu machen. Deshalb gewinnt die Dachmarke zuletzt immer mehr an Gewicht. Die Verbraucher wollen wissen: Wer steckt eigentlich hinter dem Produkt? Welche Werte unterstütze ich mit dem Kauf dieses Schokoriegels? Rauch: „Ein Schokoriegel selbst übernimmt keine soziale und gesellschaftliche

Verantwortung. Das Unternehmen dahinter schon. Und das erwarte ich als Verbraucher."

Wenn ich als Unternehmen für gute Dinge stehe, dann kann ich das natürlich nutzen, um den Verkauf der einzelnen Marken zu unterstützen. Umgekehrt lauert natürlich die Gefahr, dass die Leute meinen Schokoriegel nicht mehr kaufen, weil den Kakao-Zulieferern des Konzerns schwere Menschenrechtsverletzungen wie Ausbeutung und Kindersklaverei vorgeworfen werden, und ich als Verbraucher solche Praktiken nicht unterstützen möchte. Allerdings gilt immer noch, was Sascha Lobo noch im Herbst 2019 feststellte: „Gedankenlosigkeit der Kunden ist […] eine der Superkräfte des Kapitalismus des 20. Jahrhunderts, die nur langsam zurückgedrängt wird. Das Netz aber bietet alle Möglichkeiten, der eigenen Gedankenlosigkeit aktiv zu begegnen […]."[20]

7.1 Markenüberwachung

Felix Feuerbusch möchte jedenfalls sicherstellen, dass vor allem sein ärgster Wettbewerber, die Garlisan GmbH, in Zukunft keine Marken anmeldet, die im Vergleich zu seiner neuen Marke GARLION zu ähnlich sind. Er lässt daher seinen Patentanwalt die Markenregister überwachen, ob Wettbewerber zu ähnliche Marken anmelden. So kann er zum einen die Eintragung solcher Marken verhindern und wird dadurch auf Wettbewerber aufmerksam.

Ebenso wie die Bewertung und Steuerung Ihres Markenportfolios ist die Markenüberwachung eine Maßnahme, die Sie am besten Profis überlassen. Dabei überwachen Sie nicht die eigene, sondern fremde Markenanmeldungen. Sie überwachen also die Marken der Wettbewerber daraufhin, ob diese Marken im Vergleich zu Ihren Marken zu ähnlich sind. Markenüberwachung dient dazu, Widerspruchsfristen einzuhalten und auf Wettbewerber aufmerksam zu werden.

Wie Sie als aufmerksamer Leser längst wissen, haben Sie bei neuangemeldeten Unionsmarken und deutschen Marken eine dreimonatige Widerspruchsfrist, innerhalb derer Sie als Markeninhaber Widerspruch aus Ihrer älteren Marke erheben können, um die rechtskräftige Eintragung der jüngeren Marke zu verhindern. Das Widerspruchsverfahren ist die günstigste Gelegenheit, eine störende Marke aus dem Register zu entfernen bzw. der günstigste Zeitraum, um deeskalierende Maßnahmen und Einigungen zu treffen, die ich bereits im Kapitel 4 vorgestellt habe. Damit man diese Widerspruchsfrist aber nicht verpasst, sollte man die Markenregister überwachen. Wenn Sie die Eintragung einer ähnlichen oder identischen Marke für einen wirklich langen Zeitraum dulden, können Sie sogar Ihren Markenschutz komplett verwirken. Dazu müssten Sie allerdings schon fünf Jahre lang nichts unternommen haben, obwohl sie Kenntnis hatten oder hätten haben müssen (Stichwort „Marktbeobachtungspflicht"). Dennoch machen Sie sich durch die Existenz ähnlicher Marken angreifbar. Denn auch der Schutzumfang Ihrer eigenen Marke wird geringer, wenn Sie eine ähnliche Marke dulden. Ein Dritter kann sich gegen einen Löschungsangriff von Ihnen damit wehren, dass Sie schließlich schon lange viele ähnliche Drittmarken geduldet haben. Ich glaube, dass die Gründe, die eigene Marke schützen zu wollen, jedenfalls so klar sind, dass sie hier nicht mehr erörtert werden müssen. Wichtig ist, dass wir uns entschlossen haben, die Konkurrenz im Auge zu behalten. Sie lassen also die Markenregister im besten Fall in all denjenigen Ländern überwachen, in denen Ihre Marken eingetragen sind. Der Dienstleister, den Sie beauftragt haben, überwacht und durchforstet für Sie die Markenregister.

Der Unternehmer teilt mir als Patentanwalt beispielsweise mit, dass ich ihn über alle Neuanmeldungen informieren soll, die Ähnlichkeit zu dem Tanzstudio Marimba haben. Denn diese Marke hat er eben in Deutschland, der EU, der Schweiz und USA geschützt. Und genau das macht der Anwalt und schickt die Treffer zu. Meine Aufgabe ist in diesem Fall vor allem die eines „Spamfilters" für den Mandanten. Ich filtere aus den Treffern heraus, welche Markenanmeldungen überhaupt relevant sind und wie die Aussichten auf Erfolg sind. Zusammen mit einer Einschätzung schicke ich dann in der Praxis nur ca. fünf Prozent aller Treffer als gefilterte Trefferliste an den Mandanten weiter, natürlich mit den verschiedenen Alternativen wie wir vorgehen könnten und welche Aussichten auf Erfolg ich sehe.

Die Überwachung der Marken kann man als Unternehmen natürlich auch inhouse aufbauen. Die Entscheidung, vor der man steht, ist in diesem Falle „make or buy". Also entweder eine Marken- und/oder Patentabteilung aufzubauen, die dann womöglich auch die Überwachung der Register übernimmt, oder eben eine Kanzlei zu beauftragen. Markenüberwachung bedeutet jedenfalls eine Menge Arbeit, die irgendjemand erledigen muss. Die kontinuierliche Überwachung ist zudem kostengünstiger und effizienter, als regelmäßig entsprechende Recherchen durchzuführen.

7.2 Aufrechterhaltung

Marken sind nicht unbegrenzt gültig. Der rechtliche Schutz, den Sie durch eine Registrierung genießen, muss in bestimmten Abständen erneuert werden. Alle paar Jahre müssen Sie eine Gebühr bezahlen, um diesen Schutz zu erneuern. Angenommen der Sportartikelhersteller Nike hätte in Deutschland nur die Wortmarke Nike geschützt und man würde verpassen, diesen Markenschutz rechtzeitig zu erneuern. Dann würde die Marke aufhören zu bestehen. Sie würde aus den Registern gelöscht und jedermann könnte Nike-Schuhe verkaufen. Solange, bis sich wieder jemand diese Marke sichern würde. Diese Fristen einzuhalten, liegt in der Verantwortung des Markeninhabers! Auch wenn das deutsche Markenamt in manchen Fällen an die Frist erinnert, sagt es ausdrücklich, dass kein Rechtsanspruch auf diese Erinnerung besteht. Die Folgen einer verpassten Frist können für Unternehmen katastrophal sein. Deshalb beauftragen viele Unternehmen mit genau dieser Überwachung der Fristen Kanzleien, die dafür haften. Denn Anwaltskanzleien haften gegenüber ihren Mandanten für das, was sie tun oder nicht tun. Im Gegensatz dazu schließen außerdem viele Rechtschutzversicherungen für Firmen alle Streitigkeiten zu Marken, Patenten und Design ausdrücklich aus. Das bedeutet, dass aus solchen Fristverletzungen entstandene Schäden möglicherweise nicht von der Versicherung abgedeckt sind. Wenn Sie eine Kanzlei mit der Einzahlung der Gebühr beauftragen, haftet diese im Fall einer verpassten Frist auch für den Schaden. Unsere Kanzlei beispielsweise hat eine Berufshaftpflichtversicherung, die ungefähr bei 10 Millionen Euro liegt. Für den Nike-Fall würde diese Summe allerdings bei weitem nicht ausreichen. Solche Fälle kann man extra versichern. Wir haben allerdings auch noch nie aus solch einem Grund auf die Versicherung zugreifen müssen.

Wir haben ein sehr aufwendiges System und eine eigene Abteilung aufgebaut, um die Einhaltung der Fristen gewähren zu können. Ich kann das auch nur jedem Unternehmer dringend raten, der sich bei der Frage „make or buy“ für „make“ entscheidet, also diese Vorgänge inhouse abbilden will. Es mag sich simpel anhören, an dem und dem Tag in zehn Jahren eine Gebühr einzuzahlen. Aber bitte stellen Sie sich vor, innerhalb eines

Unternehmens ein Datum zehn Jahre lang „auf dem Schirm“ zu behalten. In diesem Zeitraum kann es bereits zu einem kompletten Austausch des Mitarbeiterstabs sowie zu einem mehrfachen Wechsel des IT-Systems und der zugehörigen Speichermedien gekommen sein. 2009 kam gerade USB 3.0 auf. Wenn das Unternehmen ein bisschen hintendran war, dann hat man die Daten noch auf CDs gebrannt. Heute können Sie womöglich lange suchen, bis Sie im Unternehmen noch einen Rechner mit CD/DVD-Laufwerk finden. Für das Notieren und Übertragen der Daten haben wir ein Sechs-Augen-System etabliert. Einer notiert die Frist, zunächst elektronisch. Dann kontrolliert eine weitere Mitarbeiterin, ob die Frist richtig eingetragen oder übertragen wurde. Und über beiden sitzen noch Anwälte, die wiederum kontrollieren können, ob Mitarbeiter und Kontrolleurin keine Fehler unterlaufen sind. Tatsächlich kann ich sagen, dass in diesem Bereich die höchste Zuverlässigkeit meines gesamten Tätigkeitsbereichs gefragt ist. Dieses System muss akribisch zuverlässig und absolut ausfallsicher sein. Alles andere ist immer mit einem potenziell sehr hohen Schaden verbunden. Natürlich muss die eigentliche Abwicklung ebenso zuverlässig laufen, das heißt, die Gebühr muss pünktlich bis zum Fälligkeitsdatum gezahlt werden. In Deutschland hat man aber immerhin noch eine sechsmonatige Frist, diese Gebühr mit einem fünfzigprozentigen Aufschlag wirksam zu entrichten, also einzuzahlen. Danach – nämlich dann, wenn die Marke tot ist – würde sich das Amt bei Ihnen melden, um Ihnen mitzuteilen, dass die Marke gelöscht wurde. Aber sicher ist auch dieses Schreiben nicht. In Deutschland haben Sie auch auf diese Mitteilung keinen Rechtsanspruch. Sicher ist nur, dass Ihre Marke gelöscht wurde. Eventuell haben Sie jetzt trotzdem noch eine klitzekleine Chance, Ihre Marke zu erhalten – beispielsweise durch das Rechtsmittel der Wiedereinsetzung. Einen Anspruch darauf haben

Sie jedoch nicht. Und sie müssten nachweisen, dass Sie beispielsweise das Versäumnis nicht zu verantworten hatten.

Neben den Aufrechterhaltungsgebühren muss man in einigen Ländern wie den USA für die Verlängerung der Marke auch regelmäßig die rechtserhaltende Benutzung der Marke nachweisen. Was die rechtserhaltende Benutzung ist, haben wir bereits in den Kapiteln 4 und 5 gelernt. In den meisten Ländern muss man die Benutzung zwar nicht proaktiv nachweisen. Die Marke könnte aber wegen Nichtbenutzung bzw. wegen Verfalls angegriffen werden. Es empfiehlt sich daher, regelmäßig Benutzungsunterlagen der Marken für alle Länder zu archivieren, in denen man aktiv ist.

Schäden aus solchen verpassten Fristen sind nicht häufig. Aber wenn ein solcher Schaden entsteht, können ganze Unternehmen insolvent gehen.

7.3 Markenrelaunch

Es kommt in Unternehmen vor, dass ein neuer Kommunikationschef oder eine neue Marketingleiterin eingestellt wird. Und die muss ihre Tätigkeit natürlich auch nachweisen, bzw. vielleicht ist es auch einfach an der Zeit oder sogar bitter nötig, dass das alte Logo ein bisschen frischen Wind bekommt. Natürlich ist diese etwas saloppe Einleitung sehr überspitzt dargestellt. Ein Markenrelaunch geht meist weit über eine Überarbeitung des Logos hinaus und kennzeichnet nach innen und außen oftmals eine neue Ausrichtung. Auch wenn für den Verbraucher das Logo eben das zentrale Merkmal ist und sich der ungeschulte bzw. nicht eingeweihte Beobachter fragt: Was soll das? Unternehmen tun eigentlich nichts, ohne es sich vorher ganz genau überlegt zu haben.

Mercedes hat es 2007 jedenfalls getan. Im Herbst 2019 hat Volkswagen sich im Kontext Elektromobilität einem kompletten Facelift unterzogen. Und viele andere Unternehmen tun und taten es.

Wie zum Beispiel die Lufthansa, die 2018 von ihren bisherigen Kranichen auf einen anderen Kranich umgestellt hat. Diejenigen, die das verantworten, sind sich oftmals gar nicht bewusst, was solcherlei Änderungen oder Umstellungen aus markenrechtlicher Sicht bedeuten. Denn im Prinzip könnte die Marke, so wie sie bisher existierte, gelöscht werden, weil sie nicht mehr wie eingetragen benutzt wird. Konkret: Der alte Kranich kann in fünf Jahren gelöscht werden, weil er nicht mehr wie eingetragen benutzt wird. Und man muss deshalb den neuen Kranich auch in allen Ländern dieser Welt neu anmelden, was mit erheblichen Kosten und mit erheblichem Aufwand verbunden ist.

Ich gestehe: Wenn Sie an dieser Stelle kurz gestutzt haben, haben Sie mich erwischt. In Kapitel 6 habe ich nämlich geschrieben, dass es keinen weltweiten Markenschutz gibt. Die Lufthansa ist allerdings tatsächlich ein Unternehmen, das es immerhin versucht und sogar in St. Kitts und Nevis Markenschutz hat. Es gibt zwar keine weltweite Marke. Man kann aber in fast allen Ländern der Welt zumindest nationale Marken anmelden.

Es ist nicht möglich, eine ältere Marke einfach durch eine neue Marke zu ersetzen. In so einem Fall lässt man die alte Marke einfach auslaufen, zahlt also einfach die Verlängerungsgebühr nicht. Dazu muss man nicht aktiv werden. Aber die neue Marke muss man überall neu anmelden. Das heißt: Für eine gewisse Zeit existieren zwei Marken parallel – wenn Sie es schaffen, die neue Marke überall anzumelden. In manchen Ländern geht eine Anmeldung einfach und elektronisch, in anderen Ländern ist der Aufwand ungleich höher. Wenn Sie beispielsweise in Saudi-Arabien eine Marke schützen lassen wollen, müssen Sie folgende Schritte unternehmen: Sie müssen einen Handelsregisterauszug beibringen. Nicht irgendeinen Handelsregisterauszug natürlich, sondern einen notariell beglaubigten Handelsregisterauszug. Dieser notariell beglaubigte Handelsregisterauszug muss vom Landgericht überbeglaubigt werden. Diese Überbeglaubigung muss nun „nur noch" vom Bundesverwaltungsamt in Köln erneut überbeglaubigt werden. Und schon können Sie bei der Ghorfa, die eigentlich die Arab-German Chamber of Commerce and Industry ist, in Wahrheit aber nach meiner Wahrnehmung eine von den arabischen Ländern geschaffene Stelle, um Markeneintragungen zu erschweren, einen weiteren Stempel sammeln. Mit dem Stempel der Ghorfa dürfen Sie sich beim Konsulat bzw. der Botschaft von Saudi-Arabien den nächsten Stempel abholen. Das alles nennt man Legalisierung und muss innerhalb von 90 Tagen ab der Anmeldung passiert sein. Sonst fangen Sie wieder von vorne an. Wenn Sie jedenfalls diesen letzten Stempel endlich auf Ihren Papieren haben, dann, und nur dann, können Sie alles im Original nach Saudi-Arabien schicken, wo der eigentliche Vorgang der Markenregistrierung endlich beginnen kann. Dass das Ganze mit erheblichen Kosten verbunden ist, können Sie sich sicher vorstellen – und das nicht nur in Saudi-Arabien. Es gilt gerade in arabischen Ländern die Regel: je kleiner das Land, umso höher die Gebühren und der Aufwand.

Das weitaus größere Problem ist allerdings die mangelnde Bekanntheit des neuen Zeichens. Nicht unbedingt im Fall von Lufthansa, wo der Kranich ja nur ein Facelift bekam. Stellen Sie sich aber vor, man hätte sich für ein komplett neues Logo entschieden. Damit hätte man die große Bekanntheit der alten Marke komplett verloren und man hätte einen viel schwächeren Markenschutz, der ja, wie wir wissen, von der Bekanntheit der Marke abhängt: Bekanntere Marken genießen einen größeren Schutz.

Das dritte Risiko liegt darin, dass vor dem Markenrelaunch vielleicht doch nicht mit der gebotenen Ernsthaftigkeit recherchiert wird, ob es nicht ähnliche ältere Marken bereits gibt. Man war fast hundert Jahre mit dem Kranich unterwegs und wechselt, nur mal angenommen, beispielsweise aus ästhetischen oder marketingtechnischen Gründen zum Eisvogel. Nun kann es ja sein, dass innerhalb dieser hundert Jahre irgendwo in der zivilisierten Welt vielleicht doch jemand ein Reiseunternehmen mit einem Eisvogel als Logo angemeldet hat. Und in so einem Fall wären sogenannte Zwischenrechte entstanden. Aus diesen jetzt älteren Rechten könnte diese natürliche oder juristische Person sogar die Lufthansa insgesamt angreifen. Ich bin allerdings ganz sicher, dass die Lufthansa als hervorragend geführtes Unternehmen, das dieses Facelift bewusst herbeigeführt hat, diese Risiken ausgiebig auch mit ihren Markenrechtlern diskutiert hat.

Manchmal „erwischt" man Unternehmen aber auch bei einem sogenannten unechten Relaunch. In so einem Fall führen kleine Zusätze, die man aus irgendwelchen Gründen mit dem eigentlichen Zeichen kombiniert, dazu, dass die Marke nicht mehr wie eingetragen benutzt wird. Ein fiktives Beispiel wäre der Wechsel von Adidas zu AdiDas. Das macht die Marke natürlich angreifbar, widerspricht aber vor allem auch sämtlichen Grundsätzen der Markenführung, die wir in Kapitel 9 kennenlernen werden.

7.4 Portfoliooptimierung

Als Felix Feuerbusch vor drei Jahren Head of Trademarks bei der Firma AjoCrush wurde, hat er ein Sammelsurium von alten Marken vorgefunden. Allein die Dachmarke AjoCrush war für unterschiedlichste Waren in unterschiedlichen Ländern eingetragen. Er beschließt, dieses Markenportfolio zu bereinigen. Er meldet eine Unionsmarke für alle relevanten Waren und Dienstleistungen an, beansprucht für die Unionsmarke den Zeitrang in einzelnen Ländern auf Basis der älteren nationalen Marken mithilfe der sogenannten Seniorität, und meldet dann innerhalb der Prioritätsfrist eine Internationale Registrierung an, mit der er die übrigen Länder außerhalb der EU abdeckt. So muss er dann in Zukunft nur noch diese beiden Marken verlängern und spart langfristig Kosten. Gleichzeitig lässt er eine ausführliche Recherche nach möglicherweise entstandenen Zwischenrechten in Form von Marken und Firmennamen durchführen, bevor er die alten Marken auslaufen lässt. Lediglich die ältesten Marken von AjoCrush lässt er zur Sicherheit weiterlaufen.

Ich habe vor vielen Jahren für einen großen deutschen Hersteller von Haushaltswaren und Gartenartikeln die Markenbetreuung übernommen. In der über 50 Jahre währenden Geschichte des Unternehmens sind über 300 Marken auf der ganzen Welt entstanden. Dieses Portfolio war tatsächlich wie im ersten Abschnitt beschrieben organisch gewachsen. In diesem Sammelsurium aus Marken, die jede für sich sicher einmal sinnvoll war, gab es allein drei gleichlautende britische Marken für unterschiedlichste Waren und Dienstleistungen, eine Unionsmarke, eine Marke für Blumentöpfe in Bolivien usw. Die Frage, die sich stellte, war, wie man dieses Portfolio streamlinen und vor allem die mit diesem Portfolio verbundenen Kosten senken konnte – ohne natürlich Umsätze zu gefährden. Für jede einzelne dieser Marken musste man Verlängerungsfristen überwachen, Gebühren bezahlen, ein Auge auf die jeweiligen Konkurrenten und Neuanmeldungen haben. Der Aufwand musste reduziert werden.

Man kann dann so viele Marken wie möglich auf die inzwischen bekannte Internationale Registrierung umstellen. Internationale

Registrierungen lassen sich im Nachgang für weitere Länder ausweiten, im Fachjargon spricht man davon, die Internationale Registrierung auf andere Länder zu erstrecken. Dazu kann man im Idealfall sicherstellen, dass die gewählte Formulierung der Waren und Dienstleistungen von allen (wichtigen) Ländern ohne Beanstandung akzeptiert würde. Das EUIPO unterhält zu diesem Zweck beispielsweise die Datenbank TM5 ID List. Nach einer Übergangszeit, in der man sicherstellt, dass keine Zwischenrechte in den einzelnen Ländern entstanden sind, kann man dann die nationalen Marken fallen lassen.

Bei europäisch tätigen Unternehmen ließe sich das Portfolio auch über die sogenannte Seniorität optimieren. Wenn ich vor zehn Jahren eine deutsche und eine französische Marke angemeldet habe, und jetzt eine Unionsmarke, dann kann ich dem EUIPO sagen, der Zeitrang – also der Zeitpunkt der ersten Anmeldung – für die Unionsmarke für Frankreich ist der Zeitrang der französischen Marke, und der Zeitrang der Unionsmarke für Deutschland ist der Zeitrang der deutschen Marke. Ich nehme also die sogenannte Seniorität von den älteren Marken mit meiner Unionsmarke in Anspruch. Für die Unionsmarke ist es dann in diesen beiden Ländern so, als wäre sie schon seit zehn Jahren eingetragen. Das Senioritätsprinzip erlaubt es uns, den Zeitrang der nationalen Marke mitzunehmen. In allen übrigen Ländern gilt allerdings der Zeitrang der neu eingetragenen Unionsmarke. Wir versuchen also, die Verwaltung des Portfolios günstiger und übersichtlicher zu machen, und vor allem, den gleichen Markenschutz mit möglichst wenig verschiedenen Schutzrechten zu sichern.

Die Überarbeitung des Portfolios bietet immer auch die Gelegenheit, jede Marke nochmal genau anzuschauen und sich zu fragen: Brauche ich die noch? Verkaufe ich in Bolivien wirklich noch Blumentöpfe? Alexander Rauch hat es im ersten Abschnitt des Kapitels anders ausgedrückt, nämlich mit der Frage nach dem Beitrag der Marke zum Gesamtprofit des Unternehmens. Aber es läuft eben darauf hinaus: Brauche ich die Marke noch? Und auch hier gilt: Letztendlich kann ich den Mandanten aber nur darauf hinweisen, dass demnächst eine Marke zur Verlängerung ansteht. Die Entscheidung über die Verlängerung einer Marke ist eine Managemententscheidung, die nicht der Patentanwalt trifft.

7.5 Übertragung von Marken

Ich werde häufig gefragt, ob man Schutzrechte später auf andere Personen übertragen kann. Da Marken ein eigenständiges Rechtsgut sind, ist die Antwort einfach und lautet: ja. Für die Übertragung von Marken reicht man beim zuständigen Amt ein Dokument ein, aus dem der materiellrechtliche Übergang hervorgeht, und bittet das Amt, den neuen Inhaber im Register zu vermerken. In den allermeisten Fällen wird hierfür vom Amt noch nicht einmal eine Gebühr erhoben. Eine Ausnahme bildet allerdings die WIPO. Das Dokument ist im einfachsten Fall eine von beiden Parteien unterschriebene Erklärung, in dem die eine Partei erklärt, dass das Schutzrecht auf die andere Partei übertragen wird. Die andere Partei erklärt im Idealfall gleichzeitig die Annahme der Übertragung. Diese Form der Übertragung ist immer dann sinnvoll, wenn beispielsweise eine natürliche Person die Schutzrechte auf eine Firma überträgt und dieser natürlichen Person die Firma zu 100 Prozent gehört – wenn also keine zukünftigen Streitigkeiten zu erwarten sind. Wenn es beispielsweise um eine Übertragung auf eine andere Firma geht, an der der Inhaber des Schutzrechtes nicht beteiligt ist, dann sollte man einen Kaufvertrag speziell für Schutzrechte aufsetzen, damit zukünftige Streitigkeiten darin schon geregelt sein können. Beispielsweise sollte der Verkäufer in dem

Kaufvertrag garantieren, dass das Schutzrecht frei von Rechten Dritter ist und vor allem nicht verpfändet oder eine Kreditsicherheit ist. Der Käufer sollte außerdem darauf achten, dass sich der Verkäufer verpflichtet, das Schutzrecht in Zukunft nicht anzugreifen. Wenn es für die zu veräußernde Marke Lizenzverträge gibt, dann sollten im Idealfall auch die Lizenznehmer eingebunden oder zumindest informiert werden. Meistens ist aber in den Lizenzverträgen ohnehin geregelt, dass alle Rechte und Pflichten aus dem Vertrag auf den Erwerber der Schutzrechte übergehen. Dieser kurze Punkt führt uns direkt zum letzten Abschnitt, der wiederum bereits ganz am Anfang eine Rolle spielte B.

7.6 Bewertung von Marken

Wenn ich etwas kaufen oder verkaufen möchte, dann muss dieses Ding einen Preis haben. Wir haben aber gesehen, dass sich der Wert einer Marke aus ganz vielen verschiedenen Faktoren zusammensetzt. Eine Marke monetär zu bewerten ist deshalb eine Kunst, die echtes Spezialistenwissen voraussetzt. Und sie ist für Laien auch ein bisschen kompliziert nachzuvollziehen. Es gibt folgerichtig Beratungsfirmen, die sich auf die Bewertung von Marken spezialisiert haben. Mir stand in meinem Podcast Markenpod vor allem Alexander Biesalski von Biesalski & Company aus München zur Seite, der mit seiner Management-Beratung genau auf diesem Feld tätig ist. Zu den Kunden der Firma zählen zahlreiche namhafte Unternehmen, angefangen von Großunternehmen wie BMW und Bosch bis hin zu mittelständischen Markenartiklern wie Underberg oder Katjes. Alexander Biesalski gilt zudem als einer der Vorreiter bei der Vereinheitlichung und Anwendung der monetären Markenbewertung in Deutschland B.

Wenn ich eine Marke verkaufen kann, dann muss sie einen Wert darstellen. Folgerichtig müsste man diesen Wert auch bilanzieren können. Aber an dieser Stelle wird es schwierig. Denn die Bilanzierung von selbsterstellten, immateriellen Vermögenswerten ist nach den geltenden Vorschriften in Deutschland weitestgehend nicht erlaubt. Zu diesen immateriellen Vermögenswerten zählen eben als wesentlicher Bestandteil auch Marken. Eine Marke ist etwas, was ein Unternehmer durch seine unternehmerische Tätigkeit selbst geschaffen hat.

Die Bilanzierung ist natürlich deshalb untersagt, damit der Unternehmer nicht auch den Wert seines Unternehmens selbst schafft und seine Marke zu Fantasiebewertungen in die Bilanz seines eigenen Unternehmens einfließen lassen kann. Anders sieht die Sache aus, wenn man die Markenrechte beispielsweise in eine neu geschaffene AG einlegt. In diesem Fall findet nämlich ein Transfer der Marke statt. Die Voraussetzung für die Bilanzierung ist aber, dass die AG einen entsprechenden Preis für das Markenrecht gezahlt hätte. Zu diesem Preis kann die Marke dann in die Bilanz aufgenommen werden. Und jetzt beißt sich die Katze in den Schwanz. Wieder ist eine monetäre Bewertung der Marke nötig.

Es existiert eine Vielzahl von verschiedenen Bewertungsmethoden. Käufer wählen gerne kostenorientierte Bewertungsverfahren. Bei diesen werden, einfach ausgedrückt, alle Investitionen des Markenaufbaus – die Kosten der Anmeldung, Kommunikation, Vertrieb, Produktentwicklung etc. – der letzten Jahre aufsummiert und als Markenwert ausgewiesen. Das Problem dieser Methode ist aber, dass es einen potenziellen Käufer überhaupt nicht interessiert, wie hoch die Kosten des Markenaufbaus waren. Vielmehr interessiert ihn die Beantwortung der Frage „Wie viel Geld kann ich in der Zukunft mit einer Marke verdienen?“. Allerdings führen kostenorientierte Bewertungsverfahren oft zu niedrigen Bewertungen, was eben für Käufer interessant ist.

In den letzten Jahren haben sich zunehmend ertragsorientierte Bewertungsverfahren durchgesetzt. Diese basieren auf dem gleichen Verfahrensansatz, der in der Regel bei der Berechnung des Unternehmenswertes verwendet wird – dem sogenannten Discounted Cash-Flow-Ansatz. Das ist ein relativ schwer verständlicher Ansatz, der allerdings theoretisch sehr fundiert ist. Wichtig ist, dass es ein sogenanntes Zukunftserfolgswertverfahren ist, bei dem die zukünftige Entwicklung der Unternehmenserträge bzw. eben des Cashflows des Unternehmens im Fokus steht. Seit 2007 gibt es noch dazu seitens des Instituts der Wirtschaftsprüfer in Deutschland eine Empfehlung zur Verwendung der sogenannten Mehrgewinn-Methode. Diese ermittelt, wie viel Mehr-Absatz und welchen Mehr-Preis ein Unternehmen durch seine Marke erzielen kann. Der kapitalwertorientierte Standard IDW S5 des Instituts der Wirtschaftsprüfer scheint von Finanzämtern für die Bilanzierung von Marken akzeptiert zu werden.

Die hierzu benötigten Informationen konnten bisher wiederum nur durch eine Befragung der relevanten Zielgruppe objektiv erhoben werden. Den Kunden der Marke wurden dabei Fragen zu ihrer Wahrnehmung der Marke gestellt, an denen sich auch die weichen Faktoren wie emotionale Verbundenheit, Sympathie und Vertrauen in die Marke ablesen ließen. Ganz wichtig ist natürlich auch die Erhebung der Kauf- und Preisbereitschaft als Resultat aus der Markenstärke. Inzwischen bieten sich, wie beschrieben, alternativ auch Web-Analysen an, um an diese Informationen heranzukommen. Und wenn man weiß, wie viel „Mehr-Umsatz“ auf die Marke entfällt, können von dieser Summe die Marken-Kosten – Kommunikation, Vertrieb, Produktentwicklung etc. – abgezogen werden und übrig bleibt der Marken-Cash Flow.

Diese Befragungen waren in der Tat bis vor kurzem sehr aufwendig. Inzwischen gibt es algorithmus-basierte Ansätze, beispielsweise von Spirit for Brands, die allein durch die Beobachtung des Internets relativ zuverlässige Antworten auf die Frage geben, wie die Marke wahrgenommen wird. Die automatisierte Webanalyse ersetzt in diesem Fall die klassische Befragung der Verbraucher. Diese Vorgehensweise hat aus meiner Sicht den großen Vorteil, dass man tagesaktuelle Daten für den Markenwert generieren kann, und natürlich kann man auch den Einfluss einzelner Maßnahmen für die Marke viel besser messen und verstehen. Die Methodik ist inzwischen so genau, dass man bis zu einem gewissen Maß sogar in der Vorausschau sagen kann, welche Themen die Marke positiv oder negativ beeinflussen.

Die Bewertungen von Marken stellen die Grundlage sowohl für die Markenführung als auch für den Kauf und Verkauf sowie die Finanzierung von Marken dar. Es hat sich inzwischen auch bei Banken ein Verständnis dafür entwickelt, dass die Marke ein wesentlicher Bestandteil des Wertes eines Unternehmens ist – laut Alexander Biesalski entfallen aus der Erfahrung seiner Beratung im Durchschnitt mehr als 40 Prozent des Unternehmenswertes auf die Marke. Das ist auch deshalb wichtig, weil eine fundiert bewertete, gut geführte Marke damit eine belastbare Sicherheit bei der Bank darstellt. Ein aktuelles Beispiel aus der Praxis: Ein US-amerikanisches Limonaden-Start-up hat im Oktober 2019 die Löschung der Marke „Magenta“ der Telekom beantragt. Im Zuge dieses Antrags schätzten Experten den Wert der Marke auf einen Milliardenbetrag.[21]

Kommen wir noch einmal auf den oben erwähnten Fall der Marke Monsanto zurück. Man kann mittlerweile bei globalen Marken ganz genau sagen, wie sie in welchen Teilen der Erde wahrgenommen werden. Der weltweit tätige Hersteller von Saatgut und Herbiziden wurde einem breiten Publikum als Hersteller des Pflanzenschutzmittels Roundup mit dem bestimmenden Wirkstoff Glyphosat bekannt und wurde 2018 vom deutschen Bayer-Konzern übernommen. In Europa, insbesondere Deutschland, wurden Monsanto, Glyphosat und Bayer in der Gesamtkombination als der Teufel höchstpersönlich wahrgenommen. In Südamerika ist die Bewertung eine ganz andere. Dort wird die Marke überwiegend positiv aufgenommen. Eine Marke kann, wie man an dem Beispiel sieht, in verschiedenen Regionen der Welt einen unterschiedlichen Wert haben. Das macht die Bewertung einer Marke oder gar eines Portfolios komplizierter.

Der Wert der Marke für Unternehmen aus Sicht des Markenrechtlers
Aus meiner persönlichen Sicht ist trotz allem ein anderer Aspekt des Wertes der Marke viel praxisrelevanter als die monetäre Bewertung: die ursprüngliche Funktion der Marke, nämlich das Verbietungsrecht B.

Die Marke ist für Ihr Unternehmen so wertvoll, da Sie Ihre Produkte von den Produkten der Wettbewerber unterscheiden können und den Wettbewerbern die Benutzung der Marke untersagen können. Das klingt trivial – nur übersehen manche Unternehmen diesen ganz einfachen Zusammenhang.

Ein Beispiel aus meiner Praxis: Ein Start-up hat sich einen sehr prägnanten Begriff für Türstopper ausgedacht und vertreibt dieses Produkt, ohne die Marke zu schützen. Das Produkt ist sehr erfolgreich und stürmt die Amazon-Bestsellerlisten in der Kategorie. Ein Wettbewerber schützt sich die Marke und bietet ebenfalls Türstopper unter diesem Namen an. Anschließend greift der Wettbewerber das Start-up wegen Markenverletzung an und sorgt dafür, dass das Start-up auf Amazon nicht mehr verkaufen kann. Das Start-up könnte sich nun gerichtlich oder auch mit einem Löschungsverfahren wegen Bösgläubigkeit wehren. Der

Erfolg ist aber aus meiner Sicht sehr ungewiss, da dazu nachgewiesen werden müsste, dass die Marke beispielsweise allein in Behinderungsabsicht angemeldet wurde. Und dies ist angesichts der geschäftlichen Tätigkeit des Markenanmelders nicht sicher nachweisbar. Zudem würde dies viele Monate und vielleicht Jahre dauern und viel Geld kosten. Das Start-up musste sich also einen anderen Namen ausdenken.

Ein anderes Beispiel aus der Praxis, das den Wert der Marke zeigt und das Sie bereits in anderem Zusammenhang kennengelernt haben: Ein bekannter Jeanshersteller aus den USA hat seine Marken umfangreich auf der ganzen Welt geschützt. Dadurch konnte ich beispielsweise einen Antrag auf Zollbeschlagnahme in der EU stellen und so den Zoll anweisen, gefälschte Ware aus dem Verkehr zu ziehen. Mit jedem vom Zoll gemeldeten Fall werden wir schlauer, da wir über die Herkunft und den Bestimmungsort der Sendungen sowie den Sendungsverlauf viele Informationen über die Vertriebswege der Produktfälscher erfahren und so die Produktpiraten immer gezielter so stark behindern können, dass die Piraten sich ein anderes „Opfer" suchen.

Ein Beispiel für Lizenzeinnahmen: Ein Mandant hat sich eine schicke Marke für eine Kaffeerösterei in Frankfurt ausgedacht. Er hat von vorneherein nicht vorgehabt, selbst Kaffee zu rösten oder Filialen zu betreiben. Stattdessen vergibt er nun Lizenzen an der Marke. Die Marke hat für ihn einen konkreten monetären Wert.

Wenn man an den Wert der Marke denkt, sollte man sich aus meiner Sicht auf die Kernfunktionen der Marke konzentrieren. Die meisten Unternehmen, die ich in dieser Beziehung kennenlerne, erkennen diesen Wert der Marke nicht ausreichend.

Nehmen wir an, man vertreibt Fußbälle unter dem Namen Marimba und man ist damit sehr erfolgreich. Nun kommen Wettbewerber auf den Markt, die sich vielleicht bewusst ganz ähnlich nennen – sagen wir mal Marimbo oder Merimba. Wenn man nun gegen Wettbewerber mit zu ähnlichen jüngeren Marken nicht vorgeht, dann können sich zum einen diese Wettbewerber spätestens nach fünf Jahren möglicherweise auf Verwirkung berufen, d. h., man kann die Markenrechte gegen diese Wettbewerber nicht mehr durchsetzen. Diese Wettbewerber können sich dann damit verteidigen, dass man sie schon so lange wissentlich geduldet hat, sodass sie davon ausgehen mussten, dass man sie dulden würde. Noch schlimmer ist es allerdings, dass auch weitere Wettbewerber, die die Situation erfassen, als Argument in Streitverfahren vortragen können, dass sie angesichts der zahlreichen geduldeten ähnlichen Marken davon ausgehen mussten, dass die Marke nicht durchgesetzt wird. Man kann die Marke dann irgendwann nur noch gegen identische jüngere Marken oder extrem ähnliche jüngere Marken durchsetzen und hat ohne Not den Schutzumfang der Marke aufgegeben.

Man muss die eigenen Marken also auch verteidigen, um den Wert der Marke zu erhalten oder damit auch zu steigern.

7.7 FAQ

Ich habe so viele Marken, die in den verschiedensten Ländern für die verschiedensten Waren oder Dienstleistungen angemeldet sind. Wie bringe ich da Ordnung rein?

Das lässt sich pauschal leider nicht beantworten. Man muss sich das Markenportfolio im Detail ansehen. Oft lässt sich aber schon viel erreichen, wenn man auf deutsche oder Unionsmarken setzt, und dann Internationale Registrierungen für die übrigen Länder anmeldet. Bevor man dann ältere Marken fallen lässt, muss man erst sicherstellen, dass Dritte keine Zwischenrechte erworben haben.

Mein Logo sieht so veraltet aus – soll ich ein neues Logo kreieren?

Hier gehen die Meinungen der Markenrechtler und der Marketingverantwortlichen hin und wieder auseinander. Es ist sehr aufwendig, ein geändertes Logo in allen Ländern für alle Waren und Dienstleistungen neu zu schützen. Vor allem muss man sichergehen, dass nicht Dritte in der Zwischenzeit gleiche oder sehr ähnliche Marken angemeldet haben. Die Kosten können für diesen Aufwand sehr hoch sein. Aus markenrechtlicher Sicht rate ich daher meistens davon ab, das Logo zu verändern – auch wenn ich als Patentanwalt daran natürlich am meisten verdienen würde.

Was ist meine Marke wert?

Eine Marke ist immer so viel wert, wie ein Käufer dafür bezahlt. Das ist keine sehr befriedigende Antwort. Aber es gibt für viele verschiedene Kontexte verschiedene Bewertungsmethoden. Ein Käufer möchte nur einen niedrigen Preis zahlen. Der Verkäufer wählt eine Bewertungsmethode, die einen hohen Preis verspricht. Der kapitalwertorientierte Standard IDW S5 des Instituts der Wirtschaftsprüfer scheint von Finanzämtern für die Bilanzierung von Marken akzeptiert zu werden. Man kann in der Regel nur erworbene Marken bilanzieren.

8 MARKENSCHUTZ AUF AMAZON

Der Marketingleiter Heiko Heißsporn kommt ins Büro von Felix Feuerbusch und möchte mit ihm den schon seit längerem geplanten Verkaufsstart von AjoCrush auf Amazon besprechen. Was ist da aus markenrechtlicher Sicht zu beachten? Zunächst mal registrieren sie beide zusammen die Marke AjoCrush bei der Amazon Brand Registry. Dazu muss die Marke eingetragen und von einem Anwalt vertreten sein. Beides ist der Fall. Sie warnen ihren Anwalt vor, dass da bald eine E-Mail mit einem Verifizierungscode eintrudeln würde, den dieser bitte sofort an Felix Feuerbusch weiterleiten soll, da der Code nur begrenzte Zeit gültig ist. Mit der Registrierung der Marke bei der Amazon Brand Registry hat AjoCrush beispielsweise Zugang zum sogenannten Enhanced Brand Content und kann auch einfacher gegen Wettbewerber vorgehen. Die Listings der Produkte legen die Mitarbeiter von Heiko Heißsporn an.

24 Prozent des Gesamtumsatzes von Amazon soll weltweit laut Aussagen der Betreiber von etwa 2,5 Millionen Marketplace-Händlern erwirtschaftet werden. Bei einem prognostizierten Gesamtumsatz von etwa 640 Milliarden US-Dollar im Jahr 2024 entspräche das einem weltweiten Marketplace-Umsatz von 153 Milliarden US-Dollar. Weltweit hat Amazon mehr als 310 Millionen Kunden.[22] Die Geschäfte, die auf dieser Plattform gemacht werden, gehen jedenfalls unter dem Strich weit darüber hinaus, gebrauchte Artikel aus dem eigenen Haushalt im Internet zu verkaufen.

Es gibt auf Plattformen wie Amazon und Ebay viele professionelle Seller – mit oder ohne eigenständigem Webshop. Und deshalb müssen auch die entstehenden Probleme professionell behandelt werden. Einige dieser Probleme – und wie man sie mithilfe des Markenrechts lösen kann – werden wir in diesem Kapitel betrachten. Die Kräfteverhältnisse sind allerdings klar: Der Plattformbetreiber nutzt seine Macht oft ziemlich rücksichtslos aus. Der Seller ist in der Realität der Knecht, der der Willkür seines Herren ausgeliefert ist. Fast zumindest. Denn ein paar Werkzeuge, um sich zu wehren, stehen ihm doch zur Verfügung.

Wie funktioniert der Vertrieb von Produkten über Amazon? Im Prinzip kann über die Amazon-Plattform jeder Händler jedes Produkt zu einem frei definierbaren Verkaufspreis anbieten. Zentral ist dabei der in viele verschiedene Kategorien aufgeteilte Produktkatalog. Je breiter das Angebot, umso erfolgreicher die Plattform. Allerdings steigt mit der Anzahl der Angebote naturgemäß auch die Anzahl von Angeboten mit gefälschter bzw. Piraterie-Ware.

Die auf Amazon geführten Artikel haben zwar sehr oft bereits eine EAN (European Article Number) oder ISBN, bei Amazon bekommen Sie allerdings zusätzlich eine sogenannte Amazon Standard Identification Number, kurz ASIN. Dieser ASIN werden über einen Flatfile genannten Datensatz sämtliche Informationen über das Produkt zugeordnet. Ein potenzieller Käufer kann die öffentlichen Informationen auf der Plattform auf der sogenannten Produktdetailseite ansehen. Wenn nun ein Produkt bereits von einem Verkäufer angelegt wurde und ein weiterer Verkäufer das gleiche Produkt verkaufen möchte (identische EAN/ASIN), werden beide Angebote auf der gleichen Produktdetailseite zusammengefasst. Dieser Punkt ist für das Verständnis dieses Kapitels zentral, denn er bedeutet, dass Markenartikel und eine eventuelle Fälschung aufgrund der gleichen ASIN die identische Produktbeschreibung haben. Potenzielle

Käufer bekommen also auch bei gefälschter Ware die Beschreibung des Markenprodukts angezeigt.

Sie geben in die Suchmaske ein Produkt ein und bekommen ganz viele Ergebnisse vorgeschlagen. Die Reihenfolge der Anzeige lässt sich Amazon natürlich bezahlen. Wir gehen jedoch für das einfachere Verständnis von einer „organischen Suche" aus. Es werden Ihnen also diejenigen Produkte angezeigt, die sich am besten verkaufen oder die das beste Ranking aufweisen, weil sie beispielsweise von den Kunden besonders gut bewertet wurden. Irgendwann landen Sie dann auf einer Seite, die neben dem Produkt die sogenannte BuyBox anzeigt, das entscheidende Feld auf dem Weg zum Kauf. In der BuyBox gewinnt allerdings oft das Angebot oder der Verkäufer, der den günstigeren Preis bietet. Dieser Algorithmus führt oft zu einer Abwärtsspirale des Preises, die das Image eines Artikels negativ beeinflussen kann. Wenn es nur einen oder wenige Verkäufer für ein Produkt gibt, ist der Preiskampf tendenziell weniger stark und die Verkaufspreise kontrollierbarer.

Ein zusätzliches Problem ist, dass jeder Seller, der eine bestimmte ASIN anbietet und Schreibrechte hat, die für diese ASIN bereits vorhandenen Inhalte verändern und überschreiben kann. Er kann nicht nur die öffentlich sichtbaren Informationen verändern, wie beispielsweise Produktbilder und Produktbeschreibungen, sondern auch die nicht öffentlich sichtbaren Inhalte wie Keywords etc. Wir werden später sehen, dass man als Seller diese Möglichkeit auch zum Schutz seines Angebots nutzen kann. Aber zunächst haben Seller deswegen oft mit negativen Folgen zu kämpfen: Werden wichtige und relevante Keywords gelöscht oder verändert, hat das oft einen negativen Einfluss auf die Sichtbarkeit der entsprechenden Produkte. Außerdem gewährleistet nicht jeder Seller eine professionelle Präsentation des Produkts. Schlechte Bilder beispielsweise beeinflussen die Kaufentscheidung nicht gerade positiv. Am besten für einen Seller ist es also, wenn sein Produkt eine ASIN hat, die nur er kontrollieren kann. Leider kommen ihm an dieser Stelle oftmals die sogenannten Anhänger in die Quere.

8.1 Anhänger loswerden

Kaum haben Felix Feuerbusch und Heiko Heißsporn die Marken AjoCrush und GARLION für ihr neues Produkt bei der Amazon Brand Registry registriert und die entsprechenden Listings angelegt, stellt Felix fest, dass es auf dem Listing des Produktes GARLION ein weiteres und vor allem günstigeres Angebot eines Wettbewerbers gibt. Amazon hat die BuyBox aufgrund des niedrigeren Preises auf den Wettbewerber eingestellt. Felix ist perplex. Wie konnte das passieren? Er macht sich schlau. Offenbar hat der Wettbewerber Amazon mitgeteilt, dass er ein identisches Produkt anbietet. So hat er Zugang zu dem Listing bekommen und verkauft nun dort eine zwar gleich aussehende Knoblauchpresse. Nach einer Testbestellung sieht Felix aber, dass diese Knoblauchpresse schon nach dem zweiten Gebrauch auseinanderfällt und kein Original ist. Über das Infringement-Formular bei Amazon meldet Felix die Markenverletzung an Amazon und schickt auch die Dokumentation des Testkaufs über einen Link mit. Amazon reagiert sofort und entfernt das Angebot des Wettbewerbers. Eine Abmahnung oder gar ein Gerichtsverfahren gegen den Wettbewerber ist so in diesem Fall gar nicht mehr notwendig.

Ein Anhänger möchte als Trittbrettfahrer von einem erfolgreichen Seller profitieren. Als Anbieter hängt er sich an ein Produktlisting an. Der Anhänger teilt Amazon mit, dass er ein identisches Produkt wie das erfolgreiche ursprüngliche Produkt im Angebot hat, und dass Amazon ihn deshalb auch für diese ASIN listen soll. Sucht jemand das Produkt, bekommt er dann auch das möglicherweise nachgemachte Angebot des

Anhängers angezeigt, das zudem meist günstiger als das Original ist. Dass es auch möglicherweise schlechter ist als das Original (oder eben einfach nicht das erwartete Original), merkt der Käufer so zunächst nicht.

Darüber hinaus hat sich in letzter Zeit der Trend etabliert, dass Amazon erfolgreiche Angebote seiner Seller ins Auge fasst und unter seiner Hausmarke AmazonBasics gleich selbst verkauft, oder sich an das Listing anhängt. Damit kann Amazon dem bisher erfolgreichen Seller das Geschäft mehr oder weniger oder komplett wegnehmen. Gut dagegen wehren kann man sich nicht. Außer mit Schutzrechten! Wenn man ein sehr erfolgreiches Produkt hat, kann man es über die Marke gegen Amazon zwar eher schlecht schützen, weil die konkurrierende Marke eben AmazonBasics ist. Aber man kann zum Beispiel das Design der Ware schützen lassen. Wenn es sich um ein technisches Produkt mit hohem Innovationsgrad handelt, sollte man sogar über ein Patent nachdenken. Das führt uns zwar weg vom Markenkern dieses Marken-Buchs, allerdings finde ich, dass man nicht immer hinnehmen muss, wenn Amazon ein Produkt übernehmen will, und dass der Kampf David gegen Goliath diesen Ausflug rechtfertigt.

Woraus das Angebot des Sellers besteht, ist völlig egal. Einer meiner Seller hat beispielsweise Dokumentenhüllen vertrieben. Mit seinen Dokumentenhüllen dominierte er die entsprechende Kategorie. Gerade in sehr begrenzten Segmenten, die häufig auch ein bisschen unsexy sind, lässt sich mit einem guten Produkt relativ schnell eine sehr gute Position aufbauen. Wenn Sie bei Amazon nach Dokumentenhüllen gesucht hätten, dann wären Ihnen die Produkte dieses Sellers als erstes angezeigt worden. Und weil Sie ja nicht den ganzen Tag damit verbringen wollen, nach Dokumentenhüllen oder irgendeinem anderen Produkt zu suchen, das Sie interessiert, ist die Wahrscheinlichkeit groß, dass Sie sich auch für eines der zuerst angezeigten Angebote entscheiden. Es kann also ökonomisch sehr erfolgreich sein, wenn man solche „Randgebiete“ dominiert. Auch für unseren Seller und seine Dokumentenhüllen-Marke lief es sehr gut.

Er war sogar so erfolgreich, dass sich kein normaler Fälscher oder Drittanbieter an sein Angebot gehängt hatte, sondern gleich der Plattformbetreiber Amazon selbst. Amazon bot eines Tages einfach ebenfalls Dokumentenhüllen unter demselben Listing mit derselben ASIN an. Amazon machte ich in diesem Fall darauf aufmerksam, dass die Marke geschützt ist, und ich das Angebot als Markenverletzung ansehe. Amazon ist dann von dem Listing wieder verschwunden. In der Tat handelt es sich hier um einen Sonderfall. Denn wesentlich häufiger kommt es vor, dass jemand Drittes mit einer Dokumenthülle zu einem Hersteller geht und sich ebenfalls identische Hüllen produzieren lässt. Dann geht er zu Amazon und sagt, dass er genau das gleiche Produkt im Angebot hat, und dass er bitte ebenfalls unter der ASIN des ursprünglichen Anbieters gelistet werden möchte.

Gegen solche Anhänger kann man sich leicht schützen, indem man eine Marke für sein Produkt anmeldet. Denn dann kann sich der Anhänger nicht mehr darauf berufen, ein identisches Produkt zu verkaufen. Vielleicht verkauft auch er grüne Dokumentenhüllen. Aber eben keine grünen Marimba-Dokumentenhüllen, auf denen MARIMBA steht und für die die ASIN gilt. Kurz: Ein solcher Fall wäre eine glasklare Markenverletzung! Schließlich verkauft der Dritte auf einer Seite, die MARIMBA-Dokumentenhüllen anbietet, ebenfalls Dokumentenhüllen, die aber nicht vom Markeninhaber stammen und auch nicht von diesem lizenziert sind. Dieses Angebot könnte man nun Amazon über das vorgesehene Formular[23] melden und Amazon müsste und wird erfahrungsgemäß auch dagegen vorgehen und das Listing des Anhängers sperren.

Ein Tipp von mir, wenn Sie dieses Formular nutzen wollen oder müssen: Sie sollten auf jeden Fall eine Testbestellung von dem entsprechenden Produkt gemacht und die Bestellung in allen Schritten dokumentiert haben und dann bei der Meldung mit angeben (z. B. Bestellnummer und weitergehende Informationen über einen Dropbox-Link).

Sie werden nämlich möglicherweise gefragt werden, ob Sie das verletzende Produkt tatsächlich erworben haben und ob es Ihnen vorliegt (oder ob Sie nur eine Abbildung gesehen haben). Im Falle einer Testbestellung können Sie diese Fragen unter Angabe der Bestellnummer bejahen. Nach meiner Erfahrung verleihen Sie Ihrer Beschwerde damit den nötigen Nachdruck und innerhalb zumeist eines Tages oder sogar weniger Stunden wird das entsprechende Produkt von der Plattform genommen. Amazon reagiert in solchen Fällen deshalb so schnell, weil es bereits eine Gerichtsentscheidung gab, die besagt, dass Amazon sich bei positiver Kenntnis einer Markenrechtsverletzung mitschuldig macht, wenn es diese Verletzung weiterhin erlaubt. Wenn man das Online-Formular richtig ausfüllt, sind die Erfolgschancen also sehr groß.

Letztendlich stehen einem als Markeninhaber darüber hinaus alle Eskalationsstufen über die Abmahnung und die einstweilige Verfügung bis zur Klage offen.

Man kann sich auch ohne eingetragene Marke gegen Anhänger wehren, indem man wegen unlauterem Wettbewerb aufgrund von Wettbewerbsverletzung vorgeht. Wenn sich nämlich ein Wettbewerber an Ihr Angebot anhängt, dann kann das als Täuschung über die betriebliche Herkunft gewertet werden. Schließlich könnten die Kunden denken, dass das Produkt des Wettbewerbers von Ihrer Firma hergestellt wurde. Leichter geht es aber meistens, wenn Sie eine Marke eingetragen haben.

Im „Dokumentenhüllen-Fall“ hatte sich Amazon selbst an das Listing mit der geschützten Marke angehängt. Das bringt einen Seller in eine schwierige Situation. Soll man als Amazon-Seller Amazon abmahnen? Eigentlich müsste man in so einem Fall ja Amazon selbst bei Amazon als Markenverletzer melden. Wir haben das in diesem konkreten Fall auch gemacht, aber natürlich erfolglos. Die Abteilung, die diese Dinge prüft, ist natürlich nicht besonders motiviert, Maßnahmen gegen das eigene Unternehmen zu ergreifen. Im nächsten Schritt haben wir mit der Rechtsabteilung von Amazon Kontakt aufgenommen. Das hört sich leicht an. Ist es aber nur, wenn man den direkten Kontakt hat. Weil ich relativ viele Seller vertrete und das bereits seit einigen Jahren, konnte ich mir im Laufe der Zeit die entsprechenden Kontakte und Ansprechpartner erarbeiten. Leider veröffentlicht Amazon die E-Mail-Adresse der Rechtsabteilung nicht, geschweige denn, darüber hinausführende Kontakte. Mit ein bisschen Google-Recherche ist die Adresse aber zu finden. Damit Sie sich diese Arbeit sparen können, verrate ich sie Ihnen hier. Sie lautet: amazon-de-legal@amazon.com. Wir haben der Rechtsabteilung bzw. deren Vertretern über diese Adresse mitgeteilt, dass die Kollegen wohl versehentlich unseren Markenschutz übersehen haben. Wir sind also zunächst in den Dialog gegangen und Amazon hat in dieser zweiten Stufe tatsächlich wohl eingesehen, dass es sich um eine Markenverletzung handeln könnte. Das „Anhängen“ wurde eingestellt.

In meiner Tätigkeit für Seller begleitete ich relativ viele Fälle, bei denen der Dialog geholfen hat. Mein Rat lautet deshalb auch bei Streitfällen mit Amazon: nicht unnötig eskalieren lassen. Denn natürlich hat Amazon auch eine sehr tiefe Kriegskasse. Wenn man ein Großer ist, kann man einen Streit riskieren. Als kleiner Seller sollte man eher daran interessiert sein, eine Einigung zu finden.

Wenn der Gegner nicht Amazon heißt und eine klare Markenverletzung vorliegt, empfehle ich bei festgestellten Markenverletzungen diese schrittweise Vorgehensweise:

1. Vermeiden Sie es, die Rechtsabteilung von Amazon zu früh einzuschalten.
2. Nutzen Sie im ersten Schritt das Infringement-Formular.
3. Für den Fall, dass auf die Eingabe über das Infringement-Formular nicht die gewünschte Reaktion erfolgte, schreiben Sie den Gegner an. Setzen Sie den Gegner unter Druck.
4. Wenn der Gegner nicht reagiert, können Sie mit der Rechtsabteilung Kontakt aufnehmen.
5. Wenn die Dialogaufnahme mit dem Gegner und mit Amazon scheitert, schicken Sie eine Abmahnung mit sehr knapper Fristsetzung. Die kurze Frist ist in diesem Fall aus den folgenden Gründen zu empfehlen: Wenn Ihr Gegner in einem notorisch bekannten Fälscher-Land sitzt oder aus anderen Gründen ein dickes Fell hat, wird er gegebenenfalls sowieso nicht reagieren. Die ausgesprochene Abmahnung schützt aber zum einem vor dem Argument des Klageüberfalls und ermöglicht es zudem, rasch eine einstweilige Verfügung zu beantragen.
6. Mit der einstweiligen Verfügung können Sie wiederum zu Amazon gehen – dieses Mal über die Rechtsabteilung – und spätestens an dieser Stelle nimmt Amazon das betreffende Angebot aus dem Listing.

Ich empfehle außerdem, es bei diesen Schritten zu belassen, insbesondere dann, wenn der Gegner in Ländern sitzt, in denen es schwer wird, ein deutsches Gerichtsurteil durchzusetzen.

Wenn der Gegner Amazon heißt, kann es sein, dass das Unternehmen erst auf eine Verurteilung reagiert. Keine Angst: Man kann danach in der Regel weiter auf der Plattform verkaufen. Amazon ist in diesen Fällen ziemlich „schmerzfrei“. Ich selbst musste Amazon zwar noch nie verklagen. Allerdings kenne ich Kollegen, die Klageverfahren mit Erfolg durchgeführt haben.

Bekannt ist Ihnen vielleicht der Fall Birkenstock, in dem der Originalhersteller verhindern wollte, dass seine Schuhe bzw. Schuhe unter seinem Markennamen auf Amazon verkauft werden. Wenn man nach den Sandalen der bekannten Marke gesucht hat, wurden als Suchergebnis nämlich auch Fälschungen und Konkurrenzprodukte angezeigt. Das Fass zum Überlaufen brachte dann die sogenannte Tippfehlerwerbung. Wenn Sie die Marke bei einer großen Suchmaschine eingegeben haben, sich dabei aber mal um einen Buchstaben vertippt hatten, schaltete Amazon Anzeigen, die auf ähnliche Produkte und Fälschungen auf der eigenen Plattform verlinkten. Für den normalen Verbraucher war meist nicht auf den ersten Blick ersichtlich, dass es sich dabei um Fälschungen handelte. In diesem Fall hat der Schuhhersteller von einem Oberlandesgericht recht bekommen und Amazon durfte diese Art der Werbung nicht mehr schalten.

Dennoch herrscht weiter großer Streit darüber, ob bei einer konkreten Suchanfrage auch Wettbewerbsprodukte in der Ergebnisliste angezeigt werden dürfen, wenn man nach einer ganz bestimmten Marke sucht.

Übrigens können Sie im Normalfall nicht gegen jemanden vorgehen, der seine Ware von Ihnen bezieht, denn schließlich handelt er mit Originalware. Sie können ihm auch nicht verbieten, diese Ware auf Amazon anzubieten (vgl. Kapitel 5.6.3). Eine Ausnahme von dieser Regel ist das sogenannte Brand Gating (s. Kapitel 8.4).

Der bekannte Sandalenhersteller hatte jedenfalls die offizielle Belieferung von Amazon zunächst in den USA und später auch in Europa eingestellt. Dennoch waren seine Sandalen weiter auf der Plattform erhältlich, nämlich bei Sellern, die mit Originalware handelten. Trotz der Einstellung der offiziellen Belieferung verkaufte sogar Amazon selbst weiter Originalware, die das Unternehmen als Restposten bezogen, bei Dritten oder im Großhandel eingekauft hatte.

Plan B gegen stundenweise Anhänger

Ein Sonderfall ist das stundenweise Anhängen an Angebote. Ein Phänomen, von dem mir zuletzt häufiger berichtet wurde. Es kommt vor, dass sich Seller - beispielsweise aus China - nur stundenweise an ein Angebot hängen und dann wieder verschwinden. Das passiert in der Nacht, wenn Sie normalerweise schlafen und als Seller deshalb zunächst gar nichts mitbekommen. Es kann dann sein, dass in diesem Zeitfenster gefälschte bzw. nicht originale Ware verkauft wird. Als Seller merkt man diesen Trick häufig erst an den zahlreicher werdenden schlechten Bewertungen. Wenn man dann über die Ein-Stern-Bewertungen stolpert, sieht man, dass die Ware gar nicht von einem selbst, sondern von jemand anderen verkauft wurde. Man merkt es jedenfalls erst im Nachhinein. Dieser miese Trick ist doppelt schlecht für das Geschäft. Ihr Ruf und damit Ihr Ranking leiden und der Umsatz ist Ihnen natürlich auch entgangen.

Wie beschrieben, sollte man für eine Beschwerde über das Infringement-Formular immer eine Testbestellung machen. Also müsste man mindestens eine Nacht investieren und lauern und dann nachts um vier die Testbestellung machen. Aber vielleicht sind die Betrüger in dieser Nacht gar nicht aktiv? Das ist alles jedenfalls sehr umständlich. Man kann das trotzdem so machen und auf diesem Wege auch erfolgreich sein.

Es gibt jedoch eine Strategie, von der ich nicht weiß, warum sie funktioniert. Aber sie funktioniert in der Praxis offenbar sehr gut, wie mir mehrere Seller bestätigt haben. Wenn man mehrere Angebote hat, kann man bei Amazon nämlich ein sogenanntes Flat-File hochladen. Das ist eine Excel-Datei, die alle Informationen zu den hinter der ASIN liegenden Angeboten zusammenfasst und aus der Amazon die Informationen übernimmt. Wenn man dieses File sehr regelmäßig hochlädt, idealerweise wenigstens einmal täglich, haben es diese stundenweisen Anhänger schwerer, sich immer wieder neu an dieses Angebot anzuhängen - und hängen sich dann vielleicht lieber an ein anderes Angebot an.

8.2 Weitere Schutzmaßnahmen

Amazon hat sich auf die Fahnen geschrieben, dass kundenfreundlichste Unternehmen der Welt zu werden. Dazu gehört natürlich auch ein hohes Maß an Kundenzufriedenheit. Markenfälschungen und schlechte Produktqualität lässt die Kundenzufriedenheit rapide sinken. Und genau das war mit zunehmenden Beschwerden von Konsumenten und Markenanbietern über gefälschte Produkte der Fall. Umso mehr Verkäufer aus dem „Graumarkt" Markenprodukte uneingeschränkt verkaufen können, desto größer ist auch das Risiko, dass gefälschte Waren in den Umlauf geraten. Amazon hat dieses Dilemma erkannt und verschiedene Maßnahmen ergriffen, die die Qualität des Angebots hochhalten soll. Dazu gehört auch, Marken zu schützen bzw. Markenschutz auf der Plattform durchzusetzen. Zu den Maßnahmen gehören die Amazon Brand Registry, das Brand Gating und seit neuestem das Amazon Project Zero. Sämtliche Maßnahmen schützen dabei vor allem die bekannten und starken Marken. Der einzelne Seller kann dabei allerdings ins Hintertreffen geraten.

8.2.1 Amazon Brand Registry

Als Inhaber einer eingetragenen Marke profitieren Sie bei Amazon von dem Angebot der sogenannten Brand Registry[24]. Hier können Sie sich als Seller unter Angabe einiger Daten außerdem Vorteile gegenüber „markenlosen" Sellern sichern. Amazon selbst bewirbt die Brand Registry ausdrücklich als Maßnahme für verstärkten Markenschutz: „Mit der Amazon-Markenregistrierung können Sie Ihr geistiges Eigentum schützen und eine korrekte und vertrauenswürdige Erfahrung für Ihre Kunden bei Amazon erstellen". Beschwerden von hier eingetragenen Marken werden – gegen Dritte – ähnlich wie beim Infringement-Formular mit hohem Nachdruck verfolgt. Abgefragt werden von Amazon dafür B:

- Persönliche Angaben, gegebenenfalls Webseite, E-Mail
- Angaben über die Marke (die deutsche Marke, Unionsmarken und nationale Marken der Länder Frankreich, Deutschland, Italien, Spanien, Großbritannien)
- Produktabbildungen und Abbildungen von Verpackungen
- Abfrage von Produkt-Identifikationsnummer wie beispielsweise ISBN, EAN, UPC oder GTIN
- Alternative Formen der Marke, Zielkunden, Markengeschichte, Vertriebswege, Herstellungsorte

Außerdem benötigen Sie für die Amazon Brand Registry eine von einem Anwalt vertretene Marke – Amazon besteht darauf. Dieser Vertreter muss im Markenregister hinterlegt sein. Er bekommt mit dem Abschluss des Registrierungsverfahrens eine E-Mail mit einem Verifikationscode. In einer weiteren E-Mail werden Sie von Amazon informiert, dass der Code an Ihren Vertreter geschickt wurde. Diesen muss Ihr Vertreter nun an Sie weiterleiten und Sie wiederum können mit dem Code auf die E-Mail von Amazon antworten. Mit Vertreter ist im Übrigen ein anwaltlicher Vertreter gemeint. Sie können in der Praxis auch sich selbst oder irgendeinen Dritten angeben. Aber Vorsicht: Der BGH hat bereits wenigstens einen Nicht-Anwalt wegen Verstoß gegen das Rechtsberatungsgesetz verurteilt. Wenn Sie einen anwaltlichen Vertreter angeben, ist mein Tipp, diesem auch gleich Zugriffsrecht auf Ihre Brand Registry zu geben. Das ist sinnvoll, wenn Sie sich nicht selbst um markenverletzende Inhalte kümmern wollen oder können. Für diese Registrierung nehmen Sie folgende Schritte vor:

- Klicken Sie im Markenregistrierungs-Dashboard auf den Link „Spezialisten des Markenbetreuungsteams“.
- Wählen Sie aus der Drop-down-Liste die Option „Markenprofil aktualisieren“ aus.
- Klicken Sie auf „Berechtigung für Benutzerkonto aktualisieren“.
- Füllen Sie das Formular aus und geben Sie Folgendes an:
    1. E-Mail-Adresse oder, für mobile Konten, Telefonnummer des Benutzerkontos
    2. für diesen Antrag relevante Marke(n)
    3. Rolle für das Benutzerkonto

Neben dem verstärkten Markenschutz erhalten Sie mit der Brand Registry vor allem bessere Möglichkeiten, Ihr Angebot zu präsentieren und diese Präsentation zu kontrollieren, die es aus meiner Sicht sehr sinnvoll machen, die Brand Registry zu nutzen. Insbesondere hat man als Seller mehr Freiheiten, was Produkttitel, Produktbeschreibungen und Produktbilder angeht. Darüber hinaus bekommt man als hier registrierter

Seller durch die registrierte Marke angeblich *de facto* eine garantierte BuyBox. Schließlich können Sie andere Anbieter des Listings wegen Markenverletzung entfernen lassen, sofern diese keine Originalware verkaufen.

8.2.2 Brand Gating

Amazon bietet bereits seit 2016 in den USA das sogenannte Brand Gating für Markeninhaber an. Dahinter verbirgt sich, dass ein Markeninhaber selbst entscheiden kann, welche Drittanbieter sein Markenprodukt auf Amazon verkaufen dürfen. Die Einführung dieses Services für Markeninhaber geht übrigens direkt auf die Entscheidung des deutschen Gesundheitssandalen-Herstellers zurück, nicht mehr auf Amazon zu verkaufen. Im Frühjahr 2019 startete Amazon diesen Service auch für ausgewählte Marken für den europäischen bzw. deutschen Marktplatz. Das Brand Gating stellt zwar eigentlich eine Beschränkung der gesetzlich geschützten Waren- und Verkaufsfreiheit dar, allerdings zeigen sich die Gerichte demgegenüber bisher aufgeschlossen. Amazon hat zwar eine starke Marktmacht, aber eben noch kein Monopol. Denn auch jemand, der vom Hersteller keine Erlaubnis bekommen hat, die Produkte auf Amazon zu verkaufen, kann das immer noch über einen eigenen Webshop oder ganz andere Kanäle tun. Zudem könnte jeder Marktplatz seine Regeln selbst aufstellen. Das Brand Gating schränkt vor diesem Hintergrund vor allem das klassische Re-Selling ein. Wir erinnern uns, dass die Sandalen des deutschen Herstellers Birkenstock über Re-Selling immer noch ihren Weg auf die Plattform fanden, nämlich über die Angebote von Dritten. Diesen Weg soll das Brand Gating versperren. Das alles bedeutet auch, dass beispielsweise Alibaba auf dem Weg nach Europa einen kleinen „Werbekostenzuschuss“ von Amazon bekommt.

Auch relativ neue, alternative Vertriebskanäle wie der idealo-Direktkauf werden profitieren.

Kritik am Brand Gating gibt es also von zwei Seiten. Markeninhaber bemängeln die Markenauswahl durch Amazon. Denn der Service steht nicht automatisch jeder Marke offen. Falls die eigene Marke nicht sowieso von Amazon ausgewählt wurde, muss man sich darum bewerben. Die Amazon-eigenen Auswahlkriterien sind eher intransparent. Ausgewählt werden zumeist nur die großen Marken. Diese Auswahl macht auch deutlich, dass Brand Gating vielleicht nicht nur dem Markenschutz dient, sondern auch dazu, Markenherstellern gewisse Vorteile auf der Plattform zu verschaffen. Das Fälschungspotenzial beispielsweise für einen „65 Zoll LED-Fernseher“ ist relativ gering. Dennoch unterliegen auch solche Produkte dem Brand Gating.

Wenn Sie sich bei Amazon mit Ihrer Marke für das Brand Gating bewerben wollen, müssen Sie die folgenden Punkte beachten:

- Es muss sich um eine registrierte Marke handeln.
- Die Marke muss bei der Amazon Brand Registry hinterlegt werden.
- Eine ASIN-Liste, für die das Brand Gating aktiviert werden soll, muss an Amazon übermittelt werden.

Die Seller beklagen auf der anderen Seite die hohen Gebühren und eine generelle Unsicherheit. Denn wenn man sich für eine Marke als Seller registrieren lassen möchte, liegen diese Gebühren für die Markenfreischaltung zwischen 500 und 5000 US-Dollar.[25] Außerdem müssen Sie als Seller schriftlich nachweisen, mindestens 30 Markenprodukte innerhalb von 90 Tagen beim jeweiligen Hersteller bezogen zu haben. Die genannte Unsicherheit für Seller ist darin begründet, dass das Brand Gating zumindest bisher relativ kurzfristig passierte. Sellern fällt es unter diesem Gesichtspunkt natürlich schwerer, ihr

Sortiment zu planen. Wenn das Brand Gating relativ kurzfristig vollzogen wird, kann es passieren, dass man auf einmal noch 2000 Einheiten einer Ware im Amazon Lagerhaus hat, die plötzlich hinter dem Gate verschwunden ist. Dann muss man sich entweder andere Kanäle suchen oder muss die vorhandene Ware mit Verlust remittieren. Langfristig gedacht ist es jedenfalls eine fremdbestimmte Einschränkung des Sortiments der Seller auf Amazon.

Für den Verbraucher hat das Brand Gating „gefühlte" Vor- und Nachteile. Gefühlt deshalb, weil Brand Gating gegenüber dem Verbraucher seine eigenen Ansprüche nicht erfüllt. Allerdings sind auch die befürchteten Folgen nicht so schlimm, wie man als rigoroser Anhänger eines freien Markts vielleicht befürchten mag. Gefühlt wird die Wahrscheinlichkeit, aus Versehen oder Unwissenheit gefälschte Ware zu kaufen, geringer, auch wenn Brand Gating diese Möglichkeit nicht völlig ausschließt. Auf der anderen Seite bedeutet ein eingeschränktes Angebot auch immer ein gewisses Preismonopol. Wenn nur noch der Original-Hersteller und Amazon einen bestimmten Artikel verkaufen, können die beiden auch den Preis bestimmen. Dabei handelt es sich allerdings um ein Scheinargument, denn die Hersteller legen für Originalware natürlich einen Mindestverkaufspreis fest, sodass die Preisvarianz eher gering ist. Kein Seller wird beispielsweise unter seinen eigenen Einkaufspreis gehen. Und schlussendlich gilt: Wenn die Ware auf Amazon zu teuer ist, dann schauen die Verbraucher sich eben auf anderen Kanälen um.

Wie leicht das Brand Gating von professionellen Betrügern umgangen werden kann, zeigt Alexander Hofmann, Geschäftsführer der HOWADO GmbH, die mit ecomparo Recherche- & Beratungsleistungen zur Auswahl passender E-Commerce-Software bietet. Ich habe ihn für meinen YouTube-Kanal befragen können. Wenn ein Produktfälscher z. B. gefälschte Canon-Produkte auf Amazon verkaufen möchte, ist laut Amazon ein Antrag notwendig, und der „Produktfälscher“ muss drei Rechnungen mit fünf unterschiedlichen Einheiten über 30 erworbene Canon-Produkte einreichen. Er bestellt also bei einem x-beliebigen Onlineshop oder auch direkt bei Amazon 30 originale Canon-Tintenpatronen - aufgeteilt auf drei Rechnungen und fünf verschiedene Produkte im Wert von 100 Euro - und reicht diese gemäß dem Antrag ein. Nach ca. einer Woche, manchmal schneller, kann er nun alle Produkte der Marke Canon verkaufen. Je nach Beschaffungsweg retourniert er die Produkte anschließend. Dieses Beispiel zeigt, wie wirkungslos Brand Gating als Schutzmechanismus vor Produktfälschungen ist, wenn man mit genügend krimineller Energie vorgeht. Der gesetzeskonforme Seller sieht sich dagegen einem Generalverdacht ausgesetzt.

8.2.3 Amazon Project Zero

Während bei der Brand Registry und beim Brand Gating jeweils Seller und Amazon aktiv werden müssen, soll Zero automatisiert funktionieren. Das Projekt wurde im Frühjahr 2019 gestartet und basiert auf einem Amazon-eigenen Machine-Learning, das mit dem von den Marken bereitgestellten Wissen über Markennamen, Logos, Claims etc. täglich alle weit über 5 Milliarden ASINs auf mögliche Markenrechtsverletzungen überprüft. Das Programm heißt deshalb Zero - also „Null“ -, weil Amazon damit das Angebot von Fälschungen auf null bringen möchte.

Findet Zero eine Markenverletzung, informiert das Programm über eine Service-Plattform den Markeninhaber, der die Artikel per Mausklick selbst entfernen kann, ohne nochmals den Schritt über Amazon gehen zu müssen. Ergänzt wird der Zero-Algorithmus zudem optional von einer weiteren Seriennummer zur Produktinformation. Diese nur einmal vergebene Seriennummer für ihr Produkt können Markeninhaber an

Amazon übermitteln. Die Serialisierung der Waren wird bei Amazon auch unter „Amazon Transparency“ geführt. Im Gegensatz zur ASIN ist diese Nummer jedoch für Dritte unsichtbar und macht so Fälschungen schnell sichtbar. Mit Project Zero verfolgt Amazon also zum ersten Mal einen proaktiven Ansatz, um seine Plattform frei von Fälschungen zu halten. Dies ist auch einer der bereits lautgewordenen Kritikpunkte. Das Programm arbeitet sich ausschließlich an offensichtlichen Fälschungen ab. Weder prüft es die Korrektheit von angegebenen Produktinformationen noch verhindert es das bekannte Anhängen an erfolgreiche ASINs.

Für das Project Zero können Sie sich zwar registrieren lassen, ob Ihre Marke aufgenommen wird, entscheidet wiederum allein Amazon. Eine Voraussetzung ist neben der Brand Registry auch eine Akzeptanzrate von mindestens 90 Prozent bei eingereichten Verstoßmeldungen in den letzten sechs Monaten.

Tatsächlich stellt sich die Frage, wie Amazon in der Praxis sicherstellen wird, dass nur die richtigen, in diesem Fall also die falschen, Produkte entfernt werden. Neben dem Algorithmus sollen nämlich hierfür allein die Marken verantwortlich sein. Amazon lässt dazu verlauten: „Unsere Marken genießen ein beispiellos hohes Level an Verantwortung. Wir sind einfach davon überzeugt, dass die Stärken von Amazon und Marken zusammengenommen Fälschungen auf Null bringen können. Marken müssen eine Genauigkeit von mindestens 99 Prozent an den Tag legen, um ihre Project Zero-Privilegien aufrechtzuerhalten. Wir setzen eine Reihe von Prozessen zur Verbesserung der Genauigkeit um. Dazu zählen auch erforderliche Schulungsmaßnahmen im Rahmen der Project Zero-Registrierung sowie kontinuierliche Überprüfung, um Missbrauch unserer Tools zu verhindern.“[26] Das Project Zero läuft nun schon einige Jahre und erfreut sich gerade bei größeren Markenherstellern großer Beliebtheit. Aber auch größere Seller profitieren von diesem Tool.

8.3 Gesperrte Angebote entsperren

Felix Feuerbusch ist aufgebracht! Er hat gerade eine E-Mail von Amazon erhalten, dass ein Beschwerdeführer mit der E-Mail-Adresse 1234@qq.com auf Basis eines bestimmten Gemeinschaftsgeschmacksmusters („EU Design“) das Listing des Produkts GARLION gesperrt hat. Tatsächlich ist das Listing offline! Was ist nun zu tun? AjoCrush gehen dadurch monatlich 20.000 Euro Umsatz durch die Lappen! Felix berät sich mit dem Patentanwalt seines Vertrauens. Dieser löst das Problem in diesem konkreten Fall wie folgt. Zunächst wird der Gegner mit einem Schreiben über die angegebene E-Mail-Adresse angeschrieben und es wird klargestellt, dass das geltend gemachte Design gar nicht schutzfähig ist, da AjoCrush Knoblauchpressen mit diesem Design nachweislich schon vor dem Anmeldetag des geltend gemachten Designs angeboten hat. In dem Schreiben wird eine negative Feststellungsklage und eine Klage auf Schadenersatz wegen entgangenem Gewinn sowie die Löschung des Designs angedroht und eine Frist von einer Woche gesetzt, um die Beschwerde wieder aufzuheben. Der deutsche Anwalt, der das Design vertritt, wird ebenfalls in den E-Mail-Verteiler aufgenommen. Dieser meldet sich umgehend und teilt mit, dass der Inhaber des Designs gar nichts mit der Sperrung des Listings zu tun hat. Mit dieser zusätzlichen Information beantragt der Patentanwalt nach Ablauf der Frist zusammen mit einem auf Designverletzungen und Amazon spezialisierten Rechtsanwalt eine einstweilige Verfügung beim Landgericht Düsseldorf, dass der Beschwerdeführer es unterlassen solle, ungerechtfertigt Listings zu sperren. Das Landgericht erlässt diese einstweilige Verfügung. Diese wird vom Patentanwalt an die Rechtsabteilung von Amazon mit Erläuterung weitergeleitet und 24 Stunden später und insgesamt fast drei Wochen nach der allerersten E-Mail von Amazon ist das Listing wieder frei.

Ich bin für dieses Beispiel auf das Designrecht ausgewichen, da der oben genannte Fall aktuell sehr häufig vorkommt. Im Prinzip kann man diesen Fall aber auch leicht auf Marken übertragen.

Während wir uns in den bisherigen Abschnitten damit beschäftigt haben, wie wir selbst Angebote sperren lassen können, schauen wir uns nun kurz die andere Seite der Medaille an. Was können Sie als Seller tun, wenn Amazon auf Initiative eines anderen Sellers ein Angebot von Ihnen gesperrt hat?

Die meisten Produkte werden gesperrt, weil sie angeblich eine Marken- oder eine Designverletzung darstellen. In einem ganz konkreten Beispiel behauptete eine britische Firma, sie hätte ein eingetragenes Gemeinschaftsgeschmackmuster für einen Sportartikel. Der Begriff aus dem Designrecht ist für Sie an dieser Stelle gar nicht so wichtig. Es handelt sich dabei vereinfachend gesagt um ein in der EU geschütztes Design. Der Sportartikel wurde in China hergestellt. Der Hersteller produzierte diesen Artikel allerdings nicht nur für diese Firma, sondern für ganz viele andere Unternehmen auch. Die Briten waren aber die einzigen, die beim EUIPO ein Design angemeldet haben. Das war in diesem Fall ein bisschen frech, weil das Unternehmen genau wusste, dass der Hersteller diesen Artikel vorher bereits auch an andere Unternehmen verkauft hatte. Tatsächlich bekamen wir in diesem Fall auch heraus, dass der chinesische Hersteller sich das Design bereits selbst in China geschützt hatte. Ein Design muss aber zum Anmeldetag immer neu sein. Es kann also angegriffen werden, wenn man nachweisen kann, dass es bereits vor dem Anmeldetag im Umlauf oder bekannt war. Dabei ist auch egal, wo auf der Welt das war. Trotzdem hat das britische Unternehmen aufgrund seines eingetragenen Designs die ASIN eines deutschen Sellers – meines Mandanten – sperren lassen. Der jeweilige Seller wird von Amazon in einer Standard-E-Mail unter Angabe einer Beschwerdenummer und der betreffenden ASIN darüber informiert, dass eine Beschwerde vorliegt. In der E-Mail wird auch in der Regel der Kontakt des Beschwerdeführers genannt. Der Seller des gesperrten Angebots wird darin auch aufgefordert, darzulegen, wie er das Problem lösen will.

Es hat sich in der Praxis gezeigt, dass Amazon Sperrungen ohne Rücknahme der Beschwerde durch den „angreifenden" Seller bzw. Beschwerdeführer nur sehr selten wieder entsperrt. Das geht praktisch nur mit einer gerichtlichen Entscheidung oder der Löschung des Schutzrechtes. Erfolgversprechender ist es, den Beschwerdeführer davon zu überzeugen, dass er bei Amazon seine Beschwerde zurücknimmt. Konkret muss man ihn dazu bewegen, an die von Amazon angegebene E-Mail-Adresse eine Nachricht mit der Beschwerdenummer und der ASIN und beispielsweise der folgenden Aussage zu schicken: „Hiermit nehme ich meine Beschwerde 123456 gegen die ASIN ABC123 zurück."

Während ich in nahezu sämtlichen vorangegangen Fällen bei der Dialogaufnahme zur Zurückhaltung geraten habe, empfehle ich in diesen Fällen direkt in die Vollen zu gehen, und eine maximale Drohkulisse aufzubauen. Denn natürlich gilt auch hier der Grundsatz, dass eine schnelle außergerichtliche Einigung nahezu immer besser ist. Im ersten Schritt sammeln Sie deshalb – idealerweise zusammen mit einem in diesen Dingen erfahrenen Anwalt – Ihre Argumente. Der Anwalt hilft auch bei der Einschätzung, ob sich hinter der Sperrung eine tatsächliche Verletzung von Schutzrechten verbirgt. Die wichtigsten zu klärenden Fragen sind:

- Habe ich tatsächlich Originalware im Angebot?
- Existieren Schutzrechte für diese Ware?

Im Fall des britischen Unternehmens lagen die Dinge sehr klar auf der Hand:

- Das EU-Design war nicht neu und damit nicht durchsetzbar, da der Hersteller das Design bereits in China registriert hatte und wir das auch belegen konnten.
- Wir hätten aus dem Grund das EU-Design löschen lassen können.
- Uns stand die Möglichkeit offen, vor einem deutschen Gericht eine negative Feststellungsklage geltend machen zu können, dass unser Angebot nicht das (sowieso nicht gültige) EU-Design verletzt. Die Folge wäre gewesen, dass das britische Unternehmen mit einem deutschen Anwalt vor einem deutschen Gericht ein Verfahren hätte bestreiten müssen.
- Wir könnten Schadenersatz für den entgangenen Umsatz geltend machen.
- Wir könnten den chinesischen Hersteller informieren, dass sein britischer Abnehmer versucht, sein Produkt für den europäischen Markt zu monopolisieren. So ein Monopol bedeutet auch für den Hersteller Umsatzeinbußen, weil er dann nur noch einen Abnehmer in Europa hätte.

Diese Argumente fassten wir in einem ziemlich direkten Schreiben an die Gegenseite zusammen. In diesem Fall kam uns außerdem entgegen, dass wir die Kontaktdaten des britischen Anwalts der Gegenseite ermitteln konnten, da dieser das EU-Design angemeldet hatte. Ich nahm ihn zur Sicherheit bei jeder E-Mail in Kopie. Nachdem die Firma zunächst nicht auf unsere Mail reagierte, konnte ich so den direkten Kontakt mit dem Anwalt aufnehmen. Und der war uns insofern behilflich, als dass er bereits für das erste Telefonat mit mir eine Rechnung an seine Mandanten verschickte, und danach für jede weitere Mail, die sich aus dem Schriftverkehr mit der Firma ergab. Und sobald es ans Portemonnaie geht, wird eben doch reagiert. In diesem Fall dann auch relativ freundlich. Aber unserer Forderung wollte der Gegner dennoch zunächst nicht entsprechen, sondern er bot an, sich irgendwie anders zu einigen. Der Mailwechsel wuchs also an. Irgendwann hat sich der Gegner dann per Telefon persönlich gemeldet und darum gebeten, nicht jedes Mal den eigenen Anwalt anzuschreiben, da das für ihn immer mit erheblichen Kosten verbunden sei. Unser Angebot war klar: Schick die von uns vorformulierte E-Mail an Amazon endlich ab. Und so hatten wir schlussendlich auch Erfolg.

Dieser Weg ist natürlich mit einigem Aufwand verbunden. Finanziell hat mein Mandant ca. 1500 Euro investiert. Je nachdem, wie viel Umsatz an der gesperrten ASIN hängt, kann es sich aber lohnen, diesen Aufwand zu betreiben. Im Regelfall geht ein Gegner davon aus, dass der andere Seller klein beigibt und ist zumeist sehr erstaunt, wenn er auf massiven Widerstand trifft.

Wenn der „Sperrer“ in China sitzt oder aus anderen Gründen nicht kooperiert, dann hat man aus meiner Erfahrung nur zwei Möglichkeiten: Man löscht das geltend gemachte Schutzrecht oder man erzielt eine positive gerichtliche Entscheidung.

Beides kann man dann beispielsweise der Rechtsabteilung von Amazon mitteilen und das Listing wird in der Regel kurzfristig wieder freigegeben.

Die Löschung des Schutzrechtes ist üblicherweise die kostengünstigere Variante, dauert aber länger. Wenn der Gegner sich nicht wehrt, so kann beispielsweise die Löschung eines Gemeinschaftsgeschmacksmusters in der ersten Instanz 1500 bis 2000 Euro kosten und drei bis vier Monate dauern.

Teurer aber auch schneller ist der Weg über das Gericht. Man kann eine einstweilige Verfügung gegen den „Sperrer“ beantragen und das Gericht bitten festzustellen, dass der „Sperrer“ nicht das Listing ungerechtfertigt sperren darf. Das Gericht verlangt in der Regel, dass der Gegner eine Möglichkeit hatte, zuvor den Sachverhalt zur Kenntnis zu nehmen und zu reagieren. Daher verschicke ich auch als erste Handlung meistens das oben genannte Schreiben. Wenn man dann dem Gericht gut zeigen kann, dass entweder das Schutzrecht gar nicht schutzfähig ist oder man nicht in das Schutzrecht eingreift oder der „Sperrer" gar nicht Inhaber oder Lizenznehmer des Schutzrechtes ist, dann bestehen sehr gute Aussichten auf Erfolg, dass das Gericht die einstweilige Verfügung erlässt. Normalerweise sind einstweilige Verfügungen nur mit Zustellung an den Gegner durchsetzbar. Das ist für die notorisch kryptisch gehaltenen Adressen aus den Amazon-Impressen in China unwahrscheinlich. Allerdings reagiert die Amazon-Rechtsabteilung in der Regel unverzüglich, wenn man ihr die vom Gericht erlassene einstweilige Verfügung zuschickt. Das Listing wird dann üblicherweise kurzfristig wieder freigegeben.

8.4 Herausforderungen beim Sourcing der Produkte

Amazon möchte seinen Marktplatz von Fälschungen und Piraterie-Ware befreien. Aus Markensicht ist dieser Vorsatz sehr erfreulich. Zu diesem großen Ziel können aus meiner Sicht auch die Seller beitragen B.

Die meisten Seller, die ich betreue, beziehen ihre Ware aus China. Das ist oftmals günstig, hat allerdings den Nachteil, dass die chinesischen Hersteller immer noch nicht besonders kreativ sind. Sie orientieren sich stattdessen stark an schon bestehenden Markenprodukten, sodass man bei Bestellung von Ware aus China ungewollt leicht selbst Marken-, Design- oder Patentverletzungen begehen kann. Schützen kann einen dagegen eine teure Recherche nach bestehenden Marken, Patenten und vor allem Designs. Während Marken noch relativ leicht recherchiert werden können, ist der Aufwand insbesondere bei Designs – und erst recht bei Patenten – ungleich höher, und viele Importeure scheuen diesen auch finanziell hohen Aufwand. Allerdings muss man angesichts der genannten Zahlen bei chinesischer Ware leider davon ausgehen, dass die Chance recht hoch ist, dass man mit den Waren in Schutzrechte wie Patente, Marken oder Designs in der EU eingreift. Das gilt erst recht, wenn man seine Ware einfach bei chinesischen Plattformen bestellt. Wie es dort zugeht, habe ich ja schon kurz in Kapitel 6.2 erläutert. Das Office of the United States Trade Representative (USTR) pflegt eine schwarze Liste mit Ländern und Handelsplattformen, die besonders notorisch gefälschte Produkte vertreiben. Ende 2016 kehrte der Alibaba-Konzern auf diese Liste zurück. In dem Bericht aus 2023 wird angemerkt, dass beispielsweise sehr viele auf Taobao angebotene Waren gefälscht sind.[27]

Auch bei den auf den Waren oder Verpackungen aufgebrachten Gütezeichen und -siegel (z. B. CE-Zeichen, TÜV ...) muss man vorsichtig sein, da diese Zeichen wiederum selbst geschützt sind und nur mit Zustimmung der Rechteinhaber verwendet werden dürfen. Selbst wenn die chinesischen Händler Lizenzen oder bestimmte Produkteigenschaften zusichern, wird es im Falle eines Falles sehr schwer, gegen diese Händler in China vor Gericht vorzugehen.

Hier kommt aber noch ein ganz anderer Aspekt ins Spiel: die Produktsicherheit. Eine gefälschte Jeans, die nach zweimaligen Tragen in ihre Einzelteile zerfällt, ist unangenehm und wird Ihnen schlechte Bewertungen einbringen. Ganz anders sieht die Sache aus, wenn das zu heiß gewordene Ladegerät fürs Handy einen Zimmerbrand verursacht, oder wenn der Kunststoff, aus dem Ihre importierten Actionfiguren für Kinder gemacht sind, gefährliche Weichmacher „ausschwitzt“.

Meine Empfehlung, um sich selbst zumindest gegen eine ungewollte Schutzrechtverletzung abzusichern, ist deshalb, dass man das entsprechende Produkt selbst entwirft und designt bzw. in Europa entwerfen lässt und erst dann vielleicht einen chinesischen Hersteller mit der Produktion beauftragt. Noch besser ist aus Markensicht die Herstellung in Europa, da Sie dann damit auch werben können. Und angesichts der in der Coronakrise immens gestiegenen Kosten in China, ist die Produktion in Europa teilweise gar nicht mehr viel teurer. Damit sind Sie sicherer, als wenn Sie Ihren chinesischen Partner Vorschläge machen lassen, wie er das Produkt gestalten würde. Bevor Sie Geld investieren und sich 3000 Einheiten bestellen, sollten Sie sehr sicher sein, dass Sie nicht mit geschützten Designs ins Gehege kommen und dass keine Markenverletzung vorliegt.

8.5 Wo geht es hin bei Amazon?

Die Schutzmaßnahme, die eigenen Produkte in Deutschland bzw. in der EU zu entwickeln und nur noch in China produzieren zu lassen, könnte für viele Seller ein erster Schritt zu einem veränderten Geschäftsmodell sein. Denn chinesische Produzenten sparen sich vermehrt den Zwischenschritt über europäische bzw. über deutsche Seller. Sie verkaufen entweder direkt an Amazon Deutschland oder verkaufen als chinesische Seller auf Amazon Deutschland an deutsche Verbraucher. Damit ist der deutsche Seller als Zwischenhändler raus aus dem Geschäft. Bei aller berechtigten Sorge der Seller ist das aus meiner Sicht eine ganz natürliche Entwicklung. Die meisten chinesischen Seller haben inzwischen deutsche Umsatzsteuernummern oder haben direkt in Deutschland sogar eine GmbH gegründet. Als Seller wird man sich an diese Entwicklung anpassen müssen. Meine Anregung an die Seller ist, sich vermehrt am guten Ruf „Made in Germany“ zu orientieren, der in China ein hohes Ansehen genießt. Das bedeutet, hochwertige Ware in Deutschland herstellen zu lassen, mit der die Chinesen eben nicht mithalten können. Damit lässt sich der Spieß sehr gut umdrehen und mit „Made in Germany“ auf den chinesischen Plattformen verkaufen. Das wird insbesondere dadurch interessant, dass es inzwischen funktionale Services gibt, die es sehr einfach machen, als deutscher Händler auf chinesischen Plattformen zu verkaufen. Der chinesische Markt ist meiner Erfahrung nach nicht nur aufgrund einiger Skandale um heimische Produkte sehr empfänglich für dieses Prädikat „Made in Germany“, das sich sehr hochpreisig dort anbieten lässt. Deshalb kann es ein Weg für deutsche Unternehmer sein, mit in Deutschland produzierter Markenware in China erfolgreicher zu sein als in Deutschland mit günstig produzierter Ware aus China.

8.6 FAQ

Hilfe, mein Listing auf Amazon ist gesperrt worden! Was tun?

Nach meiner Erfahrung hilft es, zunächst den „Sperrer“ bzw. Beschwerdeführer unter Druck zu setzen, die Beschwerde wieder zurückzunehmen, wenn die Beschwerde nicht gerechtfertigt war. Da reagiert Amazon am schnellsten drauf. Wenn dies nicht funktioniert, kann man das geltend gemachte Schutzrecht angreifen und löschen lassen. Dies kann länger dauern. Wenn kurzfristig eine Lösung wichtig und Geld nicht entscheidend ist, dann kann man auch eine einstweilige Verfügung beantragen und diese nach Erlass durch das Gericht an die Amazon-Rechtsabteilung schicken. Wenn die Beschwerde berechtigt war, dann sollte man das Listing schnellstmöglich löschen und die Ware remittieren, da es zu einer Accountsperrung kommen kann, wenn sich mehrere Fälle häufen oder Fälle zu lange ungelöst bleiben.

Wie kann ich sichergehen, dass die auf Alibaba gekaufte Ware nicht in Schutzrechte eingreift und ich Probleme bekomme?
Das ist recht aufwendig und teuer zu recherchieren. Daher ist mein Tipp, die Produkte selbst zu entwerfen und sich eigene Namen auszudenken, die man dann als Marke schützen kann.

Wie kann ich Anhänger an meinem Listing loswerden?
Am einfachsten ist es, eine Testbestellung zu machen und dann die Markenverletzung über das Infringement-Formular zu melden. Das funktioniert natürlich nur, wenn man ein Schutzrecht wie eine Marke hat. Alternativ oder zusätzlich kann man auch einfach öfter das sogenannte Flat-File hochladen, was Anhängern die Arbeit schwieriger macht.

9 AUSBLICK

In diesem Buch habe ich Ihnen hoffentlich einen Überblick über das Markenrecht geben können. Ich habe es geschafft, keinen einzigen Paragrafen zu nennen und Ihnen trotzdem auch komplexe Sachverhalte wie die Seniorität bei Unionsmarken oder die Grenzbeschlagnahme zu erläutern. Sie können nun wesentlich informierter Entscheidungen treffen und kostspielige Fehler vermeiden. Falls Sie mit Ihrem Unternehmen professionelle Hilfe benötigen sollten, wenden Sie sich gerne an mich.

Ich würde mich sehr freuen, wenn Sie auf meiner Webseite rolf-claessen.com vorbeischauen oder meinen „Rolf Claessen's IP Newsflash" abonnieren, mit dem Sie immer auf den neuesten Stand bleiben und einen Einblick in mein Leben als Patentanwalt gewinnen können.

Falls Sie in andere Themen wie Patente oder Designs hereinschnuppern wollen, so ist durchaus geplant, auch die Bücher „Patent.Recht. Einfach." und „Design.Recht.Einfach." herauszubringen. Bis dahin empfehle ich Ihnen meinen YouTube-Kanal „Rolf Claessen".

Kollegen haben mich durchaus kritisiert, dass ich dieses Buch geschrieben habe, da ich sie nach deren Ansicht ein Stück weit arbeitslos machen würde. Diese Befürchtung habe ich nicht. Schließlich sorgt dieses Buch dafür, dass Sie für das Thema Markenrecht nun mehr sensibilisiert sind und viel informiertere Entscheidungen treffen können.

Ich wünsche Ihnen viel Erfolg mit Ihren Marken!

ANHANG – ERFOLG MIT MARKEN

Mit diesem Anhang schließt sich der Kreis, den ich mit meinem Buch um den Begriff Marke ziehen wollte. Ich schrieb im ersten Kapitel, dass das Markenrecht nur ein kleiner Baustein auf dem Weg zum Erfolg einer Marke ist. In diesem Kapitel habe ich daher Experten außerhalb des Markenrechts gebeten, den Lesern dieses Buches ihre Erfahrungen weiterzugeben, wie man Marken abseits der rechtlichen Behandlung stark und erfolgreich macht. In diesem Anhang bzw. als Bonusmaterial finden Sie Beiträge der folgenden Experten, die ich bewusst aus ganz verschiedenen Bereichen ausgewählt habe, damit Sie das Thema Marke bzw. Brand aus den verschiedensten Blickwinkeln in den Kontext setzen können:

- Judith Dobner, Counterpart Group GmbH (Werbeagentur)
- Prof. Dr. Karsten Kilian, Technische Hochschule Würzburg-Schweinfurt
- Hermann Müller, Cölner Hofbräu P. Josef Früh KG (Brauerei)
- Dr. Bernd M. Samland, Endmark GmbH (Agentur für Benennungsmarketing, Naming)
- Bernd Neisen, markenmut. Kreatives Marketing AG (Marketing Operations & Marken Management)
- Martin Limbeck, Keynote-Speaker, Unternehmer-Mentor, Bestsellerautor (Vertrieb)
- Felix Beilharz, Social Media Marketing-Experte (Social Media)

- Bernhard Rauscher, Brandonaut.de (Brandbuilding, Marketing)
- Kerstin Neckel, LIS Labor im Sommershof (Laborgemeinschaft für Ärzte)
- Anja Jacob, EMSA GmbH (Produkte für den Haushalt)
- Walter Brecht, Alexander Rauch, Spirit for Brands (Markenberatung)
- Sven Schlager, Premium Pet Products GmbH (Tierfutter, Tierzubehör)
- Vanessa Weber, Werkzeug Weber GmbH & Co (Werkzeughandel)

1 Was braucht eine Marke, um erfolgreich zu sein?

Judith Dobner, Geschäftsführerin der Counterpart Group GmbH

Counterpart wurde 1991 als Markenführungsagentur von Michael Maasmeier ins Leben gerufen. Seine Vision: Unternehmen ganzheitlich in allen für sie relevanten Kommunikationsfragen zu beraten und ihre Marken fit für den Wettbewerb zu machen. Mit strategischer Markenführung und umfassender Marktexpertise werden die wichtigen Kommunikationskanäle mit den passenden Botschaften bespielt.

www.counterpart.de

Neben einem guten Marken- und Patentanwalt bedarf es einiger weiterer Aspekte, um eine Marke langfristig erfolgreich zu machen. Für die Markenführung sind dann nach der Anmeldung Markenberater wie Counterpart zuständig, dies auch ohne Rollkragenpullover, oft aber mit Sneakers. Grundsätzlich gibt es für erfolgreiche Marken folgende Erkennungsmerkmale:

Wiedererkennbar und trennscharf!

Eine gute Marke ist für den Konsumenten im Markt stets gut erkennbar und grenzt sich dabei auch von anderen Marken ab. Dies ist keine rein gestalterische Frage, sondern insbesondere eine der „inneren Werte". Eine gute Marke besteht immer aus Werten und Emotionen und nicht nur aus einem Namen und einer Optik. Somit ist ein wichtiger Grundstein beim Aufbau von Marken, sich über die Werte und Emotionen im Klaren zu sein, die die Marke ausstrahlt oder ausstrahlen soll. Wer hier die wirkliche „Daseinsberechtigung" der eigenen Marke klar und trennscharf darlegen kann und auch genau beschreiben kann, welche Haltung die Marke einnimmt, der hat schon sehr viel gute Markenarbeit geleistet. Viel Orientierung geben hier nach Simon Sineks Inner Circle die Fragen: Why? How? What?

Authentisch und kontinuierlich!

Im Lebenszyklus aller großen und guten Marken spielt Authentizität und Kontinuität eine große Rolle. Marken dürfen sich verändern und mit der Zeit gehen, sie müssen dabei aber immer authentisch bleiben und mit Augenmaß Anpassungen vornehmen. Denn auch hier ist das oberste Gebot: Der Konsument möchte die Marke immer wiedererkennen und die geliebten (und auch gewohnten) Werte nach wie vor sehen. Wir sagen gerne: „Eine Marke sollte wie ein guter Freund sein. Man erkennt ihn auf der Straße unter Hunderten von Menschen, hat ihn gerne um sich und weiß um seine Werte und seine Haltung."

Relevant und stark!

Erfolgreiche Marken sind im Markt relevant. Sie bieten einen Mehrwert. Niemand braucht Marken, die etwas sind oder anbieten, das keinen Nutzen hat. Nun mag man über die eine oder andere Marke denken „nun ja, wer braucht denn sowas?", Sie können aber sicher sein, dass es dann außer Ihnen genug Konsumenten gibt, die treue Fans der Marke sind, sonst wäre sie nicht bekannt oder erfolgreich. Mit diesem Rückenwind der loyalen Markenfangemeinde sind Marken stark. Große Marken geben den Takt im Markt oftmals vor.

Eine starke Marke hat es aber auch nicht immer leicht. Sie steht an der Spitze, darf sich vielleicht auch hier und da mehr erlauben - wird aber gleichzeitig stets im Markt „angegriffen" und kopiert. Es gäbe keine Produktpiraterie in einer Welt voller unbekannter, schwacher und sinnfreier Marken ...

In all den Jahren, in denen wir unterschiedlichste Marken beraten, mitgeführt und teils auch geschaffen haben, ist uns eine Sache aber immer eine Herzensangelegenheit, die sich alle Markeninhaber auf den Spiegel kleben sollten: Eine Marke gehört nie dem Inhaber, immer dem Konsumenten! Wer erfolgreiche Markenführung betreiben möchte, der führt seine Marke immer aus dem Markt heraus - nie aus dem eigenen Gusto. Der Konsument kauft die Marke und er straft sie auch ab. Daher sollte das Ohr des Markeninhabers immer am Markt sein und Entscheidungen zur Marke nicht aus eigenen Befindlichkeiten heraus treffen.

Deswegen: Tiefgreifende Entscheidungen zur eigenen Marke sollten nicht am Frühstückstisch mit der Vorstandsgattin, den Jungs am Tresen oder aber mit den Tennisfreundinnen diskutiert und getroffen werden. Vielmehr mit Markenberatern, die tief in den Markt horchen, ehrliche Sichtweisen auf den Tisch bringen und das Geschäft beherrschen. Um die Markeneintragung kümmert sich ja auch nicht der Gärtner.

2 Über die Erfolgsgeheimnisse starker Marken

Prof. Dr. Karsten Kilian, Leiter des Masterstudiengangs Marken- und Medienmanagement an der Technischen Hochschule Würzburg-Schweinfurt

Mit Markenlexikon.com hat Karsten Kilian alias Mr. Marke das größte Markenportal im deutschsprachigen Raum aufgebaut. Er ist Speaker, Autor und berät viele Unternehmen in Bezug auf ihre Markenstrategie.
www.karstenkilian.com

Marken sind immer dann erfolgreich, wenn sie von vielen für einen höheren Preis (im Vergleich zu einem unmarkierten Produkt) gekauft werden. So einfach ist das, und doch so schwer. Denn der Kunde ist ein scheues Wesen, wählerisch, wendungsreich in seiner Wertestruktur und seinem Verhalten und oft nicht markentreu. Bei starken Marken schon! Und damit bei Marken, die ihm etwas Besonderes bieten, einen Mehrwert, für den der Kunde bereit ist, mehr zu bezahlen, zumindest aber bei gleichem Preis zu sagen: definitiv diese Marke!

Eine starke Marke zeichnet sich dadurch aus, dass der Kunde der Marke sehr positiv gegenübersteht. Im besten Fall nimmt er die Marke sogar in Schutz, wenn Dritte die Marke kritisieren. Emotionen spielen dabei eine zentrale Rolle. Zunächst einmal ist eine Marke eine Vorstellung, die in den Köpfen der Kunden verankert ist. Bekanntheit allein reicht nicht aus. Die Frage ist, welche Assoziationen mit einer Marke verbunden werden. Sind sie positiv und differenzierend, stärkt das die Marke. Hinzu kommt der rechtliche Schutz des Markennamens und des Logos. Prägend sind aber vor allem die Mitarbeiter, die mediale Präsenz und Markenorte, z. B. eigene Verkaufsorte und Messestände.

Am Anfang steht immer eine Idee. Ob ein schokoladenartiger Brotaufstrich, ein elektrogetriebener Sportwagen oder ein Multifunktions-Küchengerät: Sie alle haben eine besondere Anfangsidee gemeinsam. Diese Idee führt zu einer Einzigartigkeit am Markt, die der Marke Kontur gibt und sie von anderen Marken abgrenzt. Die Kunst besteht darin, sich und seiner Markenidee über die Zeit treu zu bleiben. Gleichzeitig gilt es, die Idee in Bezug auf veränderte Kundenbedürfnisse und Technologien neu zu interpretieren und weiterzuentwickeln, ohne die Selbstähnlichkeit zu verlieren.

Damit eine Marke gekauft wird, muss sie der Kunde zunächst einmal überhaupt erst kennen, weshalb die Marktkommunikation für die Marke von zentraler Bedeutung ist. Dazu muss ich erst einmal wissen, wofür meine Marke steht, bevor ich das Corporate Design und die Kommunikation sinnvoll ausgestalten kann. In der Realität sind jedoch viele Marken nicht sauber definiert – und deshalb oft beliebig: Die Idee hinter der Marke ist nicht wirklich erkennbar, die Markenwerte sind austauschbar. Wenn aber Marken kaum Profil zeigen, dann schaut der Kunde vor allem auf eines: den Preis! Wenn ich demgegenüber einen Mehrwert erkenne – der rational oder emotional sein kann – dann bin ich auch bereit, einen höheren Preis für die Marke zu bezahlen. Wenn dieser Mehrwert dann auch noch über alle Kommunikationskanäle stimmig transportiert wird, steht dem Erfolg der Marke nichts mehr im Wege, frei nach dem Motto: Bleib Dir treu, dann bleiben es Deine Kunden auch!

3 Kontinuität im Auftritt

Hermann R. Müller, Gesellschafter der Cölner Hofbräu P. Josef Früh KG († Juli 2024)

Peter Josef Früh gründete im Jahr 1904 die Hausbrauerei „Cölner Hofbräu Früh“ mit Schankwirtschaft in der Nähe des Kölner Doms. Heute wird das

Familienunternehmen bereits in der fünften Generation geführt. Zum 01.01.1971 löste Hermann R. Müller (geboren 1944) seinen Vater als geschäftsführender Gesellschafter ab. Zum 01.01.2007 wurde dann die Geschäftsführung an den Sohn Philipp mittlerweile in der fünften Generation übergeben.
www.frueh.de

Für mich und unser Unternehmen ist der wichtigste Punkt zur Bildung und Festigung der Marke ein absolut unverändertes Markenzeichen! In Zeichen selbst und Farbe! FRÜH, das Zeichen der Marke wurde in der aktiven Zeit meines Vaters und Vetters in den 1960er-Jahren entwickelt und seitdem von 1970 bis 2007 praktisch nicht verändert. Lediglich in minimaler unmerklicher Weise modifiziert. Der Kölsch-Konvention zwingend folgend wurde unser Zeichen um den Zusatz KÖLSCH dauerhaft ergänzt.

Meine Top-3-Tipps:

- Gleicher unveränderter bildlich und farblicher Auftritt!
- Absolut konsequente intelligente Bewerbung der MARKE! Keinesfalls eine verkaufsfördernde Werbung!
- Ebenso strikte Preispolitik für das oder die Produkte!

Wenn die Marke erfolgreich sein soll, darf es keinerlei Abweichen von den oben genannten Punkten geben, d. h.:

- Keine Verramschung!
- Kein Hinterherlaufen anderer Maßnahmen möglicher Wettbewerber.
- Keinesfalls Änderung des Markenauftritts!

4 Was macht Marken erfolgreich?

Dr. Bernd M. Samland, Geschäftsführer der Endmark GmbH

Dr. Bernd M. Samland ist geschäftsführender Gesellschafter der Kölner Markenagentur ENDMARK GmbH. Er begann seine berufliche Laufbahn als Journalist Mitte der 1980er-Jahre. Anschließend wechselte er ins Marketing und war u. a. Mitgründer und Geschäftsführer der Werbeagentur Dietz & Partner, Marketingdirektor von RTL-Radio, Geschäftsführer der Deutschlandfunk Marketing GmbH und Kommunikationsdirektor bei VOX. Berufsbegleitend promovierte er zum Thema Markennamenentwicklung. Seit 2008 ist er Lehrbeauftragter der Universität zu Köln und Gastdozent an verschiedenen Hochschulen in Deutschland und Österreich.

www.endmark.de/

Als jemand, der sich seit über 25 Jahren mit Markensprache beschäftigt und für die Entwicklung von fast 2000 Markennamen verantwortlich zeichnet, werde ich häufig gefragt, was einen erfolgreichen Markennamen ausmacht. Abgesehen davon, dass zu einer erfolgreichen Marke immer ein gutes Produkt und eine gute Idee gehören, ist die Antwort im Prinzip ganz einfach: Es ist im Wesentlichen der Mut, anders zu sein als die anderen. Das hört sich allerdings einfacher an, als es wirklich ist. Ich will das anhand von Beispielen verdeutlichen, die gleichzeitig auf die beiden größten Fehler hinweisen, die man bei der Etablierung einer neuen Marke machen kann.

Fehler 1: Trends folgen und die semantische Bedeutung eines Markennamens überschätzen

Eines meiner ersten großen Projekte in der Namensentwicklung war die Benennung eines Fernsehsenders mit dem allseits bekannten Ergebnis VOX. Eine der internen Kritiken daran lautete: „aber die meisten unserer

Fernsehzuschauer sprechen doch gar kein Latein". Richtig ist, dass der Name VOX aus dem Lateinischen (vox, vocis f. = die Stimme, der Ton, der Akzent) stammt. Ebenfalls richtig ist, dass über 90 Prozent der Zuschauer diesen Namen nicht übersetzen können. Falsch hingegen ist, dass das wichtig wäre, wie der Erfolg des Senders zeigt. Viel wichtiger sind der Klang und im Falle von Fernsehen natürlich auch die visuelle Umsetzbarkeit sowie die klare Unterscheidung zu anderen. Das revolutionäre an diesem Namen war nicht seine wörtliche Bedeutung, sondern die Tatsache, dass es sich um einen Namen - statt der zuvor gebräuchlichen Abkürzungen wie ARD, ZDF, RTL, MTV etc. - handelte. Damit setzte VOX einen Trend, auf den Namen wie VIVA, ARTE und Phoenix folgten.

Grundsätzlich gilt, dass es für eine Marke immer besser ist, einen Trend zu setzen, als einem zu folgen. Nach ZALANDO und LIEFERANDO noch eine ANDO-Marke zu gründen, spräche weder für Authentizität noch für Markenstärke und schon gar nicht für Mut.

Fehler 2: Die Marktforschung überschätzen oder falsch einsetzen

Marktforschung ist ein wichtiges Instrument, aber es gibt zwei Kardinalfehler, die beim Aufbau neuer Marken immer wieder damit gemacht werden. Der erste ist, die Konsumenten nach dem Bedarf oder der Akzeptanz von etwas zu fragen, was sie noch nicht kennen. So fragte NOKIA zum Beispiel kurz vor der Einführung des iPhones seine Zielgruppen, ob sie lieber Touchscreens oder Tasten für die Bedienung eines Smartphones wünschten. Die klare Mehrheit sprach sich für Tasten aus, allein deshalb, weil Tasten vertrauter waren als Touchscreens. Das war der Anfang vom Ende von NOKIAs Marktführerschaft. Apple hingegen war von den Vorteilen der Touchscreen so überzeugt, dass man sich zutraute, auch die Konsumenten davon zu überzeugen.

Ähnliches gilt für neue Markennamen. Natürlich müssen diese umfangreich untersucht und getestet werden. Insbesondere im Hinblick auf potenzielle markenrechtliche Konflikte mit älteren Marken und auch hinsichtlich ihrer Bedeutungen in den marktrelevanten Sprachen. Man kann mit guten Marktforschungsinstrumenten auch u. a. prüfen, welche Assoziationen ausgelöst werden, ob der Name leicht zu merken und einfach auszusprechen ist. Auf keinen Fall hingegen – das wäre der zweite Kardinalfehler – sollte man seine Zielgruppe fragen, ob der Name X zum Produkt Y passt, oder welcher von mehreren Vorschlägen präferiert wird. „Marketing by Basisdemokratie" funktioniert nicht, weil erfahrungsgemäß immer das gewählt wird, was am vertrautesten klingt und nicht der Vorschlag mit der größten Alleinstellung. Hätte APPLE seine Kunden befragt, ob ihre Computerfirma nach einem Obst benannt werden sollte, oder die Modemarke DIESEL, ob Jeans wie ein Mineralöl heißen sollten, hätte es diese erfolgreichen Marken nie gegeben.

Das gilt nicht nur für Kundenbefragungen. Generell sollte in einem Unternehmen der Kreis derjenigen, die über Markennamen entscheiden, so klein wie möglich gehalten werden. Je mehr Leute mitreden, desto größer ist die Gefahr, dass Kompromisse das Ergebnis verwässern; denn: Aus dem kleinsten gemeinsamen Nenner erwächst nur selten eine große Marke!

5 Wie werden Sie als Marke erfolgreich?

Martin Limbeck, Keynote-Speaker, Unternehmer-Mentor, Bestsellerautor

Martin Limbeck ist Mehrfachunternehmer, Keynote-Speaker, sechsfacher Bestsellerautor sowie einer der führenden Experten für Sales und Sales

Leadership in Europa. Mit seiner Gipfelstürmer Mentoring GmbH unterstützt er nach dem Verkauf der Limbeck Group jetzt Unternehmer in verschiedenen Formaten dabei, ein Sales-Mindset zu entwickeln, in ihrer Firma Vertrieb zur Chefsache zu machen und sie zur Sales Driven Company zu transformieren. www.martinlimbeck.de

Die oberste Regel, um als Marke erfolgreich zu sein, ist absolut simpel: Wer nicht auffällt, fällt weg. Auf Dauer kann ein Unternehmen nur dann überleben, wenn es sich ständig neu erfindet und den Erfolg an keinem Tag für gegeben hinnimmt. Ihr Ziel sollte es daher sein, jeden Tag aufs Neue wieder die kleinste Nummer am Markt zu sein – die Nummer eins.

Fakt ist: Globalisierung und Internethandel haben die Welt stark verändert. Es drängen immer mehr und immer neue Player auf den Markt und jeder von denen will ein Stück vom Kuchen haben. Wir alle sind täglich einer unglaublichen Reizüberflutung ausgesetzt. Tausende Werbebotschaften prasseln auf uns ein, wir werden kontinuierlich mit Kaufaufforderungen bombardiert. Und so geht es auch Ihren Kunden. Umso wichtiger, dass Sie einen Weg finden, aus der Masse herauszustechen. Mit einer Marke, die Sie und Ihr Unternehmen sichtbar und unverwechselbar macht. Als Marke geben Sie Ihren Kunden eine klare Vorstellung, was sie von Ihnen erwarten können. Das Resultat: Vertrauen. Und das ist gerade im heutigen Angebotsdschungel wichtiger denn je. Denn im Zweifelsfall werden sich Kunden wieder für etwas Vertrautes entscheiden – etwa eine Marke, mit der sie gute Erfahrungen gemacht haben.

Egal ob als Verkäufer oder als Unternehmen: Wer Erfolg haben will, muss sich in der Branche, in der er unterwegs ist, einen Namen machen. Idealerweise macht es im Kopf des Kunden sofort „Klick!“, wenn er an ein bestimmtes Produkt denkt – und es mit dem Namen Ihres Unternehmens verknüpft. So, wie wir bei Spülmittel an Pril denken, bei Taschentüchern an Tempo oder bei Kleber an UHU. Woran sollen Menschen spontan denken, wenn Sie den Namen Ihres Unternehmens hören? Idealerweise an Ihr Topseller-Produkt. Oder an Attribute wie wertig, edel, praktisch etc. – je nachdem, in welchem Markt Sie unterwegs sind.

Entscheidend ist für mich dabei die Glaubwürdigkeit. Es gelingt Ihnen nur dann, Ihr Unternehmen zur erfolgreichen Marke zu machen, wenn wirklich alles stimmig ist und Dinge wie Unternehmenswerte, Beziehungsmanagement zu den Kunden, Betriebsklima und Co. kohärent sind. Keiner kauft Ihnen ein elitär positioniertes Produkt ab, wenn der Vertrieb potenzielle Kunden nicht ebenfalls erstklassig behandelt und das Bild von vorne bis hinten stimmt – sinnbildlich bis zum handschriftlichen Dankschreiben mit Füllfederhalter auf erstklassigem Papier.

Wenn Sie wissen, WAS Sie machen, müssen Sie im nächsten Schritt auch klar haben, WEN Sie damit erreichen wollen. Spezialisieren Sie sich daher auf dem Gebiet, auf dem Sie richtig gut sind und legen Sie sich einen klar definierten Kundenkreis zurecht. Diese Idee ist natürlich nicht neu, doch die sogenannte Engpasskonzentrierte Strategie, die 1970 von Wolfgang Mewes begründet wurde, ist aus meiner Sicht heute aktuell wie eh und je! Es macht einfach Sinn, seine Kräfte zu bündeln, um sie optimal zum Nutzen der Zielgruppe einzusetzen. Stärken Sie die Stärken Ihrer Company, anstatt sich zu verzetteln!

Zum Schluss noch etwas zum Thema Sichtbarkeit: Die perfekte Marke allein nützt Ihnen nichts, wenn sie keiner kennt – oder nicht die Richtigen. Sie müssen daher einen Weg finden, Ihre Zielgruppe zu erreichen und in dieser Öffentlichkeit markenkonform auftreten. Vor allem online, denn dort werden Ihre Kunden Sie suchen. Die Digitalisierung wird nicht wieder weggehen, freunden Sie sich also so schnell wie möglich mit dem Internet an. Ihre Website sowie der Auftritt in den sozialen Medien sind zentrale Anlaufstellen – sorgen Sie dafür, dass Ihre Kunden dort das finden, was sie brauchen. Idealerweise, bevor sie überhaupt wussten, dass sie es brauchen. Ihr Ziel sollte ein markenkonsistenter Sieger-Fußabdruck in der digitalen Welt sein. Denn das Internet vergisst nie.

Entscheidend ist heute nicht mehr, wen Sie kennen. Entscheidend ist, wer Ihre Marke kennt! Sorgen Sie also dafür, dass Ihren Kunden klar ist, wofür Sie mit Ihrer Company stehen – und dass sie es idealerweise genauso weitererzählen. Denn Empfehlungsmarketing ist gerade in der heutigen Zeit zu einem der wertvollsten Akquise-Instrumente überhaupt geworden.

6 Marken mit Ecken und Kanten

Felix Beilharz, Social Media Marketing-Experte

Felix Beilharz ist „einer der führenden Berater für Online- und Social Media Marketing" (RTL) und „zählt zu den besten Rednern Deutschlands" (Westdeutsche Allgemeine Zeitung). Der achtfache Buchautor lehrt an mehreren Hochschulen, hält weltweit Vorträge und berät und trainiert Unternehmen zum erfolgreichen Einsatz der Online-Marketing- und Social-Media-Instrumente.

felixbeilharz.de

Das Wichtigste, was eine Marke leisten muss, ist für etwas zu stehen. Eine starke Marke löst das Problem der Beliebigkeit, hilft bei der Orientierung in der Reizüberflutung, schafft Vertrauen und Begehrlichkeit. Aber eben nur, wenn sie für etwas Konkretes steht. Das ist eine wichtige, aber auch schwierige Aufgabe – den genauen Markenkern, die Botschaft, das „Warum?" der Marke herauszuarbeiten.

Dabei hilft es, wenn die Marke Ecken und Kanten hat. Für etwas stehen, heißt ja auch, sich bewusst von manchen Dingen abzugrenzen und für die eigenen Werte offen und offensiv einzutreten. Das können durchaus auch politische oder gesellschaftliche Themen sein. Eine starke Marke hat keine Angst, Stellung zu beziehen. In den USA wird diese Haltung viel offensiver gelebt. Dort sind manche Marken sehr stark politisch und gesellschaftlich aktiv, z. B. Ben & Jerry's, Oreos, aber auch Chick-fil-A. Die einen eher liberal und progressiv, die anderen eher konservativ und christlich, aber jeweils klar positioniert. Dafür ernten sie in ihren jeweiligen Zielgruppen viel Anerkennung und Markentreue, aber natürlich auch viel Gegenwind. Das muss eine Marke dann auch aushalten können.

Meine drei Top-Tipps für Marken sind:

1. Klare Markenwerte definieren und diese konsequent kommunizieren und allen Entscheidungen zugrunde legen.
2. Rückgrat und Durchhaltevermögen sind wichtig. Wer beim kleinsten Gegenwind seine Markenwerte verrät, schadet der Marke nachhaltig.
3. Marken dürfen gern auch polarisieren und anecken. Nur so durchbrechen sie das Rauschen und bleiben im Kopf der Kunden hängen.

Fazit: Die Marke ist das, was hängenbleibt, wenn der Kunde alles andere schon wieder vergessen hat.

7 Markenaufbau im E-Commerce

Bernhard Rauscher, Gründer und Betreiber der Plattform Brandonaut.de

Bernhard Rauscher gründete 1997 eine Branding-Agentur, die er mit weiteren Gesellschaftern 17 Jahre lang als Geschäftsführer leitete. Er positionierte zahlreiche Unternehmen wie BMW, Vodafone, Tchibo und Infineon in verschiedenen Märkten. 2014 wurde die auf 60 Mitarbeiter angewachsene Agentur verkauft und Bernhard widmete sich komplett seinen eigenen Projekten. Momentan steuert er vier eigene Marken u. a. auf Amazon und tritt als Speaker für Brandbuilding im E-Commerce auf. Dieser Beitrag ist die Zusammenfassung von zwei Episoden meines Podcasts „Markenpod".
brandonaut.de

Viele Unternehmer denken, am Anfang stünden das Logo und ein eindrucksvoller Name und viel mehr könne man zunächst gar nicht unternehmen. Tatsächlich würde ich beides ganz hintanstellen. Denn beides sind eigentlich nur das Resultat der Markengestaltung. Die Frage, die am Anfang des Markenaufbaus stehen sollte, ist: Wem verkaufe ich was? Ich beschäftige mich also als erstes mit der Zielgruppe für mein Produkt oder für meine Produktidee. An diesem Schritt hängt nach hinten raus extrem viel. Wenn ich nicht weiß, wem ich etwas verkaufen möchte, habe ich später große Schwierigkeiten die Zielgruppe zu targetieren, anzusprechen und aufzubauen.

Zielgruppe definieren

Ein sehr hilfreiches Werkzeug in diesem ganz jungen Stadium der Marke ist ein Avatar oder auch eine Persona. Man erschafft den virtuellen idealen Wunschkunden. Und zwar ganz konkret. Diesem Avatar gibt man sogar einen Namen und Fotos und ein Alter und bestimmte Hobbys, man erstellt einen Steckbrief wie für eine richtige Person. Und an dieser Person richtet man alle weiteren Schritte aus. Nehmen wir mal an, ich möchte Knoblauchpressen verkaufen und zwar an Single-Männer. Dann würde ich mir diesen Mann ganz konkret vorstellen. Der Kunde ist männlich, 35, heißt Jonas, hat den und den Job. Der 35 Jahre alte alleinlebende Jonas ist nämlich eine ganz andere Zielgruppe als Jutta, die Hausfrau ist und zwei Kinder hat und vielleicht schon etwas älter ist. Für das Produkt Knoblauchpresse macht das vielleicht keinen Unterschied. Aber es macht einen sehr großen Unterschied, wenn es später darum geht, wie der Kunde angesprochen werden soll, welches Bildmaterial verwendet wird. Es beeinflusst vielleicht auch die Produktgestaltung, denn alle meine Knoblauchpressen kommen jetzt mit einem coolen Einleger mit den besten Rezepten für Single-Haushalte und nicht mit den zehn besten Knoblauch-Ideen für das Familienessen. Und auf einmal ist die Knoblauchpresse, die ja eigentlich mein Kernprodukt ist, erstmal ganz weit weg. Viel wichtiger als das Produkt selbst ist die Frage, wem ich es verkaufen möchte. Denn ich möchte eine Markenwelt aufbauen und da ist es extrem wichtig zu wissen, wen ich anspreche. Und wenn ich versuche, alle anzusprechen, dann spreche ich niemanden an. Also lieber ganz direkt rein: Ja, ich habe die Knoblauchpresse für Singles und vielleicht für Studentenhaushalte, weil die sind womöglich zu faul, Knoblauch zu schälen und meine Presse macht das in einem Rutsch gleich mit.

Wie hilfreich die konkrete Beschreibung des Avatars ist, merken Sie auch, wenn Sie eine persönliche E-Mail schreiben und diesen Text vergleichen mit einem Text, den Sie an viele Personen beispielsweise per Newsletter verschicken. Bei den meisten Menschen werden sich diese zwei Texte völlig unterschiedlich lesen. Dafür ist der Avatar ebenfalls sehr gut geeignet, dass man dieser virtuellen Person eine persönliche E-Mail schreibt und dann macht man daraus den Newsletter und hat plötzlich einen ganz persönlichen.

Markenkern definieren

Um einen Markenkern zu definieren, ist es zentral, eine Markenkernaussage zu treffen. Jeder hat das schon gehört, wichtig ist, es auch tatsächlich umzusetzen und im wahrsten Sinne des Wortes aufzuschreiben. Wo wollen wir hin? Was ist überhaupt unsere Vision? Sind wir eine Marke, die nur Knoblauchpressen herstellt oder vertreibt oder wollen wir vielleicht komplett die Single-Küche revolutionieren? Um diesen Kern stricke ich dann das Markenversprechen: Was verspreche ich jemanden, der mit meiner Marke in Kontakt kommt? Wobei helfe ich ihm, welches Ziel wird er mit meinem Produkt erreichen – in diesem Fall vielleicht, mit einfachen Mitteln tolle Gerichte zu kochen. Wenn das mein Markenversprechen ist, dann muss ich das auch konsequent durch alles durchziehen. Der Witz ist: Bis hierhin haben wir noch nicht einmal über ein Logo oder einen Namen nachgedacht. Wir sind immer noch auf einer inhaltlichen Ebene.

Wenn der Markenkern steht, dann geht es im nächsten Schritt um die Positionierung. Und da ist insbesondere bei Amazon-Sellern etwas ganz, ganz entscheidend. Viele versuchen immer einen USP zu finden bei ihren eigenen Produkten. Aber ganz ehrlich, da schauen wir mal auf Amazon und da gibt es eben gerade im Private-Label-Bereich sehr viele gleiche oder ähnliche Produkte. Und tatsächlich kann man sich vielleicht gar nicht funktionell positionieren. Einen funktionellen Markennutzen zu finden und zu sagen, meine Knoblauchpresse ist aus Gold und kann als einzige dieses und jenes. So einen USP wird man womöglich gar nicht finden, weil es den gar nicht gibt. Das heißt, man muss probieren einen emotionalen Markennutzen zu finden. Und das haben wir schon die ganze Zeit gemacht. Wir sind nämlich die Knoblauchpresse für den coolen Single-Haushalt. Jemand, der aus dieser Zielgruppe kommt, findet sich einfach bei uns besser wieder als bei einem No-name-Produkt, das keinen emotionalen Markennutzen darstellt.

Wir haben bisher unsere Zielgruppe, unseren Markenkern und unsere Markenwerte. Es ist sehr wichtig, das auch schriftlich zu fixieren. Wirklich aufschreiben und einen Haken dranmachen. Dennoch sollte man im Hinterkopf behalten, dass das alles work in progress ist. Ich habe es schon ganz oft erlebt, dass Dinge überarbeitet und modifiziert werden. Eine Marke lebt ja auch. Aber wenn man das alles hat, dann, und erst dann, kann man sich Gedanken über den Namen machen und über die ganze Markenidentität. Denn dazu gehört als „verbale Identität" auch mein Name und wie er ausgesprochen wird. Ebenso die Tonalität, in der ich Kunden anspreche, beispielsweise ob ich sie duze oder sieze. Hier geht es dann schon langsam in die Umsetzung und um die Frage, wie meine Marke am Touchpoint wirkt.

Der Name und das Logo

Den passenden Namen zu finden, ist jedenfalls mit das Schwierigste auf dem Weg zur Marke. Die Schritte davor kann man alle definieren. Aber dann den besten Namen dafür zu finden, kann manchmal ganz schön anstrengend und schwierig werden. Und natürlich darauf aufbauend müssen das Logo und die Farbwelt entworfen werden. Aber wir wissen schon, wie die Marke sich anfühlen soll. An dieser Stelle sollte schon klar sein, dass ein Logo zu kreieren jetzt natürlich eine ganz andere Sache ist, als wenn ich mit dem Logo begonnen hätte. Denn mein Look-and-feel und die Farben, der Claim, die Schriftart sind eben genau davon abhängig. Unser Logo wird viel passgenauer sein. Und genau deshalb macht man das auch erst an dieser Stelle. Denn jetzt hat man viel mehr Futter für einen Dienstleister. Jetzt hat man ganz viel Briefing-Material und der Grafiker weiß viel besser, wie er das übersetzt und interpretiert für genau die Zielgruppe. Und dann hat man seine Marke erstmal fertig. Auch wenn sie noch keiner gesehen hat.

Sie merken, dass es wirklich wichtig ist, Ihren Markenkern immer schriftlich festzuhalten, weil man dann auch Grafiker und Texter viel besser briefen kann. An Schnittstellen mit externen Partnern ist es immer gut, diese Sachen parat zu haben. Wo kommt der Name der Marke her, was bedeutet er denn überhaupt? Dieses Basiswissen hilft auch, wenn es markenrechtlichen Knatsch gibt, wie wir sehen werden. Es hilft aber auch, wenn Sie vom Designer zehn Vorschläge für ein Logo bekommen, und die zeigen Sie dann Freund, Freundin oder Frau und der/die sagt dann, ja, gefällt mir, oder gefällt mir nicht. Das ist dann eine reine und völlig wertlose Geschmacksäußerung. Wenn man aber dieser Testperson gleichzeitig ein Minibriefing hinlegt und erklärt, wie man wirken möchte, wer die Zielgruppe ist etc., dann hat die Person ganz andere Möglichkeiten das im Kontext zu bewerten und zu sagen, ja, finde ich gut. Und Sie können wiederum dem Designer wesentlich besser Feedback geben.

Wenn alles passt, kommt übrigens oft noch der Markenanwalt und gibt den Spielverderber, weil er sagt: Schade, aber so eine Marke gibt es so oder so ähnlich schon. Deshalb sollte man immer auch verschiedene Alternativen schaffen im Kreationsprozess. Bei großen Projekten können das schon mal bis zu 20 Alternativen sein. Bei einem kleineren Anmelder reichen womöglich fünf Alternativen, denn dann müssen die vielleicht ja auch nicht weltweit funktionieren.

Also bitte nicht schon gleich komplett in einen Entwurf verlieben. Im Kreativprozess gilt es sowieso immer zunächst auf Quantität und dann auf Qualität zu gehen. In jedem Ausdenkprozess wird man immer versuchen, ganz, ganz viele Sachen zu erzeugen. Und dieses Material sollte man auf keinen Fall soweit eindampfen, dass man am Ende keine Bewegungsfreiheit mehr hat, wenn der Markenanwalt was zu meckern findet. Tatsächlich empfiehlt es sich den harten Kern immer mitzunehmen in den Auswahlprozess: Wir haben diesen Entwurf, aber wir haben auch noch b, c und d.

Jetzt haben wir Namen und Logo und alternative Visuals und wissen generell, wie die Marke kommuniziert werden soll. Als nächstes geht es darum, wie der Zielkunde zuerst in Kontakt mit der Marke kommt.

Wenn Sie rausgehen, dann empfehle ich immer den Talk von Simon Sinek „Start with Why" - immer mit dem warum anfangen, „the reason why". Und das fängt an zu leben, wenn man rausgeht. Was man verkauft, weiß jeder: Knoblauchpressen, aber die Frage nach dem „Warum" können die wenigsten beantworten. Warum verkaufen wir das? Wenn Sie das kommunizieren können, dann tun Sie sich in der Außendarstellung viel leichter.

Die PS auf die Straße bringen

Ich bin ein großer Fan von sogenannten Touchpoints, also Situationen, wo der Kunde mit der Marke in Kontakt kommt. Erst an dieser Stelle kommen nämlich die PS auf die Straße. Bis hierhin haben wir die Marke kreiert, aber wir haben mit der Marke noch nicht interagiert. Und dazu müssen wir jetzt unsere Touchpoints generieren.

Touchpoints sind alle Berührungspunkte des Zielpublikums mit der Marke. Wenn man verschiedene Kategorien definieren möchte, dann könnte man unterscheiden zwischen Online-Touchpoints und Offline-Touchpoints. Online ist alles, was im Internet passiert, und die Kategorie lässt sich weiter unterscheiden anhand des Grads der Einflussnahme, der möglich ist. Meine Website kann ich voll und ganz selbst kontrollieren. Im Bereich Social Media insbesondere bei Facebook und

Facebook-Anzeigen kann ich versuchen, zu beeinflussen, wie ich wahrgenommen werde, aber dort spielt natürlich das Publikum schon eine große Rolle. Ein Unterpunkt von Social Media sind dann „mobile only"-Touchpoints wie beispielsweise Instagram, weil das eben hauptsächlich mobil genutzt wird. Meine Möglichkeiten der Einflussnahme nach einem Post sind da relativ gering.

Die klassischen Offline-Touchpoints sind Magazine, Plakate und so weiter bis hin zu Events, an denen ich mit meiner Marke teilnehme. Das sind natürlich auch Touchpoints, die ich selber gestalte, wie beispielsweise eine Roadshow. Oder ich gehe auf eine Messe und habe dort dann einen Messestand. Sehr wichtige Touchpoints sind natürlich Personen wie Kooperationspartner, Partnerunternehmen und die eigenen Mitarbeiter. Auch da geht es darum, wie die beispielsweise über mich bzw. die Marke sprechen, auch wenn ich nicht dabei bin. Das ist zum Teil beinflussbar, meine eigenen Mitarbeiter kann ich ein bisschen beeinflussen, ob sie positiv oder negativ über mich sprechen oder was sie für Werte nach außen tragen. Personen, die ich gar nicht oder nur sehr schwer beeinflussen kann, sind z. B. Dritte, die mein Produkt gekauft haben. Ein paar dieser Touchpoints habe ich sehr gut im Griff und andere versuche ich zu beeinflussen, aber die haben eigentlich andere Personen im Griff. Und ich muss entscheiden, wo ich aktiv werde und wo ich weniger Ambitionen habe.

Tatsächlich benötige ich für jeden Touchpoint auch andere Maßnahmen. Als Verkäufer muss man sich ansehen, an welcher Stelle der Customer Journey sich derjenige befindet, der gerade mit meiner Marke in Berührung kommt. An der Stelle unterscheiden wir zwischen kalten und warmen Traffic. Traffic ist das, was in irgendeiner Form als Besucher kommt, auf unsere Website oder an unseren Messestand. Kalter Traffic ist es dann, wenn die Leute mich noch gar nicht kennen. Beispielsweise kommen die über eine Werbeanzeige über Facebook. Die Leute kennen mich nicht, die kennen auch meine Marke vielleicht noch nicht und wissen gar nicht, was ich eigentlich gerade von denen will. Im Zweifelsfall will ich denen was verkaufen. Das ist aber gar nicht gut. Denn die Leute sind ja eigentlich nicht auf Facebook, um etwas zu kaufen. Deshalb muss dieser Touchpoint mit kalten Traffic auf Social-Media-Plattformen völlig anders ausschauen als ein Touchpoint zum Beispiel nach dem Verkauf. Um zu messen, wie „heiß" der Traffic ist, kann man ein Punktesystem verwenden. Ich verwende beispielsweise den Brandonaut Heat-Score.

Ein Touchpoint kann auch sein, dass das Amazonpaket ankommt, und der Empfänger macht es auf - auf neudeutsch „Unboxing" - und dann hält er zum ersten Mal mein Produkt in der Hand. Es ist klar, dass dieser Touchpoint natürlich ganz, ganz anders zu bewerten ist als die Facebook-Ad, die gerade kalten Traffic generiert. Und diesen Touchpoint nach dem Verkauf muss ich auch ganz anders bespielen. Denn wenn ich das Paket auspacke, ist ja nicht nur das Produkt drin, sondern da ist ja was dabei. Vielleicht ein Beileger und auf jeden Fall irgendein Call to Action. Also etwas, was den Kunden animiert, noch etwas zu tun. Und da komme ich direkt zu dem Punkt Call to Action: Meine oberste Devise ist: Es darf keinen Touchpoint ohne Call to Action geben!

Das ist für viele ungewohnt, weil die Verkäufer sich sagen, wozu soll ich denn jetzt anrufen, jetzt hat er doch das Produkt, jetzt soll er doch glücklich sein. Nein, ich nutze jeden Touchpoint für einen Call to Action - und zwar, um ihm zu sagen, wo und was es noch von meiner Marke gibt. Denn im Zweifel ist jemand, der das Produkt gekauft hat, sogar schon ein Fan, der will jetzt noch mehr: mehr von dem Produkt oder Tipps zur Anwendung beispielsweise.

An dieser Stelle müssen wir uns die Customer Journey für jeden Touchpoint verbildlichen. Was passiert denn jetzt, wohin soll derjenige sich wenden, nachdem er an dieser Stelle mit mir in Berührung gekommen ist. Auf Facebook zum Beispiel soll er auf die Anzeige klicken. Aber wie geht's dann weiter? Ich empfehle, diese Reise einfach mal für sich aufzuzeichnen. Wie führe ich meinen Traffic Schritt für Schritt und wohin. Und was ist der jeweils nächste Schritt. Denn derjenige, der das Produkt gerade gekauft hat, erfährt natürlich eine ganz andere Customer Journey. Der soll aber auch einen Call to Action bekommen. Der soll nämlich zum Beispiel zurück auf die Website gehen, um sich ein Video anzusehen, wie er das Produkt am besten nutzen kann. Das können beispielsweise dann drei coole Videos sein, die ihm zeigen, wie er in unter zehn Minuten ein leckeres Gericht mit Knoblauch zaubert. Und so holen wir ihn wieder auf die Website. Die Customer Journey ist also eine Reihe von Touchpoints verbunden durch Call to Actions. Wichtig bei den Call to Actions ist, dass ich als potenzieller Kunde nie in eine Sackgasse geraten darf. Ich sehe leider ganz viele Websites da draußen, die reine Sackgassen sind, die sind Verzweigungen in lauter Sackgassen. Es gibt ein schickes Menü und unter jedem Punkt gibt's dann tolle Artikel auf der Seite und dann ist Schluss. Dann kann ich wieder raufscrollen und den nächsten Menüpunkt anklicken. Mache ich aber meistens eben nicht.

Eine beispielhafte Reise

Wie und mit welchen Tools bekomme ich jemanden vom Messestand auf meine Homepage und zu einem Kauf auf Amazon und über das Unboxing wieder auf meine Homepage zurück?

Weil ich im wahren Leben statt Knoblauchpressen lieber Tools für Lightpainting über Amazon verkaufe, starten wir die Reise mit einem Messestand auf der Photokina. Ich war auf der Photokina mit einem Lightpainting-Stand. Jetzt hätte ich da einen Tisch aufstellen können und einfach meine Produkte zeigen können. Aber das wäre natürlich ziemlich lame und wenig erfolgversprechend gewesen. Der Messestand war ein Touchpoint für eine Zielgruppe, die mich und mein Produkt zu 99 Prozent gar nicht kennen. Aber da sind Tausende von Leuten und ich will die ja gerade kennenlernen. Deshalb habe ich diesen ersten Touchpoint für etwas ganz Anderes genutzt, als meine Produkte zu zeigen. Ich habe mit den Besuchern Fotos gemacht. Ich habe denen gar nicht gesagt, worum es geht, sondern ich habe eine schwarze Box aufgebaut und gesagt: „Hey, hier drin passiert etwas. Du bekommst das coolste Foto deines Lebens, komm mal rein." Dann habe ich von den Leuten ein Lightpainting gemacht und danach haben die Besucher ihr Bild auf dem Monitor gesehen und wollten das natürlich haben. Das konnten sie natürlich auch, aber eben im Tausch gegen die E-Mail-Adresse. Und am selben Tag haben alle Besucher dann eine Mail bekommen mit dem Link zur Galerie und mit einem entsprechenden Passwort. Und das war dann schon der zweite Touchpoint (übrigens brauchen wir im Schnitt sieben Touchpoints, bis wir in ein relevant set kommen). Und an der Stelle hat er auch technisch einiges von uns mitbekommen, einen Facebook-Pixel und einen Google-Analytics-Pixel und so weiter.

An dieser Stelle ist die Customer Journey aber natürlich nicht zu Ende, denn der soll ja noch was tun. Da soll noch was rauskommen. Jetzt ist der potenzielle Kunde nämlich idealerweise in unserem E-Mail-Funnel. Ich bleibe jetzt also vollautomatisiert mit ihm im Kontakt. Das mache ich, indem ich ihm beispielsweise Lightpainting-Tipps gebe. Ich frage ihn, ob er Interesse daran hat, wie das Bild gemacht wurde. Ja klar! Dann klicke hier rein! Und dann schenke ich ihm ein E-Book und so weiter. Diese Sequenz, wenn er denn in dieser Sequenz aktiv ist, dauert bis zu einem halben Jahr. Der geht also auf der Messe in die Fotobox und hat dann ein halbes Jahr Kontakt mit mir, vollautomatisiert, ohne, dass ich nochmal eingreifen muss. Natürlich nur, wenn er auch Lust dazu hat.

Wenn nicht ist er eben wieder draußen. Aber die, die es interessiert, die sind dann tief drin und kommen beispielsweise in die Facebook-Gruppe und jedes Mal gibt es einen Call to Action, bis sie irgendwann endlich bei einem der Verkaufspunkte sind. Aber die Verkaufspunkte gibt es eben nicht ganz am Anfang, sondern erst, wenn derjenige aufgewärmt, also kein kalter Traffic mehr ist. Und so geht es vom ersten Touchpoint auf einer Messe bis hin zu einem Verkauf auf Amazon. Und tatsächlich funktioniert dieser Weg sehr gut. Das ist eine tolle Customer Journey, die wirklich Spaß macht, weil auch Mehrwert geboten ist. Und natürlich sind da Beileger im Paket mit Links zu Videos, und so kommt der Käufer wieder zurück auf die Homepage. Und so eine Customer Journey kann jeder für sich adaptieren. Das ist nicht daran gebunden, dass das ein emotionales Produkt ist oder ein kreatives, das kann man auch mit der Knoblauchpresse machen. Das geht, bis vielleicht auf Klopapier, mit jedem Produkt.

Das Tooling

Für die angesprochene Marketingautomation braucht es allerdings die passenden Werkzeuge.

Ich persönlich bin ein Freund von „Active campaign", das ist ein US-amerikanisches Tool für E-Mail-Kampagnen, mit dem man unglaubliche Sachen machen kann. Man kann beispielsweise nicht nur Sequenzen schalten, sondern auch bestimmte Bedingungen setzen, beispielsweise mit dem Verschicken einer E-Mail zu warten, bis Sonntag ist. In meinem Fall weiß ich, dass meine Kunden das am Wochenende machen, denn Lightpainting ist ja ein Hobby und nicht ihr Beruf. Eine Mail für einen Onlinekurs würde ich dann Freitagabend verschicken. Dann kann sich der Empfänger erstmal das Video anschauen und direkt in den Baumarkt seine Materialien kaufen und loslegen. Die Call to Actions sind dann extrem abgestimmt auf die Zeit, die derjenige hat und investieren will. Ein deutsches Tool ist „Klick-Tipp“ mit ähnlichen Funktionen und daneben gibt es natürlich noch eine ganze Reihe von Marketingautomationen wie „CleverReach“ und „infusionsoft“ und so weiter.

Was ich jemandem rate, der vielleicht erstmal eine Liste aufbauen will und noch nicht so komplex in die Automation einsteigen möchte, ist das recht bekannte „Mailchimp“, das für bis zu 2000 Newsletter-Empfänger auch kostenlos ist und sich sehr gut in Wordpress-Seiten einbauen lässt. Mit Wordpress wiederum habe ich auch selbst viele und erfolgreiche Projekte gestartet.

Suche nicht die Zielgruppe für Deine Marke, sondern baue eine Marke für Deine Zielgruppe!

8 Wann sind Marken erfolgreich?

Kerstin Neckel, Organisationsleitung, LIS Labor im Sommershof

Kerstin Neckel ist Leiterin der Präanalytik im Labor im Sommershof (LIS) – einem der größten medizinischen Fachlabore im Raum Köln/Bonn. Als Teil des LIS-Marketing-Teams ist sie auch das Gesicht des laboreigenen YouTube-Kanals, auf dem sie wöchentlich über Wissenswertes aus dem Laboralltag berichtet.

www.lis.koeln

Aus unserer Sicht sind Marken immer dann erfolgreich, wenn sie es schaffen, das Unternehmen, dessen wirtschaftliche Ziele sowie die Interessen der eigenen Mitarbeiter und unterschiedlichen Zielgruppen sinnvoll und glaubhaft miteinander zu verbinden. Oder einfacher gesagt: Unternehmen, die wissen, wofür sie stehen und es schaffen, genau das einfach, relevant und nachvollziehbar zu vermitteln – ohne Übertreibungen und falsche Versprechen.

Wir alle kennen schließlich Marken, bei denen das nicht der Fall ist – und das Serviceversprechen der Marke z. B. beim ersten Kontakt mit einem Servicemitarbeiter gebrochen wird.

Im Labor im Sommershof (LIS) achten wir darum darauf, verlässlich und korrekt genau das zu vermitteln, was wir auch wirklich leisten können – nach innen und außen. Wir kennen unsere Stärken und genau damit überzeugen und überraschen wir immer wieder.

Unsere Top-3-Tipps zum Erfolg einer Marke

1. Beginnen Sie Ihre Markenarbeit mit der Frage „Wer sind wir?" Wenn wir im LIS eines gelernt haben, dann ist es das: Wer weiß, wer er ist und wie er wahrgenommen werden möchte, dem fällt es viel leichter relevante Themen zu finden, geeignete Kommunikationskanäle zu identifizieren oder den Ton seiner Zielgruppe(n) zu treffen. Unsere Markenpositionierung dient uns dafür als verlässliche Basis. Suchen Sie sich dazu am besten Markenspezialisten mit Erfahrung in der gemeinsamen Entwicklung von Markenidentitäten.
2. Nehmen Sie sich Zeit und hören Sie zu. Markenarbeit umfasst weit mehr als Entscheidungen über visuelle Markenelemente, wie Logo, Farben oder Schriftarten. Darum haben wir unsere Markenidentität von Grund auf definiert, ausgearbeitet und bei Bedarf um Gestaltungselemente, Medien oder Kommunikationskanäle ergänzt. So konnten wir gemeinsam mit der neuen Marke wachsen und sie immer besser kennen und nutzen lernen. So war es zum Beispiel kein Problem, eine Facebook-Seite in die bestehende Markenkommunikation einzubinden, die uns nun bei der gezielten Ansprache neuer Mitarbeiter hilft. Schließlich war es

der Wunsch dieser Zielgruppe, uns auch über Social Media erreichen zu können. Inzwischen macht es richtig Spaß, die Marke so einfach als vollwertiges Werkzeug des Unternehmens spielen zu können.

3. Setzen Sie auf Kontinuität. Markenarbeit ist das Gegenteil von Kampagnen oder anderen kurzfristigen Werbeaktionen. Über unsere Marke vermitteln wir, wer wir sind und worauf sich alle verlassen können, die mit uns zu tun haben – egal, ob vor Ort in unserem Labor, im Kontakt mit unserem Servicepersonal oder im Internet. Und uns unterstützt unsere Marke bei der Entscheidungsfindung.

Die größten Fehler, die Unternehmer machen können, die mit der Marke erfolgreich sein wollen:

Marke ist keine Geschmackssache, sondern eine direkte Erweiterung der unternehmerischen Ziele und Strategien. Darum ist es wichtig, in enger Abstimmung mit erfahrenen Markenexperten zusammenzuarbeiten, die das Unternehmen verstehen und ihr Markenwissen gewinnbringend anwenden können. Genau das ist allerdings nur in einer vertrauensvollen Partnerschaft auf Augenhöhe möglich. Suchen Sie also keinen Dienstleister (z. B. eine reine Marketing- oder Werbeagentur), sondern erfahrene Partner für die Markenarbeit.

Das LIS arbeitet seit 2012 mit vier selbstständigen Markenentwicklern in Köln aus den Bereichen Design, Konzept und Sprache zusammen. Allmut Piorr, Ilja Cypa, Christian Drexler und Philipp Schilling lassen dabei ihre Kompetenzen je nach Bedarf als Team oder einzeln einfließen. Der Vorteil: wenige Ansprechpartner, direkte Wege, verlässliche Absprachen und unterm Strich ein schnelleres und kostengünstigeres Ergebnis.

Ein nützlicher Tipp unserer Markenberater war es zum Beispiel, dass wir bei der Entwicklung und Einführung unserer neuen Marke bzw. unserer Identität frühzeitig drauf achten, möglichst viele Mitarbeiter in den Prozess mit einzuschließen. So haben wir z. B. einen Naming-Wettbewerb zur Findung des neuen Namens in unserem Haus ausgeschrieben und sämtliche Mitarbeiter zum Markenlaunch mit eigenen Visitenkarten und neuen Materialien ausgestattet. Schließlich sind sie es, die unsere Identität und Haltung mittragen.

9 Warum die Marke EMSA so erfolgreich ist!

Anja Jacob, EMSA GmbH (2019)

Die Emsa GmbH ist einer der Marktführer für Isolierkannen und hat in den letzten Jahrzehnten das Produktportfolio auch auf Produkte wie Frischhaltelösungen, Pflanzgefäße, Trinkflaschen und Geschirr erweitert. 2016 wurde die Emsa GmbH vom französischen Weltkonzern Groupe SEB gekauft. www.emsa.com

Mehr denn je ist es heute von besonderer Bedeutung, dass Marken einen emotionalen Zugang zu ihren Kunden finden. Das einfache Markenversprechen reicht aufgrund der großen Anzahl an Wettbewerbern mit ähnlichen Versprechen und Zusagen heute nicht mehr aus.

Eine einzigartige und emotionale Positionierung der Marke, welche diese zudem authentisch nach außen vertritt, ist daher einer der entscheidendsten Erfolgsfaktoren. Für eine Erfüllung dieser Aufgabe ist es dabei in erster Linie wichtig, den Kunden und seine Bedürfnisse zu kennen. Seit mehr als 70 Jahren widmen wir uns bei EMSA konsequent dieser Aufgabe und stellen uns so unserer Verantwortung. „Meine Welt. Mein

Zuhause" ist dabei unsere Philosophie. Unsere Produkte sollen das tägliche Leben bunter, organisierter und leichter machen. Unabhängig davon, wie die Kunden ihr Zuhause gestalten – ob ihr Leben im Haus, draußen oder unterwegs stattfindet. Dabei sind wir kein distanzierter Experte, sondern der sympathische Problemlöser an der Seite unserer Kunden. Nur so können clevere und unkomplizierte Lösungen entwickelt werden, welche den Kunden helfen, die individuellen Anforderungen des Alltags zu meistern.

Funktionalität als Hauptunterscheidungsmerkmal

Am Ende entstehen somit nicht nur intelligente und attraktive Produkte, die das gewünschte und sichere Ergebnis gewährleisten, sondern solche, deren Anwendung darüber hinaus angenehm ist und Spaß in den Alltag bringt.

Wichtig ist es, die Positionierung der Marke als einen dynamischen Prozess zu verstehen, der immer wieder Nachbesserungen, Verfeinerungen und auch Erweiterungen benötigt. Dies bedeutet allerdings nicht, dass ich die Marke in regelmäßigen Abständen neu erfinden muss – das Gegenteil ist der Fall. Sich selbst „treu" zu bleiben, und sich dabei gleichzeitig innovativ weiterzuentwickeln, zahlt in jedem Fall auf eine erfolgreiche Kundenbindung ein! Die Hauptsache dabei ist stets, sich der eigenen Identität und der Persönlichkeit der Marke bewusst zu sein.

10 Eine Marke muss intuitiv erlebbar sein

Vanessa Weber, Geschäftsführerin, Werkzeug Weber GmbH & Co. KG

Vanessa Weber ist Geschäftsführerin der Firma Werkzeug Weber GmbH & Co. KG in Aschaffenburg und Unternehmerin aus Leidenschaft. Im Alter von 22 Jahren stand sie vor der großen Aufgabe, das Unternehmen als Nachfolgerin zu übernehmen. Sie stellte sich dieser Herausforderung und hat es gemeinsam mit ihrem Team in den letzten zehn Jahren geschafft, den Umsatz zu verfünffachen und den unternehmerischen Erfolg der Firma grundlegend neu zu gestalten. Heute ist sie neben ihrer Tätigkeit für ihre Firma als Rednerin tätig, vermittelt ihren Erfahrungsschatz rund um die Themen Nachfolge, Erfolg und Führung. Weitere Informationen zu Vanessa Weber gibt es unter www.vanessa-weber.de.

Der Chef macht den Unterschied, nicht die Strategie

Vieles wurde schon geschrieben zu den Themen Markenentwicklung, Markenführung und Markenkommunikation. Die Literatur füllt ganze Regelwände. Doch neben den großen Konzernen mit ihren massiven Werbeetats schaffen es nur sehr wenige kleine und mittelständische Unternehmen, sich mit ihren Angeboten wirklich relevant als Marke außerhalb ihrer kleinen Nische zu etablieren. Trotz schicker Logos, einheitlicher Schriften, kreativer Produktnamen und intensiver Markenkernanalyse wird nicht selten die strategisch bis ins kleinste Detail ausdefinierte Marke eben doch nicht als solche wahrgenommen. Wie so oft im Leben liegt es also nicht am mangelnden Wissen, sondern an der mangelhaften Umsetzung.

Nicht die theoretische Strategie entscheidet, sondern die tägliche Umsetzung im Unternehmensalltag – beginnend in der Chefetage. Marke werden und Marke sein ist Chefsache. Apple wäre ohne Steve Jobs genauso wenig in dieser emotional-verbindlichen Form denkbar wie Trigema ohne Wolfgang Grupp und dessen öffentliches gesellschaftliches Engagement. Von diesen beiden Persönlichkeiten können auch kleine Unternehmen lernen. Was? Na, dass der Chef auf die Bühne gehört, sichtbar sein muss und für etwas stehen sollte, was eine glaubwürdige Haltung zeigt, die sich von anderen unterscheidet. Eine Haltung, die konsequent gelebt und inszeniert wird und unveränderlich kontinuierlich in so vielen Geschäftsbereichen wie möglich für Kunden, Mitarbeiter und vor allem die Medien praktisch erlebbar wird – nicht werblich oktroyiert mit auf sie einprasselnden Werbebotschaften, sondern intuitiv auf der ganz persönlichen Ebene. Wer Apple kauft, ist „Appleianer", einer, der zur Design- und Innovationselite gehört. Trigema, das steht für Produktion in Deutschland und faire Arbeitsbedingungen. Wer Trigema trägt, zeigt Verantwortung. Vermittelt werden und wurden diese Gefühle durch die jeweiligen CEOs.

In meinem Unternehmen Werkzeug Weber sind es drei Säulen, die intensiv von mir vorgelebt und permanent kommuniziert werden: gesellschaftliches Engagement, Innovationsbereitschaft und Kreativität. Die Medien sind dabei genauso Partner wie die Mitarbeiter. Beide transportieren meine Markenbotschaft – nicht abstrakt, sondern indem sie von meinen Handlungen berichten und erzählen. Die Erzählung macht den Unterschied. Das Narrativ einer sozial engagierten, jungen und mutigen Unternehmerin, die vieles ausprobiert und wieder korrigiert, wenn es eben mal nicht geklappt hat. Das ist ehrlich und wahrhaftig. Das ist das, was jeder Kunde und jeder Mitarbeiter täglich erlebt. Ich berichte freimütig, was mir wichtig ist und wie ich meine Gedanken in Verhalten umsetze. So kann jeder teilhaben und hinter die Kulissen schauen – Marke als Transparenz mit allen Ecken, Kanten, Macken und Zweifeln. Das kostet nicht viel. Unser Werbeetat ist nahezu null. Es verlangt nur den Mut, sich zu öffnen, sich zu zeigen und gezielt die Öffentlichkeit zu suchen. Wer Wert auf Marke legt, muss sichtbar werden und (s)eine Story erzählen. Jeder Euro, der in die eigene Medienkompetenz und optimale Selbstdarstellung investiert wird, ist sinnvoller als ein Euro für Werbeanzeigen oder teure Markenstrategen. Macht sich der Chef zur Marke, wirkt diese. Und wer dennoch Geld für Werbung ausgeben möchte, kann sich dann sicher sein, dass diese nicht verpufft.

11 Dank an die Autoren

Ich bin diesen Experten sehr dankbar, dass sie mir in diesem Kapitel geholfen haben, damit Sie nun den relativ kleinen aber wichtigen Aspekt des Markenrechts im gesamten Themenspektrum der Marken noch besser einordnen können. Markenrecht ist, wie auch die übrigen von den Experten vorgestellten Aspekte, einer der Bausteine, der für eine erfolgreiche Markenstrategie wichtig ist und damit zum Erfolg Ihres Unternehmens beitragen kann.

ENDNOTEN

1 EUIPO Statistics f or European Union Trade Marks: https://www.euipo.europa.eu/en/about-us/the-office/what-we-do/statistics.

2 http://TMclass.tmdn.org/ec2/.

3 Bingener, S.: Markenrecht. Ein Leitfaden für die Praxis, München 2017, S. 49 ff.

4 https://lexetius.com/2007,170.

5 Bsp. EuGH GRUR 2010, 228.

6 https://www.dpma.de/service/formulare/marken/index.html#a3.

7 Vokale sind die in der Umgangssprache auch Selbstlaute genannten Buchstaben A, E, I, O und U.

8 BPatG Beschluss vom 29.01.2013, 27 W (pat) 527/12.

9 https://guidelines.euipo.europa.eu/ in Abschnitt C.2.2.

10 WIPO Introduction to Trademark Law and Practice, The Basic Concepts, A WIPO Training Manual, Geneva 1993 (2d edition), 1998 reprint, Item 6.2.1.

11 EuG, Urt. v. 11.5.2005, Rs. T-390/03, Rn. 62.

12 https://euipo.europa.eu/eSearch/ oder https://register.dpma.de/DPMAregister/marke/einsteiger

13 https://www.zssr.justiz.de/.

14 https://ustr.gov/issue-areas/intellectual-property/special-301/2024-special-301-report.

15 https://madrid.wipo.int/feecalcapp/.

16 https://www.internetworld.de/e-commerce/alibaba/alibaba-mekka-produktfaelscher-888795.html.

17 http://www.gacg.org/media/documents/200/USTR-2016-Special-301-Report.pdf.

18 https://tmidm.uspto.gov/id-master-list-public.html.

19 https://oedci.uspto.gov/OEDCI/practitionerSearchEntry.

20 Sascha Lobo: Wie das Internet vegan macht, Der Spiegel, 23.10.2019, https://www.spiegel.de/netzwelt/web/warum-werden-immer-mehr-leute-vegan-die-antwort-lautet-internet-a-1292922.html.

21 Claus Hecking: US-Start-up will das Magenta-Monopol der Telekom brechen, Der Spiegel, 04.11.2019, https://www.spiegel.de/wirtschaft/soziales/deutsche-telekom-start-up-ficht-magenta-monopol-an-a-1294749.html.

22 Amazon-Marktplatz-Statistiken 2024, 06.02.2024, https://www.edesk.com/de/blog/amazon-statistik/#:~:text=Der%20Umsatz%20von%20Amazon%20wird,steigt%20t%C3%A4glich%20um%20etwa%203.

23 https://www.amazon.de/report/infringement.

24 https://brandregistry.amazon.de.

25 Internetrecht-Rostock.de.

26 https://brandservices.amazon.de/projectzero/faq.

27 https://ustr.gov/sites/default/files/2023_Review_of_Notorious_Markets_for_Counterfeiting_and_Piracy_Notorious_Markets_List_final.pdf.